Kohlhammer

Arbeits-, Organisations- und Wirtschaftspsychologie

Herausgegeben von Simone Kauffeld

Eine Übersicht aller lieferbaren und im Buchhandel angekündigten Bände der Reihe finden Sie unter:

 https://shop.kohlhammer.de/aow-psychologie

Die Autoren

Prof. Dr. Bettina S. Wiese hat seit 2011 den Lehrstuhl für Personal- und Organisationspsychologie an der RWTH Aachen inne. Im Zentrum ihrer Forschung steht die Frage, wie Menschen vorgehen, um ihre Karrieren erfolgreich zu gestalten und im Alltag eine zufriedenstellende Lebensführung in Beruf und Privatleben zu erreichen.

Dr. Christian L. Burk ist Senior Scientist am Lehrstuhl für Personal- und Organisationspsychologie der RWTH Aachen University. Seine Forschungsschwerpunkte sind Assessmentverfahren, berufliche Laufbahnen, berufsbezogene Persönlichkeit sowie Emotionsregulation. Neben seiner wissenschaftlichen Tätigkeit ist er seit 2006 Leiter einer personalpsychologischen Unternehmensberatung mit dem Schwerpunkt beruflicher Eignungsdiagnostik.

Bettina S. Wiese
Christian L. Burk

Karriere

Berufliche Entwicklungsprozesse verstehen
und gestalten

Verlag W. Kohlhammer

Dieses Werk einschließlich aller seiner Teile ist urheberrechtlich geschützt. Jede Verwendung außerhalb der engen Grenzen des Urheberrechts ist ohne Zustimmung des Verlags unzulässig und strafbar. Das gilt insbesondere für Vervielfältigungen, Übersetzungen, Mikroverfilmungen und für die Einspeicherung und Verarbeitung in elektronischen Systemen.

Pharmakologische Daten, d. h. u. a. Angaben von Medikamenten, ihren Dosierungen und Applikationen, verändern sich fortlaufend durch klinische Erfahrung, pharmakologische Forschung und Änderung von Produktionsverfahren. Verlag und Autoren haben große Sorgfalt darauf gelegt, dass alle in diesem Buch gemachten Angaben dem derzeitigen Wissensstand entsprechen. Da jedoch die Medizin als Wissenschaft ständig im Fluss ist, da menschliche Irrtümer und Druckfehler nie völlig auszuschließen sind, können Verlag und Autoren hierfür jedoch keine Gewähr und Haftung übernehmen. Jeder Benutzer ist daher dringend angehalten, die gemachten Angaben, insbesondere in Hinsicht auf Arzneimittelnamen, enthaltene Wirkstoffe, spezifische Anwendungsbereiche und Dosierungen anhand des Medikamentenbeipackzettels und der entsprechenden Fachinformationen zu überprüfen und in eigener Verantwortung im Bereich der Patientenversorgung zu handeln. Aufgrund der Auswahl häufig angewendeter Arzneimittel besteht kein Anspruch auf Vollständigkeit.

Die Wiedergabe von Warenbezeichnungen, Handelsnamen und sonstigen Kennzeichen in diesem Buch berechtigt nicht zu der Annahme, dass diese von jedermann frei benutzt werden dürfen. Vielmehr kann es sich auch dann um eingetragene Warenzeichen oder sonstige geschützte Kennzeichen handeln, wenn sie nicht eigens als solche gekennzeichnet sind.

Es konnten nicht alle Rechtsinhaber von Abbildungen ermittelt werden. Sollte dem Verlag gegenüber der Nachweis der Rechtsinhaberschaft geführt werden, wird das branchenübliche Honorar nachträglich gezahlt.

Dieses Werk enthält Hinweise/Links zu externen Websites Dritter, auf deren Inhalt der Verlag keinen Einfluss hat und die der Haftung der jeweiligen Seitenanbieter oder -betreiber unterliegen. Zum Zeitpunkt der Verlinkung wurden die externen Websites auf mögliche Rechtsverstöße überprüft und dabei keine Rechtsverletzung festgestellt. Ohne konkrete Hinweise auf eine solche Rechtsverletzung ist eine permanente inhaltliche Kontrolle der verlinkten Seiten nicht zumutbar. Sollten jedoch Rechtsverletzungen bekannt werden, werden die betroffenen externen Links soweit möglich unverzüglich entfernt.

1. Auflage 2024

Alle Rechte vorbehalten
© W. Kohlhammer GmbH, Stuttgart
Gesamtherstellung: W. Kohlhammer GmbH, Stuttgart

Print:
ISBN 978-3-17-040338-3

E-Book-Formate:
pdf: ISBN 978-3-17-040339-0
epub: ISBN 978-3-17-040340-6

Vorwort zur Buchreihe

Ökonomische, technologische und gesellschaftliche Entwicklungen tragen dazu bei, dass unsere Arbeitswelt sich in einem stetigen Veränderungsprozess befindet. Dies hat Auswirkungen auf das Erleben und Verhalten des einzelnen arbeitenden Menschen genauso wie auf gesamte Organisationen und größere wirtschaftliche Zusammenhänge.

Die vorliegende Buchreihe soll einen fundierten Einblick in verschiedene Forschungs- und Anwendungsfelder innerhalb der Arbeits-, Organisations-, Personal- und Wirtschaftspsychologie geben – einem der wichtigsten Bereiche der angewandten Psychologie. Aktuelle, praxisrelevante und an wichtigen Trends orientierten Themen werden vorgestellt und die Reihe dabei sukzessive um neue Bände erweitert.

Die Reihe richtet sich vor allem an Studierende der (Wirtschafts-)Psychologie und sich weiterbildende Personen. Durch die fachübergreifende Bedeutung sind die Inhalte der Bücher jedoch auch für Studierende angrenzender Bereiche, wie z. B. der Wirtschaft, Soziologie und Pädagogik von hoher Relevanz. Als besonders interessierte Zielgruppe können bereits erwerbstätige Personen aus dem Personalbereich (z. B. Coaches, Beraterinnen und Berater, Personalentwicklerinnen und Personalentwickler) identifiziert werden, die sich z.B in einem Aufbaustudium weiterbilden. Die konsequente Verbindung von Theorie und Praxis bietet darüber hinaus Führungskräften die Möglichkeit, sich wissenschaftlich fundiert mit praxisrelevanten Themen wie z. B. Kompetenzmanagement in Unternehmen, Coaching, Change Management oder Gesundheit im Arbeitskontext auseinanderzusetzen.

Simone Kauffeld
Braunschweig, Frühjahr 2021

Inhalt

Vorwort zur Buchreihe 5

Prolog: Was ist Karriere(-erfolg)? 11

Teil I Die Person als Gestalterin ihres beruflichen Weges

1 **Die Person als Eigentümerin einer *neuen* Karriere: Entgrenzte und proteische Karrieren** 17
  1.1 Die entgrenzte Karriere (Boundaryless Career) 17
    1.1.1 Missverständnis 1: Mit Entgrenzung ist der Wechsel von einer Organisation in eine andere gemeint 17
    1.1.2 Missverständnis 2: Wir leben in einer Welt grenzenloser Karrieren 18
    1.1.3 Physische und psychische Mobilität 19
    1.1.4 Kompetenzen zur Bewältigung von Grenzüberschreitungen 21
    1.1.5 Sind entgrenzte Karrieren erfolgreiche Karrieren? 22
    1.1.6 Bedeutung entgrenzter Karrieren für die Bindung an eine Organisation 27
  1.2 Die proteische Karriere (Protean Career) 29
    1.2.1 Lernzyklen in proteischen Karrieren 30
    1.2.2 Proteische Karriereorientierung 31
    1.2.3 Proteische Karrieremechanismen 33
    1.2.4 Outcomes einer proteischen Karriere 33
  1.3 Integratives Fazit zu entgrenzten und proteischen Karrieren . 37

2 **Interessen, Motive und Fähigkeiten als Richtungsgeber für eine passende Karriere** 38
  2.1 Auf die Passung zwischen Person und Umwelt kommt es an 38
    2.1.1 Konzepte der Person-Umwelt-Passung 38
    2.1.2 Die Theorie der Arbeitsangepasstheit nach Dawis und Lofquist 43

2.2	Ein differenzierterer Blick auf berufsbezogene Bedürfnisse ..	45
	2.2.1 Grundbedürfnisse im Sinne der Selbstbestimmungstheorie	46
	2.2.2 Die *Big-Three* der Motive nach McClelland	51
	2.2.3 Ein integratives Modell berufsbezogener motivationaler Orientierungen	55

3 Die Gestaltung der Karriere aus einer sozial-kognitiven Perspektive 63
3.1 Die sozial-kognitive Theorie Banduras als Grundlage 63
3.2 Die sozial-kognitive Karrieretheorie 66
    3.2.1 Sozial-kognitive Determinanten karrierebezogener Interessen, Wahlentscheidungen, Leistung, Zufriedenheit und Karriereselbstmanagement 66
    3.2.2 Bedeutung personenbezogener und kontextueller Hintergrundvariablen 72
    3.2.3 Das Modell zur Beruflichen Laufbahnentwicklung nach Abele 74
    3.2.4 Implikationen für die beratende Intervention 77

Teil II Berufs- und Organisationseinstieg

4 Berufswahl im Jugendalter 83
4.1 Definition und Komponenten der beruflichen Exploration im Jugendalter 83
4.2 Theoretische Verortung von Berufswahl und berufsbezogener Exploration 84
    4.2.1 Berufsfindung im differentialpsychologischen Matching-Ansatz 85
    4.2.2 Berufsfindung als Gegenstand einer langfristig angelegten Laufbahntheorie 87
    4.2.3 Berufsfindung als sozial-kognitive Herausforderung .. 89
4.3 Einbettung von Berufswahlentscheidungen in den sozialen Kontext 90
    4.3.1 Einflüsse der Eltern auf das berufliche Explorationsverhalten von Jugendlichen 90
    4.3.2 Unterstützung der beruflichen Exploration durch weitere Akteure bzw. Akteurinnen des unmittelbaren Umfeldes 92
4.4 Fazit 92

5 Hochschulstudium 93
5.1 Studienfachwahl 93
    5.1.1 Studienfachwahl: Einfluss von Interessen und Fähigkeiten 93

		5.1.2	Geschlechtsspezifische Studienfachwahl	95
		5.1.3	Unterstützung bei der Studienfachwahl durch die Hochschule	96
	5.2	Studienzufriedenheit		97
	5.3	Akademische Leistungen im Studium		99
	5.4	Studienabbruch		102
	5.5	Berufliche Zielklärung zur Vorbereitung der Transition ins Berufsleben		107
		5.5.1	Exploration zum Zwecke der beruflichen Zielklärung im Studium	107
		5.5.2	Berufliche Zielklarheit, Einstellungen zum Studium und der Übergang ins Erwerbsleben	109
	5.6	Fazit		110
6	**Organisationale Sozialisation**			**111**
	6.1	Kennzeichen einer erfolgreichen organisationalen Sozialisation		111
	6.2	Aktivitäten und Maßnahmen zur Förderung der organisationalen Sozialisation		112
		6.2.1	Organisationsneulinge als Akteure bzw. Akteurinnen der organisationalen Sozialisation	113
		6.2.2	Betriebliche Maßnahmen zur organisationalen Sozialisation	116
	6.3	Fazit und Ausblick		119

Teil III Gestaltung von Laufbahnen: Ausgewählte Herausforderungen

7	**Karrieren von Nachwuchswissenschaftlern und Nachwuchswissenschaftlerinnen**			**123**
	7.1	Die Wissenschaftslaufbahn: Entgrenzt, proteisch und Ausdruck einer Berufung?		124
		7.1.1	Bezüge zur entgrenzten Karriere (*Boundaryless Career*)	124
		7.1.2	Bezüge zur proteischen Karriere (*Protean Career*)	125
		7.1.3	Bezüge zum Konzept von Karriere als Berufung (*Calling*)	127
	7.2	Die Promotion		128
		7.2.1	Wer entscheidet sich für eine Promotion?	128
		7.2.2	Erfolgreicher Abschluss einer Promotion	130
	7.3	Karriereziele und -wege für die Zeit nach der Promotion		134
		7.3.1	Professur oder eine leitende Position in der Privatwirtschaft?	135
		7.3.2	Postdoc-Phase und die Übernahme einer Professur	136
	7.4	Fazit		140

8 Strukturierte Laufbahnmodelle als Mittel organisationalen Karrieremanagements ... 141
8.1 Beweggründe für die Gestaltung alternativer Laufbahnmodelle ... 143
8.2 Formen alternativer Laufbahnen ... 144
    8.2.1 Fach-/Expertenlaufbahnen ... 145
    8.2.2 Projektlaufbahnen ... 147
8.3 Gestaltungsmerkmale alternativer Laufbahnen ... 148
8.4 Förderung der Person-Karriere-Passung durch alternative Laufbahnen ... 154
8.5 Fazit und Ausblick ... 157

9 Familienbedingte berufliche Auszeiten ... 159
9.1 Familienbedingte berufliche Auszeiten bei Müttern ... 160
    9.1.1 Vorhersage familienbedingter beruflicher Auszeitentscheidungen bei Müttern ... 161
    9.1.2 Die Bewältigung des beruflichen Wiedereinstiegs ... 164
9.2 Väter und familienbedingte berufliche Auszeiten ... 166
    9.2.1 Vorhersage familienbedingter beruflicher Auszeitentscheidungen bei Vätern ... 166
    9.2.2 Erleben und Folgen familienbedingter beruflicher Auszeiten bei Vätern ... 167
9.3 Die Paarperspektive ... 168
9.4 Fazit ... 171

10 Blick in die Zukunft: Karrieren in einer digitalisierten Welt ... 172
10.1 Werden ganze Berufe und damit Karriereoptionen in der Zukunft verschwinden? ... 172
10.2 Neu entstehende Tätigkeitsschwerpunkte und Beschäftigungsformen ... 176
10.3 Digitalisierung und ältere Beschäftigte ... 177
10.4 Bezug zu Karrieremodellen und Beratungsansätzen ... 178
10.5 Fazit ... 181

Teil IV Verzeichnisse

Literaturverzeichnis ... 185

Stichwortverzeichnis ... 211

Prolog[1]: Was ist Karriere(-erfolg)?

In der Forschung bezeichnet *Karriere* eine längerfristige berufliche Entwicklung. Es geht um Abfolgen verschiedener Positionen, aber auch um die übergreifende subjektive Bewertung der eigenen Entwicklung bzw. die spezifische Bewertung einzelner Aspekte. Da im allgemeinen deutschen Sprachgebrauch *Karriere* stark mit hierarchischem Aufstieg verknüpft ist, während im englischen Sprachverständnis *Career* auch Berufswege ohne Aufstiege umfasst, wird in der deutschsprachigen Literatur bisweilen der Begriff der beruflichen Laufbahn bevorzugt. Ganz so offen wie der englische Begriff »Career« ist der deutsche Laufbahnbegriff allerdings nicht, da er stärker an eine spezifische Profession oder Organisation gebunden ist (vgl. Latzke et al., 2019).

Eng verknüpft mit der Konzeptualisierung von Karriere ist die Frage, wie sich Karriereerfolg (synonym gesprochen Berufs- oder Laufbahnerfolg; Dette et al., 2004; Spurk, 2019) definieren und – im Rahmen der empirischen Forschung – messen lässt. Es lassen sich hier verschiedene Ausdrucksformen des Erfolgs betrachten. In der Literatur wird dabei insbesondere eine Unterscheidung zwischen objektiven und subjektiven Indikatoren des Erfolgs getroffen, die alternativ auch extern und intern genannt werden (vgl. Dette et al., 2004; Spurk, 2019). Objektiver Karriereerfolg bezieht sich auf von außen beobachtbare Kriterien, nämlich »objektive Errungenschaften in der Karriere, die sich am Maßstab von Verdienst und hierarchischer Position messen lassen« (übersetzt nach Judge et al., 1995, S. 486). Traditionell gelten entsprechend Gehalt(-szuwachs) bzw. finanzielles Gesamteinkommen (z. B. Fixgehalt plus Boni), Beförderungen, erreichte hierarchische Position sowie die Übernahme von Führungsverantwortung und die Anzahl der Mitarbeiter bzw. Mitarbeiterinnen als Kriterien objektiven Berufserfolgs (vgl. Dette et al., 2004; Ng et al., 2005). Diese haben aber trotz der auf den ersten Blick existierenden Plausibilität in der Forschungspraxis durchaus Schwachstellen. Hier ist vor allem die mangelnde Vergleichbarkeit über Branchen, Professionen und Länder hinweg zu nennen. So ist in manchen Beschäftigungssegmenten (z. B. öffentlicher Dienst) der Gehaltszuwachs überwiegend alters- und erfahrungsgebunden. Auch gibt es Berufe, die trotz einer nur moderaten Entlohnung mit einem relativ hohen gesellschaftlichen Status einhergehen und deren Angehörige schon allein deshalb nicht als erfolglos be-

---

1 In seiner ursprünglich publizierten Form wurde in folgendem Artikel versäumt, das vorliegende Buch, welches der Herausgeberin der Buchreihe als unveröffentlichtes Manuskript seit 2022 vorlag, als Quellenangabe anzugeben: Kauffeld, S. & Wittner, B. (2023). Coaching zur beruflichen Orientierung: Du hast die Wahl und suchst deinen Weg. Organisationsberatung, *Supervision, Coaching, 30,* 383–397.

trachtet werden können. Vor ähnlichen Problemen steht man auch, wenn Hierarchiestufe, die Anzahl der Beförderungen oder die personelle Führungsspanne als Kriterien herangezogen werden. Um die Beschränkungen von Einzelmaßbetrachtungen zu kompensieren, werden teilweise kombinierte (z. B. Ausbildungsadäquatheit und Gehalt) oder relativierte Messungen (z. B. branchen- oder berufsfeldspezifische Relativierungen des Gehalts) durchgeführt (vgl. zusammenfassend Spurk, 2019).

Eine weitere Schwachstelle externer Kriterien ist konzeptueller Art. In Karrieremodellen, die die Selbstbestimmung in den Vordergrund rücken, scheint es unangemessen, nicht auch das subjektive Erleben und die entsprechende Bewertung durch die Betroffenen miteinzubeziehen. Meta-analytisch ließen sich zwar zwischen klassischen externen und subjektiven (i. S. der internen) Indikatoren von Berufserfolg positive Zusammenhänge feststellen (Dette et al., 2004; Ng et al., 2005), deren nur moderate Höhe und deren teilweise unterschiedliche Vorhersagbarkeit durch verschiedene Arten von Prädiktoren (Ng et al., 2005) sprechen aber zugleich für distinkte konzeptuelle Zugänge.

Subjektiver Karriereerfolg lässt sich definieren als individuelles Gefühl von Erfolg und Zufriedenheit bezüglich der eigenen Karriere (Judge et al., 1995). Es geht um die individuelle Bewertung (vgl. zusammenfassend Spurk, 2019). Dabei kann es sich um eine zusammenfassende Gesamtbewertung im Sinne der Karrierezufriedenheit handeln (z. B. Greenhaus et al., 1990) oder um eine mehrdimensionale Bewertung von Einzelaspekten (erfahrene Anerkennung und Status, Weiterentwicklung etc., z. B. Seibert et al., 2013; Shockley et al., 2016).

Weiterhin lässt sich auf Basis herangezogener Vergleichsmaßstäbe subjektiver Karriereerfolg danach differenzieren, ob es sich um eine selbstbezogene oder fremdbezogene subjektive Bewertung handelt (Heslin, 2003). Im erstgenannten Fall bilden selbstgesetzte Ziele und Ideale den Bezugspunkt (z. B. Wiese & Freund, 2005). Erleben Menschen, dass es ihnen nicht gelingt, Fortschritte in ihren selbstgesetzten beruflichen Zielen zu machen bzw. diese zu realisieren, ist zu erwarten, dass sie dies als persönlichen Misserfolg werten. Persönliche berufliche Ziele können dabei ergebnisorientiert sein (z. B. eine bestimmte Position erreichen) oder prozessorientiert (z. B. berufliches Lernen; vgl. Abele et al., 2002). Seibert und Kraimer (2001) sprechen in diesem Zusammenhang auch von »intrinsischem Erfolg« im Sinne einer Karrierezufriedenheit, die auf einem subjektiven Abgleich zwischen individuellen Zielen und Erwartungen und den inhärenten Faktoren der erlangten Position beruht. Personen nehmen aber auch Vergleiche zu anderen Personen vor. Dem trägt das Konzept des fremdbezogenen subjektiven Berufserfolgs Rechnung. Dabei geht es zunächst einmal um Vergleiche mit konkreten anderen Personen oder einer relevanten Bezugsgruppe (etwa ehemalige Mitstudierende; z. B. Abele & Wiese, 2008). In einem erweiterten Sinne bildet aber auch der Vergleich mit gesellschaftlich etablierten Normen einen fremdgesetzten Bezugsrahmen in Form externer Standards (z. B. Heslin, 2003). Hier sind vor allem altersbezogene gesellschaftliche Erwartungen an das Erreichen bestimmter Schritte im Erwerbsleben zu nennen, aber beispielhaft auch die Erwartung, stets nach einem weiteren Ausbau von Verantwortung streben und insbesondere nach einem Hochschulabschluss eine Führungsposition anvisieren zu sollen. Auch lässt sich wahrgenommene Beschäftigungsfähigkeit (»Employability«; Fugate et al., 2004) als Bestandteil subjektiven Karriereerfolgs betrachten. Nach Dette et al. (2004) lässt sich zusammenfassend auf drei individuelle Bewertungsmaßstäbe rekurrieren, nämlich den Vergleich von Zielen und deren Erreichung, den Vergleich mit anderen Personen und den Vergleich mit bestehenden Normen.

Ganz unabhängig voneinander sind die oben genannten Bewertungsmaßstäbe nicht. So können gesellschaftliche Vorstellungen durchaus auf die karrierebezogenen Zielsetzungen von Personen einwirken (vgl. Dette et al., 2004). Außerdem beziehen sich individuelle Zielsetzungen nicht selten auf objektive Indikatoren (z. B. Entlohnung). Zugleich ist das Spektrum persönlicher Zielsetzungen potentiell sehr viel breiter. Es ist zu erwarten, dass persönliche Ziele mehr oder weniger stark in Beziehung zu den überdauernden beruflichen Motiven einer Person stehen, die interindividuell unterschiedlich ausgeprägt sind und neben objektiven Berufserfolgsstandards auch Aspekte wie das Streben nach Autonomie und Kreativität etc. umfassen können (vgl. z. B. das Modell beruflicher Motive von Burk & Wiese, 2018a). Solch eine Betrachtung lenkt die Aufmerksamkeit schließlich auch auf Wünsche und Bestrebungen, die den weiteren Lebenskontext einer Person betreffen, etwa die Vereinbarkeit von Beruf und Familie, welche Erwerbstätige ebenfalls zum Maßstab für eine geglückte Entwicklung machen können (aber nicht müssen).

Aus methodischer Sicht dürfte in der psychologischen Karriere(erfolgs)forschung Einigkeit darüber bestehen, dass es insbesondere längsschnittlicher Designs bedarf und hier prospektive Betrachtungen mit wiederholten Messungen über längere Zeiträume besonders zielführend sind (vgl. Latzke et al., 2019). Aber auch in einer retrospektiven (qualitativen und quantitativen) Betrachtung liegt ein durchaus hohes Erkenntnispotenzial. Beispielhaft sei hier die rückblickende biographische Bewertung von beruflichen Entscheidungen und Prioritätensetzungen angesprochen. Eine solche Betrachtung umfasst dann nicht nur das, was zu objektivem Erfolg und subjektiver Zufriedenheit beigetragen hat, sondern auch das, was im Nachhinein als Fehler betrachtet bzw. bedauert wird (vgl. Byington et al., 2019).

Teil I Die Person als Gestalterin ihres beruflichen Weges

1 Die Person als Eigentümerin einer *neuen* Karriere: Entgrenzte und proteische Karrieren

1.1 Die entgrenzte Karriere (Boundaryless Career)

Wenn man sich mit *neuen* Karriereformen beschäftigt, wird wohl kaum ein Begriff so häufig zitiert wie der der entgrenzten Karriere (*Boundaryless Career*; Arthur, 1994). Aus dem teilweise etwas oberflächlichen Gebrauch des Begriffs mag erstens das Missverständnis entstehen, das Konzept der entgrenzten Karriere bezöge sich ausschließlich auf Bewegungen über die Grenzen einer Organisation hinweg, behandelte also lediglich das Thema eines Arbeitgeberwechsels vs. Verbleibs. Zweitens mag die geradezu inflationäre Verwendung zu dem Eindruck verleiten, die Entgrenzung von Karrieren sei *das* entscheidende Beschreibungsmerkmal moderner Karrieren. Zum Einstieg in dieses Thema seien zunächst diese beiden Missverständnisse erläutert, um eine angemessene Einordnung zu gewährleisten.

1.1.1 Missverständnis 1: Mit Entgrenzung ist der Wechsel von einer Organisation in eine andere gemeint

Entstanden ist der Begriff entgrenzter Karrieren aus einer neo-liberalen Perspektive auf den Wandel des (amerikanischen) Arbeitsmarktes. Im Zuge der voranschreitenden Globalisierung des Wettbewerbs kam es in den 1990er Jahren in vielen Industrien zu einem Stellenabbau sowie zu einer Verflachung der Hierarchien und damit in Teilen zu einer Aufkündigung des bestehenden psychologischen Vertrags zwischen Arbeitgebern und Beschäftigten, u. a. bezogen auf Arbeitsplatzsicherheit im Tausch gegen ein fortwährendes Engagement für einen Arbeitgeber (Arthur & Rousseau, 1996a; Rousseau, 1995). Diese makroökonomischen und institutionellen Verwerfungen mögen das Erfordernis suggerieren, sich ganz von einer traditionellen Karriere zu lösen, die sich durch ein Idealbild einer arbeitslebenslangen Zugehörigkeit zu einer Organisation auszeichnet und sich dem Gegenteil davon zuzuwenden, nämlich einer Karriere, die durch zahlreiche Arbeitgeberwechsel charakterisiert ist. Im Einklang damit lässt sich ein erster Definitionsversuch verstehen, der die entgrenzte Karriere bezeichnete als eine »Abfolge beruflicher Gelegenheiten, die über die Grenzen eines einzelnen Beschäftigungsverhältnisses hinausgehen« (übersetzt nach DeFillippi und Arthur, 1994, S. 307). Mit dem Konzept der entgrenzten Karriere ist jedoch weit mehr als nur dies gemeint. So bezeichnen Arthur und Rousseau (1996b, S. 6) »eine Unabhängigkeit von anstatt einem Verlassen auf traditionelle, organisationale karrierebezogene Vereinbarungen« als den gemeinsamen

Nenner. Dem weiter gefassten Verständnis der entgrenzten Karriere verleihen die Autoren in derselben Veröffentlichung mit einer Liste von sechs Aspekten Ausdruck, die sie davon abgedeckt wissen möchten. Diese Aspekte sind in ▶ Textbox 1.1 aufgeführt. Die Mobilität von einem Arbeitgeber zu einem anderen ist nur einer von sechs genannten Schwerpunkten. Vielmehr lassen sich die weiteren Aspekte durchaus auch als Sammlung von Erfahrungen und eine Kompetenzerweiterung bei Verbleib innerhalb einer Organisation verstehen. Grenzen werden somit weiter gefasst verstanden, nämlich als organisationale, beziehungsbezogene, hierarchische, psychische sowie auf Berufs- und Privatleben bezogene (Arthur, 2014).

Textbox 1.1: Schwerpunkte der entgrenzten Karriere nach Arthur und Rousseau (1996b, S. 6; übersetzt).

Sechs Schwerpunkte der entgrenzten Karriere:

1. Mobilität über die Grenzen eines einzelnen Arbeitgebers hinweg
2. Bestätigung der eigenen Karriere und der eigenen Marktfähigkeit von Stellen außerhalb der eigenen Organisation
3. Stützen der Karriere durch externe Netzwerke und Informationen
4. Aufbrechen traditioneller organisationaler Grenzen (im Sinne der Struktur des Berichtswesens und festgelegter Beförderungen)
5. Freiwillige Ablehnung sich bietender Karriereoptionen aus persönlichen oder familiären Gründen
6. Persönliche Vorstellung von einer entgrenzten Zukunft trotz bestehender struktureller Einschränkungen

1.1.2 Missverständnis 2: Wir leben in einer Welt grenzenloser Karrieren

In nicht wenigen Veröffentlichungen der letzten Jahre fällt eine recht normative Perspektive auf entgrenzte Karrieren auf. Eine *neue* Karriere wird häufig als etwas beschrieben, das in einer grenzenlosen Arbeitswelt stattfindet und in der solche Personen erfolgreich sind, die nach Grenzüberschreitungen streben. Weder das eine noch das andere hält der gegenwärtigen Realität stand.

Weisen Arbeitsmarkzahlen tatsächlich einen Wandel hin zu höherer Mobilität aus? Auf Grundlage der Daten des sozio-oekonomischen Panels (SOEP) lässt sich für Deutschland in den Jahren von 1984 bis 2010 keineswegs ein deutlicher Anstieg von Stellenwechseln feststellen (Kattenbach et al., 2014). Während externe Arbeitgeberwechsel in überschaubarem Ausmaß anstiegen, verringerte sich das Ausmaß von Mobilität innerhalb von Organisationen deutlich. Dass dies kein spezifisch deutsches Phänomen ist, fasst zudem eine Studie mit ähnlichen Aussagen für die USA, Japan und weiteren Europäischen Ländern zusammen (Rodrigues & Guest, 2010). Wohlgemerkt unterscheiden sich diese Länder traditionell in ihrer durchschnittlichen Verweildauer bei einem Arbeitgeber (USA am kürzesten, Japan am längsten), ein zeitlicher Trend über die vergangenen Jahrzehnte hinweg ist aber kaum zu verzeichnen. Mit Blick auf den wohl populärsten Aspekt der entgrenzten Karriere, den Übertritt organisationaler Grenzen in Form von Arbeitgeberwechseln, lassen Arbeitsmarktzahlen also keinen bahnbrechenden Wandel erkennen.

Richtet man den Blick auf das Innenleben von Personen, stellt sich zudem die Frage, ob das propagierte *Boundaryless Mindset* tatsächlich ein zunehmendes Phänomen darstellt. Andersherum betrachtet: Gemessen an der weiten Verbreitung der These, dass die traditionelle, d.h. organisationale Karriere *tot* sei (z.B. Eby et al., 2003), liegen erstaunlich wenige zuverlässige Informationen über den Verbreitungsgrad entgrenzter Karrierevorstellungen bei den betroffenen Berufstätigen vor. Vielmehr lassen sich auch in jüngeren Studien Hinweise darauf finden, dass eine Lossagung von der traditionellen Karriere beileibe nicht die Regel ist. Qualitative Studien mit Interviews mit Managern und Managerinnen in einer beruflichen Übergangsphase (Clarke, 2013) sowie mit diversen Mitarbeitenden einer öffentlichen Organisation (Lips-Wiersma & Hall, 2007) legen zwar nahe, dass in Zeiten der Veränderung proaktive Verhaltensweisen gefragt sind, alles in allem wird aus den Aussagen der Befragten aber deutlich, dass nach wie vor ein großes Interesse an organisationalen Karrieren und die entsprechende Unterstützung des organisationalen Karrieremanagements besteht. Der fortgesetzt vorherrschende Wunsch, eine Karriere innerhalb einer Organisation zu entwickeln, wird zudem auch von einer Personengruppe geäußert, die allzu gern als Beispiel für sich verändernde Karriereorientierungen herangezogen wird, nämlich von Angehörigen der Generationen X und Y (King, 2003). Weitere Beispiele dafür, dass die Abkehr von einer traditionellen Karriere nicht uneingeschränkt durch das Streben nach einer Grenzüberschreitung veranlasst wird, liefern Studien an Personen, die den Weg aus einer organisationalen Karriere heraus in eine *Portfolio*-Karriere (Kombination aus mehreren, oft projektorientierten Tätigkeiten für unterschiedliche Arbeitgeber) gegangen sind. Diese gaben zwar einen Zuwachs an Kontrolle und Freiheit an, berichteten aber gleichzeitig von dem Wunsch nach stärkerer Einbindung in eine Organisation (Cohen & Mallon, 1999). Von solchen Karriereformen ist außerdem bekannt, dass nicht ausschließlich *Pull-Faktoren* zu einem Eintritt in diese verlocken, sondern dass manch eine oder einer *Push-Faktoren* wahrnimmt, die eine Fortsetzung einer traditionellen Karriere erschweren, weil bspw. Frauen in Hinblick auf die Vereinbarkeit von Beruf und Familie keine ausreichende Flexibilität in organisationalen Strukturen eingeräumt bekommen haben (Mallon, 1998).

Zusammengefasst lässt sich feststellen, dass wir uns im ersten Viertel des 21. Jahrhunderts keineswegs (bereits) in einer Ära grenzenloser Karrieren befinden. Damit soll nicht in Abrede gestellt werden, dass Veränderungen sowohl am Arbeitsmarkt als auch in den Köpfen stattfinden. Allerdings wäre es voreilig, traditionellere Strukturen sowie Orientierungen als obsolet zu deklarieren.

1.1.3 Physische und psychische Mobilität

Die bereits in Ursprungszeiten des Konzepts formulierten Schwerpunkte einer entgrenzten Karriere (Arthur & Rousseau, 1996b; ▶ Kap. 1.1.1, ▶ Textbox 1.1) geben Hinweise auf dessen Breite. Vor allem wurde in der Folge zwischen *physischer* und *psychischer Mobilität* unterschieden (Sullivan & Arthur, 2006). Unter physischer Mobilität versteht sich das, woran viele von uns als erstes denken, wenn es um entgrenzte Karrieren geht, nämlich sichtbare Bewegungen über Grenzen der ursprünglichen Arbeitstätigkeit hinweg. Neben dem Wechsel des Arbeitgebers lassen sich hierunter aber auch weitere Bewegungen verstehen wie Positionswechsel innerhalb einer Organisation, geografische Wechsel (u. a. Auslandsentsendungen), der Übertritt in andere Branchen, die Anpassung von Beschäftigungsformen (bspw. den Übergang in eine Teilzeitbeschäftigung) sowie Karrieretransitionen vertikaler oder horizontaler Natur. Gerade Schwerpunkt Nr. 6 aus ▶ Kap. 1.1.1, ▶ Textbox 1.1 weist darüber hinaus auf psychische Anteile der Mobilität hin. Hier geht es also um eine subjektive Orientierung gegenüber den oben genannten Bewegungen, also Abwägungen der Person selbst bezüglich der Attraktivität von und den Möglichkeiten für Grenzüberschreitungen (Sullivan & Arthur, 2006). Nach Briscoe et al. (2006) kann ein *Mindset der Grenzenlosigkeit* Einstellungen gegenüber einer physischen Bewegung einschließen, geht aber darüber hinaus, indem es auch den Enthusiasmus für den Aufbau und die Aufrechterhaltung von Beziehungen über die Grenzen einer Organisation hinweg betrifft. Mit der von Sullivan und Arthur (2006) angedachten Zweiteilung der entgrenzten Karriere in physische und psychische Anteile ist im Prinzip die Unterscheidung zwischen einer entgrenzten Karriereorientierung auf der einen und einem konkret beobachtbaren entgrenzten Karriereverlauf auf der anderen Seite angelegt. Dementsprechend operationalisieren sich diese beiden Komponenten sehr unterschiedlich.

Was den psychischen Anteil, also die entgrenzte Karriereorientierung anbetrifft, haben Briscoe et al. (2006) ein zweidimensionales Fragebogeninstrument vorgelegt. Die erste Dimension bezieht sich auf die Präferenz für (physische) Mobilität (Beispiel: »Wenn meine Organisation mir eine lebenslange Anstellung böte, würde ich niemals einen Wechsel in eine andere Organisation anstreben«; übersetzt nach Briscoe et al., 2006, S. 46). Die zweite Dimension thematisiert das *Boundaryless Mindset* (Beispiel: »Es würde mir Freude bereiten, an Projekten mit Personen aus mehreren Organisationen zu arbeiten«). Diese Skala stellt das am häufigsten eingesetzte Instrument zur Messung entgrenzter Karriereorientierung dar. Berechtigte Kritik geübt sowie eine Erweiterung vorgelegt wurde von Gubler et al. (2014a), schließlich korrespondiert die Skala von Briscoe et al. (2006) nicht mit jedem der sechs Schwerpunkte, die von Arthur und Rousseau (1996b; ▶ Kap. 1.1.1, ▶ Textbox 1.1) formuliert wurden. Bspw. ist der Aspekt, sich bietende Karriereoptionen zugunsten persönlicher Ziele abzulehnen, in der meist eingesetzten Fragebogenversion nicht vertreten. Festzuhalten bleibt daher, dass die meisten bislang veröffentlichten Forschungsergebnisse zur entgrenzten Karriereorientierung keinen besonders großen Differenzierungsgrad in Hinblick auf die Einstellungen von Personen erlauben.

Macht man es sich zur Aufgabe, das Ausmaß einer entgrenzten Karriere in Form des physischen Anteils der Mobilität, also mittels tatsächlichen Karriereverhaltens, zu operationalisieren, wird schnell klar, dass man einer weitaus komplexeren Herausforderung gegenübersteht als schlicht die Anzahl von Arbeitsplatzwechseln auszuzählen. Studien, die eine größere Differenzierung vornehmen, belegen sehr unterschiedliche Auswirkungen verschiedener Arten beruflicher Bewegungen auf

Karriereerfolg (vgl. Ng et al., 2007). So erscheint es z. B. wichtig zu beachten, ob es sich um eine freiwillige oder unfreiwillige sowie durch die Organisation oder die Person selbst initiierte Grenzüberschreitung handelt (vgl. Sullivan & Baruch, 2009).

1.1.4 Kompetenzen zur Bewältigung von Grenzüberschreitungen

DeFillippi und Arthur (1994) postulierten drei Kompetenzbereiche, die sie für ein erfolgreiches Handeln in einer entgrenzten Arbeitswelt für zentral halten. Diese lassen sie mit drei Zielen einer modernen Organisation korrespondieren: dem Aufbau und Erhalt einer Kultur, des Wissens sowie von Vernetzung. ▶ Tab. 1.1 fasst die von DeFillippi und Arthur (1994) benannten Kompetenzen zusammen und orientiert sich neben den individuellen Zielen auch an entsprechenden organisationalen Zielen und Maßnahmen.

Tab. 1.1: Kompetenzen in einer entgrenzten Karriere, angelehnt an DeFillippi und Arthur (1994).

Kompetenz nach DeFillippi und Arthur (1994)	Individuelle Ziele	Organisationale Ziele	Korrespondierende Maßnahmen der Organisation
Know-why	Identität, individuelle Sinnhaftigkeit, Karrieremotive	Unternehmenskultur und eine von der Belegschaft geteilte Vision	Sozialisation, Teambuilding, organisationales Karrieremanagement
Know-how	karrierebezogene Fertigkeiten und Fachwissen	Wissen und Leistungsvermögen des Unternehmens	Stellenbeschreibungen, individuelle Leistungsbeurteilung, Personalentwicklung
Know-whom	Einsatz für Networking, Beteiligung an der Kommunikation über Organisationsgrenzen hinweg, Aufbau von Sozialkapital	Zufluss externer Expertise, Aufbau von Reputation, neue Lernmöglichkeiten	interne und externe Beziehungspflege, Mentoringprogramme

Know-why zielt darauf ab, dem Aufbau organisationsunabhängiger aufgabenbezogener und unternehmerischer Kompetenzen einen Sinn zu verleihen. Bezogen auf die zugrundeliegenden persönlichen Merkmale, die einen Beitrag hierzu leisten können, werden Eby et al. (2003) etwas konkreter: Es geht darum, nach einem tieferen Verständnis der eigenen Karriere zu streben (realistische Karriereerwartungen, Wissen um eigene Stärken und Schwächen, Formulierung spezifischer Karriereziele), proaktiv zu sein (Identifikation und Ergreifen von Handlungsgelegenheiten, Durchhaltevermögen bei Rückschlägen) sowie offen für Erfahrungen (neugieriges Ausprobieren, Aufgeschlossenheit). *Kow-how* meint die Wissenserweiterung im Sinne einer Rücknahme der Spezialisierung und damit Flexibilisierung des Wissens über den Beschäftigungskontext und die spezielle Arbeitsaufgabe hinaus. Maßgeblich sei eine Karrieremotivation, die auf das Ziel ausgerichtet ist, Fähigkeiten aufzubauen, die sich innerhalb und außerhalb der eigenen Organisation nutzen lassen. *Know-whom*, bezogen auf das Networking, betrifft den inter-organisationalen Austausch mit Fachkollegen bzw. Fachkolleginnen sowie den Austausch über Hierarchien hinweg. Auch hierfür bieten Eby et al. (2003) Möglichkeiten der Operationalisierung an, nämlich Erfahrung mit einer Mentorbeziehung sowie die Größe interner sowie externer Netzwerke.

1.1.5 Sind entgrenzte Karrieren erfolgreiche Karrieren?

Eine einfache Antwort auf diese Frage lässt sich nicht geben. Grund hierfür ist der Facettenreichtum möglicher in Betracht zu ziehender Faktoren, die den Weg von einer entgrenzten Karriereorientierung, über die relevanten Kompetenzen hin zu einem entgrenzten Karriereverlauf beschreiben. ▶ Abb. 1.1 versucht, ein Modell entsprechender Vorhersagen in ihrer Komplexität darzustellen.

Entgrenzte Karriereorientierung

Ausgangspunkt eines solchen Pfadmodells ist das Ausmaß der entgrenzten Karriereorientierung einer Person. Wie in ▶ Kap. 1.1.3 dargestellt, beschränken sich Studien größtenteils auf die Ermittlung zweier Faktoren unter Verwendung des Fragebogens von Briscoe et al. (2006). Hiermit werden somit die Präferenz für physische Mobilität sowie eine recht allgemeine Form des *Boundaryless Mindset* zurate gezogen, regelmäßig auch lediglich die erste dieser Dimensionen. Einige der ursprünglich von Arthur und Rousseau (1996b) postulierten Schwerpunkte bleiben somit unberücksichtigt. Ein differenziertes Abbild einer entgrenzten Karriereorientierung würde aber auch weitere Facetten operationalisieren, bspw. die Neigung zu geografischen Veränderungen, den Wunsch nach einem Wechsel des Berufs oder Fachs (ohne notwendigerweise organisationale Grenzen zu übertreten) oder den Einbezug persönlicher Beweggründe in Karriereentscheidungen (vgl. Gubler et al., 2014a).

Wenngleich sich eine ausgeprägte entgrenzte Karriereorientierung nicht notwendigerweise in einen von außen sichtbaren, entgrenzten Karrierepfad übersetzt (Briscoe et al., 2006), verfolgt ein Großteil der Studien zur entgrenzten Karriere die vereinfachende Strategie, entgrenzte Karriereorientierungen in einer vergleichsweise allgemeinen Form direkt mit Karriereerfolg in Zusammenhang zu bringen. Zu einer einheitlichen Befundlage führte dieser Forschungsstrang bislang nicht, immerhin zeichnen sich aber differentielle Vorhersagewerte für die beiden Dimensionen der Karriereorientierung ab, die sich zudem unterschiedlich auf Maße des subjektiven und objektiven Karriereerfolgs beziehen lassen. Zur Unterscheidung zwischen subjektivem und objektivem Karriereerfolg sei auf die Erläuterungen im Prolog verwiesen. Für die Präferenz für physische Mobilität wurden eher negative Auswirkungen auf den subjektiven Karriereerfolg nachgewiesen (z. B. Enache et al.,

2011; Rodrigues et al., 2015; Verbruggen, 2012). Allerdings existieren auch Studien, in denen sich kein entsprechender Zusammenhang finden ließ (z. B. Volmer & Spurk, 2012). Für die Dimension des *Boundaryless Mindset* blieben bedeutsame Zusammenhänge mit subjektivem Karriereerfolg in den meisten Studien aus.

Bei den hier geschilderten sowie den meisten vergleichbaren Studien ist zu bedenken, dass eine zeitgleiche Erhebung von Prädiktoren (Karriereorientierung) und Outcomes (Karriereerfolg) nur einen Teil der Wahrheit ans Licht befördern kann. Schließlich wäre es nachvollziehbar, dass eine hohe Neigung zur Mobilität in einem frühen Stadium der Entscheidungsfindung mit Unzufriedenheit assoziiert ist. An diesem Punkt stellt sich auch die Frage der Kausalität: Man weiß, dass sich Personen, die mit ihrer derzeitigen Position (aus welchen Gründen auch immer) unzufrieden sind, auf die Suche nach externen Stellenangeboten begeben und gewillt sind, ein vielversprechenderes Angebot auch anzunehmen (Ng et al., 2005). In einer längsschnittlichen Betrachtung mag sich der oben genannte Zusammenhang demzufolge durchaus umkehren, so dass eine frühere physische Mobilitätspräferenz dann einen Anstieg von Karrierezufriedenheit nach tatsächlich vollzogenem Wechsel vorherzusagen vermag.

Auch bezogen auf den objektiven Karriereerfolg lassen Forschungsergebnisse keine eindeutige Aussage zu. Volmer und Spurk (2011) ermittelten immerhin einen positiven Zusammenhang zwischen der Präferenz zur physischen Mobilität (nicht aber des Boundary Mindsets) und dem Einkommen (nicht aber der Anzahl von Beförderungen). Verbruggen (2012) hingegen konnte sowohl für Einkommen als auch Beförderungen einen positiven Zusammenhang mit dem Boundaryless Mindset ermitteln. Hier blieben Zusammenhänge mit der Mobilitätspräferenz aus (Einkommen) oder gingen in die entgegengesetzte Richtung (Beförderungen). Bezogen auf die Karriereorientierung lässt sich die ursprünglich postulierte These, entgrenzte Karrieren mündeten in ein erfolgreicheres und zufriedenstellenderes Berufsleben (z. B. Arthur, 1994), also nicht halten. Neben fehlenden längsschnittlichen Belegen ist hierbei aber zu bedenken, dass ein vollständigerer Pfad von der Karriereorientierung zum Berufserfolg sicher noch relevante Zwischenschritte enthalten dürfte, wie in ▶ Abb. 1.1 angedeutet.

Kompetenzen in einer entgrenzten Karriere

Es ist anzunehmen, dass sich entgrenzte Karriereverläufe nicht automatisch aus den oben beschriebenen Neigungen ergeben, sondern der Erwerb bestimmter, begünstigender Kompetenzen zwischengeschaltet ist (vgl. DeFillippi & Arthur, 1994). So wäre es nur nachvollziehbar, dass das pure Interesse am Arbeiten über organisationale Grenzen hinweg zunächst ein recht distaler Faktor für die Vorhersage tatsächlicher interorganisationaler Zusammenarbeit ist, der geschickte Aufbau und Erhalt eines großen Netzwerks ein proximalerer. Aus dem Ansatz der entgrenzten Karriere heraus ist bislang aber noch recht wenig Konkretes darüber zu erfahren, welche Handlungsstrategien zu einer proaktiven Planung der eigenen Karriere führen oder welche Bewältigungsmechanismen hilfreich sind, um den Übertritt in eine nächste Karrierephase bei gegebener Unsicherheit zu meistern (z. B. Baruch & Vardi, 2016).

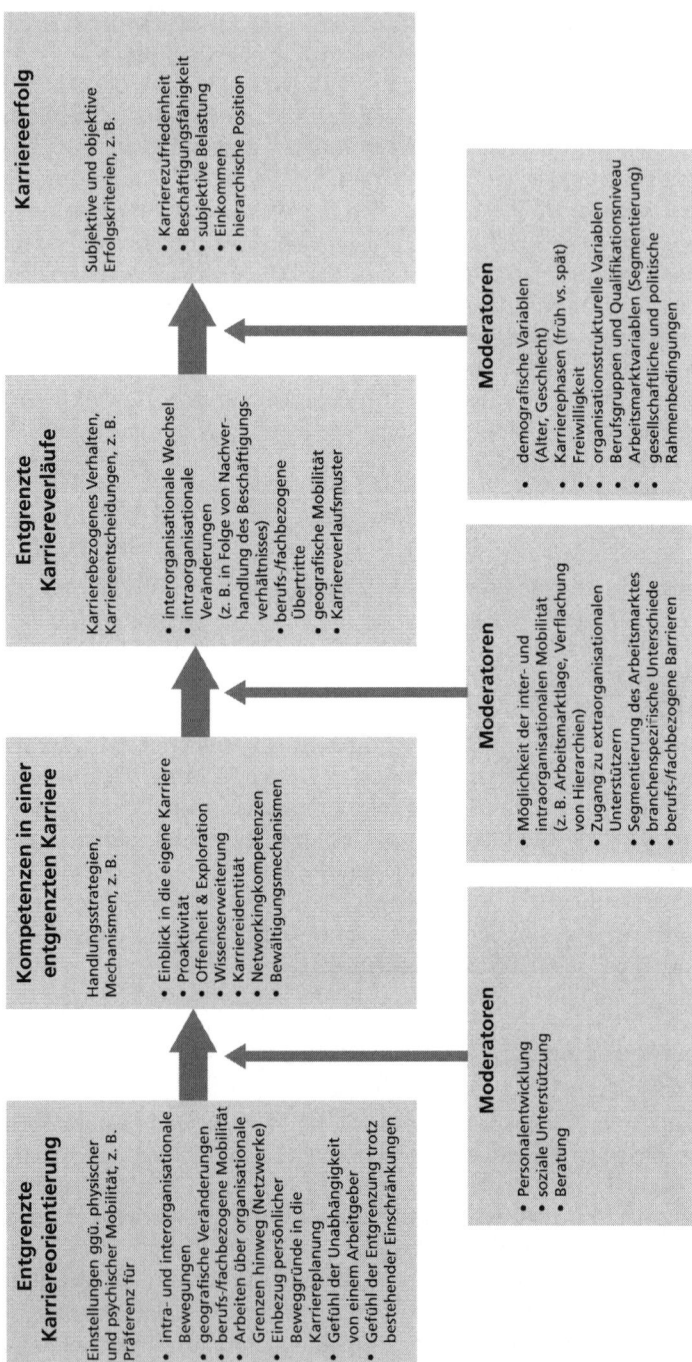

Abb. 1.1: Facettenreiches Pfadmodell für Karriereerfolg in einer entgrenzten Karriere.

1 Die Person als Eigentümerin einer *neuen* Karriere: Entgrenzte und proteische Karrieren

Die wenigen Studien, die den Zusammenhang zwischen entgrenzten Karrierekompetenzen und Karriereerfolg näher in den Blick nahmen, vermitteln ein recht uneinheitliches Bild insofern, als dass spezifische Kompetenzen unterschiedliche Auswirkungen auf unterschiedliche Erfolgskriterien zu haben scheinen (Eby et al., 2003; Briscoe et al., 2012).

Wir wissen auch noch recht wenig über Faktoren, die die Enge des Zusammenhangs zwischen Karriereorientierung und Kompetenzen möglicherweise moderieren. Eine solche Funktion käme potenziell u. a. Maßnahmen der organisationalen Personalentwicklung zu. Insgesamt ist dieser Bestandteil des Modells entgrenzter Karrieren bislang deutlich unterbelichtet. Andere Ansätze haben bspw. weitaus mehr zum Aufbau von Adaptabilität (z. B. Savickas, 2013) und zur Stärkung karrierebezogener Ressourcen (z. B. Hirschi, 2012) zu sagen.

Verschiedene Kontextfaktoren könnten eine hemmende bzw. förderliche Wirkung auf die tatsächliche Veranlassung von sichtbaren Karrieretransitionen bei gegebener Neigung und gegebenen Kompetenzen besitzen. Sowohl die Möglichkeit eines Wechsels als auch die Aussicht auf positive Auswirkungen eines Wechsels auf den Karriereerfolg und das Wohlbefinden dürften in hohem Maße auch von der Art des Berufs bzw. der Branche abhängig sein. Man denke bspw. an prototypische IT-Berufe, bei denen starker (auch interorganisationaler) Projektbezug vorherrscht und v. a. produktübergreifendes Wissen gefragt ist. Demgegenüber stelle man sich einen biotechnologischen Entwickler bzw. eine biotechnologische Entwicklerin in der Pharmaindustrie vor, der bzw. die sich sehr spezielles Fachwissen für ein bestimmtes Produkt in langwierigen Entwicklungszyklen aneignet. Zudem herrschen von Industriezweig zu Industriezweig ganz unterschiedliche Gepflogenheiten, was die Durchlässigkeit des Arbeitsmarkes anbelangt. Laut Arthur et al. (2005) können sowohl die Arbeitsmarktlage als auch Umstrukturierungen von Organisationen (z. B. Verflachung der Hierarchien) dazu führen, dass eine Beschäftige bzw. ein Beschäftigter die Möglichkeiten für eine inter- oder intraorganisationale Mobilität als hoch einschätzt. Dies dürfte insbesondere dann der Fall sein, wenn die Person sich durch die Erweiterung ihres Wissens über die Belange der gegenwärtigen Arbeitsaufgabe hinaus für andere Aufgaben qualifiziert hat. Dies müsse laut Arthur et al. (2005) nicht unbedingt zu einer faktischen inter-organisationalen Mobilität führen, möglicherweise bilde dies aber die Grundlage zur Nachverhandlung der Beschäftigungssituation im angestammten Unternehmen. Als ein letztes Beispiel für einen moderierenden Faktor wäre der Zugang zu extraorganisationaler Unterstützung zu nennen (Arthur et al., 2005). Die erfolgreiche Umsetzung einer Karrierebewegung kann, neben dem Einfluss intraorganisationaler Unterstützer bzw. Unterstützerinnen (z. B. Kollegen bzw. Kolleginnen, Vorgesetzte), gefördert werden durch Personen, die sich außerhalb der Organisation befinden. Mit der Zuwendung zu extraorganisationalen Netzwerken (z. B. Fachkollegen bzw. Fachkolleginnen, Alumni) eröffnen sich neue persönliche Entwicklungsmöglichkeiten.

Entgrenzte Karriereverläufe

Es existiert eine recht hohe Anzahl von Studien, die die direkte Verknüpfung zwischen entgrenzten Karriereverläufen im Sinne des Ausmaßes von beobachtbarer Mobilität und Karriereerfolg adressierten. In den meisten Fällen fand hier allerdings kein expliziter Rückbezug auf vorauslaufende Karriereorientierungen und/oder Kompetenzen statt, die eine unmittelbare Einordnung in das Konzept der entgrenzten Karrieren erlaubten.

Sichtbares entgrenztes Karriereverhalten lässt sich grob noch einmal unterteilen in *interorganisationale* Mobilität (Wechsel von einem Arbeitgeber zum anderen), *intraorganisationale* Veränderungen (Auf- und Abstiege innerhalb der Organisationshierarchie, horizontale Mobilität), berufs- bzw. fachbezogene Übertritte (Änderung der Berufsbezeichnung, Übergang in einen anderen Fachbereich oder eine andere Branche) und geografische Mobilität (z. B. Auslandsentsendungen). Einen Schritt über die Betrachtung der schlichten Anzahl von Bewegungen hinaus gehen zudem vereinzelte Studien, die Karriereverlaufsmuster in den Blick nehmen und es dabei erlauben, Kombinationen aus den oben genannten Kategorien zu berücksichtigen. Bei der Vorhersage von Karriereerfolg sind zudem weitere Differenzierungen des Mobilitätsverhaltens zu vollziehen. So gestalten sich die Beziehungen zwischen Grenzüberschreitungen und Erfolg recht unterschiedlich je nach persönlichem Hintergrund sowie kontextuellen und strukturellen Faktoren (▶ Abb. 1.1).

Einen Überblick über Studien zu entgrenzten Karriereverläufen und ihren Vorhersagewert für Karriereerfolg haben Guan et al. (2019) vorgelegt. Ergebnisse zu den Auswirkungen interorganisationaler Mobilität gestalten sich demnach recht uneinheitlich, maßgeblich beteiligt an Richtung und Ausmaß der Wirkung auf Karriereerfolg erscheinen sowohl personenbezogene als auch kontextuelle Faktoren. Bspw. weisen mehrere Studien für die USA, Deutschland und weitere europäische Länder darauf hin, dass ein Zugewinn an Einkommen in Folge häufiger Arbeitgeberwechsel für jene Personen größer ist, die sich noch am Anfang ihrer Karriere befinden (z. B. Davia, 2010; Dustmann & Pereira, 2008; Fuller, 2008). Zudem scheinen mitunter Einflussfaktoren wie die Art des Berufs und das Qualifikationsniveau, das Geschlecht und das Ausgangsniveau der Position eine Rolle zu spielen (vgl. Guan et al., 2019). Ein gewichtiger Moderator für die Auswirkungen auf Erfolg ist die Freiwilligkeit des Wechsels. Hierzu liegen zahlreiche Studien für unterschiedliche Länder vor. Längsschnittliche Studien aus deutscher Perspektive deuten auf einen Vorteil freiwilliger gegenüber unfreiwilligen Arbeitsplatzwechseln bzgl. der Gehaltsentwicklung hin (Perez & Sanz, 2005; Schmelzer, 2012). Freiwillige Wechsel erwiesen sich aber nicht in allen Studien als stärker einkommensförderlich als ein Verbleib in derselben Organisation. Latzke et al. (2016) konnten zudem Unterschiede zwischen Berufsgruppen in Hinblick auf Zufriedenheitszuwächse feststellen: am weitaus größten waren diese bei Hochqualifizierten (Management, Spezialisten). Ein Arbeitsplatzwechsel, der über eine vorübergehende Phase der Arbeitslosigkeit führte, erwies sich für die Gehaltsentwicklung als schädlich (Schmelzer, 2012).

Effekte intraorganisationaler Mobilität auf den Erfolg hängen u. a. von der Richtung der Bewegung (Aufwärts- vs. Abwärts- oder Horizontalbewegung) und abermals von der Freiwilligkeit ab. Intraorganisationale Bewegungen erwiesen sich in einer längsschnittlichen Befragung von Rigotti et al. (2014) dann als vorteilhaft für die Karrierezufriedenheit, wenn die empfundene Passung zwischen persönlichen Eigenschaften und der neuen Arbeitsaufgabe anstieg. Interessanterweise zogen in dieser Studie intraorganisationale Aufstiege aber auch negative Konsequenzen nach sich: Vermittelt v. a. durch einen höheren Zeitdruck und stärkere Konflikte zwischen Berufs- und Privatleben, berichteten Personen nach Aufwärtsbewegungen von stärkerer Belastung. Dies ist ein gutes Beispiel dafür, dass selbst innerhalb der subjektiven Rekapitulation des eigenen Erfolgs auf unterschiedlichen Teildimensionen durchaus entgegengesetzte Effekte möglich sind.

Mobilität kann zudem daran gemessen werden, inwiefern eine Person den Pfad ihrer ursprünglichen Profession verlässt (Beispiel: ein Maschinenbauingenieur in der Produktion wird zum Programmierer) bzw. einen Branchenwechsel vollzieht. Effekte solcher Bewegungsarten sind weniger gut erforscht und erweisen sich teils als positiv (z. B. in Hinblick auf Arbeitszufriedenheit und Einkommen; Carless & Arnup, 2011), teils als negativ (z. B. weniger langfristige Stellenangebote nach häufigem Branchenwechsel; King et al., 2005).

Eine Studie zu Karriereverläufen von Informatikerinnen und Informatikern von Joseph et al. (2012) kann als Beispiel für den vielversprechenden Ansatz dienen, Verlaufsformen über lange Zeiträume des Berufslebens hinweg in den Blick zu nehmen, statt sich lediglich auf die Anzahl von Karrierewechseln zu konzentrieren. Zwischenzeitliche Wechsel in den Bereich der Informationstechnologie, gefolgt von einer Rückkehr in den Nicht-IT-Bereich, erwiesen sich dann als umso schädlicher für den Gehaltsverlauf, wenn sie zu einem späteren Zeitpunkt im Karriereverlauf stattfanden.

Eine weitere Form von Grenzüberschreitungen, die nicht notwendigerweise mit einem Wechsel der Organisation oder des Berufs verbunden ist, besteht in geografischen Wechseln. Internationale Karrieren entsprächen insbesondere dann einer typischen entgrenzten Karriere, wenn ein Wechsel in ein anderes Land selbstinitiiert erfolgt. Genau diese Fälle zeichnen sich im Durchschnitt aber durch einen Rückgang sowohl des Einkommens als auch interessanter Herausforderungen aus (Tharenou, 2009). Demgegenüber münden organisational veranlasste Auslandsentsendungen eher in einem Anstieg des Karriereerfolgs.

1.1.6 Bedeutung entgrenzter Karrieren für die Bindung an eine Organisation

Ohne jeden Zweifel zählen das Aufweichen eines psychologischen Vertrags zwischen Arbeitgebern und Beschäftigten (Rousseau, 1995) sowie das Überschreiten der Grenzen eines einzelnen Beschäftigungsverhältnisses (DeFillippi & Arthur, 1994) zum Kern einer entgrenzten Karriereorientierung. Folgerichtig wurde wiederholt der Zusammenhang zwischen einer entgrenzten Karriereorientierung und dem Ausmaß des *organisationalen Commitments* untersucht. Zum Verständnis organisationalen Commitments, gemäß dem dreidimensionalen Modell nach Meyer und Allen (1991), sei auf ▶ Abb. 1.2 verwiesen. Vergleichsweise eindeutig sind die Be-

Teil I Die Person als Gestalterin ihres beruflichen Weges

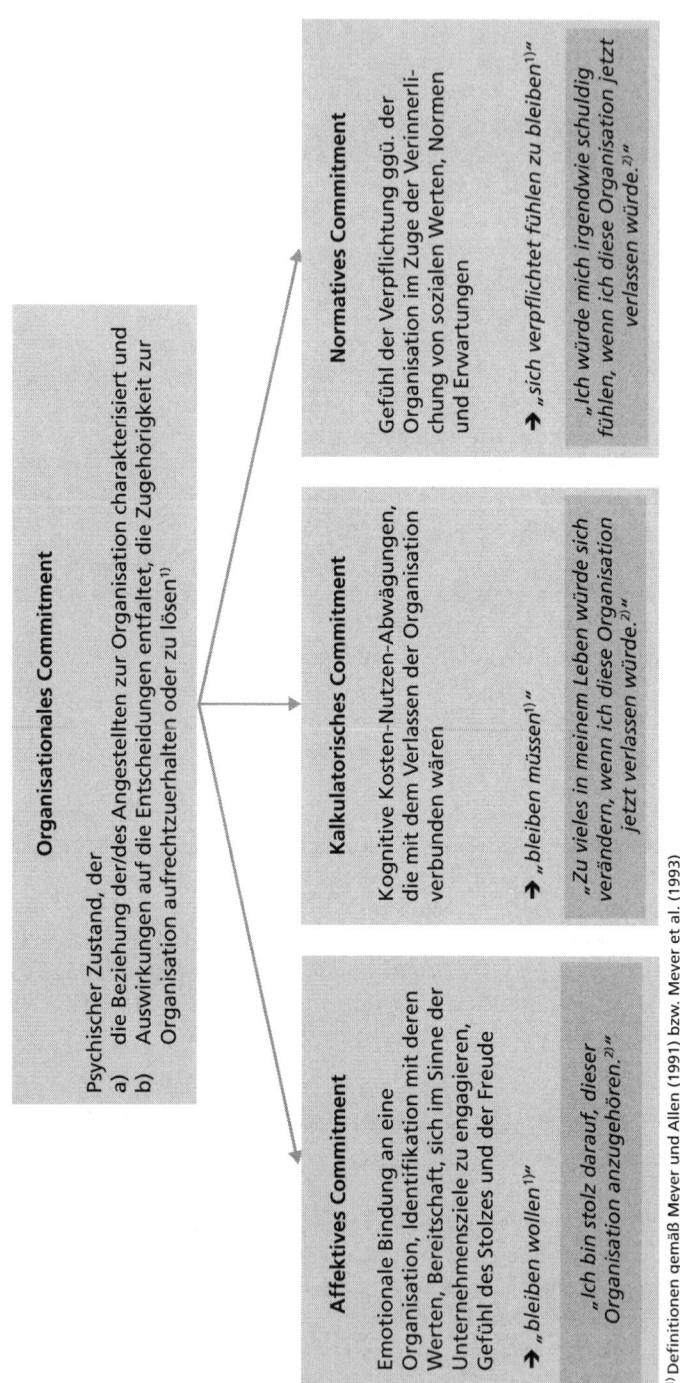

Abb. 1.2: Dreidimensionales Modell organisationalen Commitments.

funde bezüglich der physischen Mobilitätspräferenz: Personen, die eine hohe Neigung zu interorganisationalen Bewegungen angeben, berichten gleichzeitig von einem eher niedrigem organisationalen Commitment (Briscoe & Finkelstein, 2009; Çakmak-Otluoğlu, 2012; Enache et al., 2013). Es ist zudem davon auszugehen, dass die in dieser Facette geäußerte Präferenz für organisationale Wechsel auch in entsprechendes Wechselverhalten mündet (Hom et al., 2012). Komplexer gestaltet sich die Beurteilung des Zusammenhangs zwischen einem *Boundaryless Mindset* und den Facetten organisationalen Commitments. Bezogen auf das kalkulatorische Commitment, d. h. der Sorge, auf Grundlage von Kosten-Nutzen-Abwägungen zu viele Nachteile durch einen organisationalen Wechsel zu erleiden, deuten einige Ergebnisse zwar auf einen negativen Zusammenhang zum *Boundaryless Mindset* hin (z. B. Briscoe & Finkelstein, 2009; Enache et al., 2013). Im Hinblick auf das affektive Commitment kann sich ein hohes Ausmaß eines *Boundaryless Mindsets* hingegen auch als förderlich erweisen (z. B. Enache et al., 2013). Positive Effekte sind hierbei aber offensichtlich auf das zusätzliche Vorhandensein günstiger Faktoren angewiesen, z. B. eine werteorientierte Einstellung der Person (Fernandez & Enache, 2008) und/oder organisationale Praktiken zur Förderung der Bindung von Mitarbeiterinnen und Mitarbeitern (Rodrigues et al., 2015).

1.2 Die proteische Karriere (Protean Career)

Eine zentrale Idee der *proteischen Karriere (Protean Career;* Hall, 1976, 1996) ist die Betrachtung von Bestrebungen und Fähigkeiten einer Person, die eigene Karriereentwicklung eigenverantwortlich und stets von Neuem auf sich verändernde Umstände sowie auf ihre individuellen Werte auszurichten. In seiner Ursprungsarbeit definierte Hall die proteische Karriere als »einen Prozess, den die Person, nicht die Organisation, gestaltet. Sie setzt sich aus allen möglichen Erfahrungen der Person in Ausbildung, Training, Arbeit in unterschiedlichen Organisationen, Veränderungen im beruflichen Umfeld etc. zusammen. Die proteische Karriere ist nicht das, was einer Person innerhalb einer bestimmten Organisation widerfährt.« (übersetzt nach Hall, 1976, S. 201). Damit stellt die proteische Karriere einen Gegenentwurf zum traditionellen Laufbahnverständnis dar, in dem sich Karriereerfolg etwa an einem Aufstieg innerhalb einer Organisation bemessen ließ. An die Stelle von durch die Organisation gesteuerten Belohnungen tritt der individuelle, »psychologische Erfolg« (Mirvis & Hall, 1994). Gemeint ist hiermit die Ausrichtung der Karriere auf das, was vom Individuum als bedeutungsvoll bewertet wird, im Kontrast zu objektiven, von außen kommenden Kriterien wie die hierarchische Position oder das Einkommen (Hall, 2004).

Zum Grundverständnis der proteischen, im Kontrast zur traditionellen Karriere, sei zunächst das Konzept der Lernzyklen vorgestellt. Danach werden wir uns dem Prozess der proteischen Karriere von der proteischen Karriereorientierung, über proteische Karrieremechanismen, bis hin zu Forschungsergebnissen in Hinblick auf die Outcomes einer proteischen Karriere zuwenden.

1.2.1 Lernzyklen in proteischen Karrieren

Die Abkehr von der Vorstellung eines stetigen Anwachsens von Expertise bzw. Leistungsfähigkeit mit den Jahren an Berufserfahrung – und zwar innerhalb einer Organisation und eines Aufgabenbereichs – lässt sich besonders gut entlang des Konzepts der Lernzyklen (Mirvis & Hall, 1994) nachvollziehen. ▶ Abb. 1.3 veranschaulicht, was hiermit gemeint ist. Die Person *altert* innerhalb einer proteischen Karriere nicht deckungsgleich mit ihrem Lebensalter, sondern setzt durch wiederholte, willentliche Neuausrichtungen auf neue Arbeits- und Lerninhalte ihr *Karrierealter* zurück. Der Erwerb von Expertise bzw. Leistungsfähigkeit läuft in Zyklen ab, die jeweils ihren Ausgangspunkt in der *Exploration* neuer Arbeitsaufgaben nehmen. Nach einer zwischenzeitlichen Phase der *Erprobung* (»Trial« gem. Mirvis & Hall, 1994) schließt sich die *Etablierung* (»Establishment«) des neu Gelernten im Arbeitsalltag an. Die Lernentwicklung mündet dann in einem mehr oder minder lang andauernden Plateau hohen *Expertentums* (»Mastery«/»Maintenance«), in dem das erworbene Wissen für komplexe Herausforderungen vorgehalten wird. Für das proteische Konzept entscheidend ist, dass auf diesem Plateau nicht lange verweilt, stattdessen eine Loslösung und die Entdeckung neuer Lernmöglichkeiten in Gang gesetzt wird. Ein nächster Zyklus, neu ausgerichtet auf Erfordernisse einer sich verändernden Arbeit sowie die jüngst hinzugewonnenen Erkenntnisse bzgl. eigener Bedürfnisse, lässt ein neues *Karrierealter* beginnen. Die Leistungsfähigkeit fällt dabei vorübergehend, in Zeiten der Exploration und des Erprobens, auf ein niedrigeres Niveau zurück. Über mehrere Lernzyklen hinweg verschiebt sich die Leistungsfähigkeit aber i. d. R. weiter nach oben, weil jeder neuerliche Zyklus auf der Reflektion der gesammelten Erfahrungen vorheriger Zyklen aufbaut.

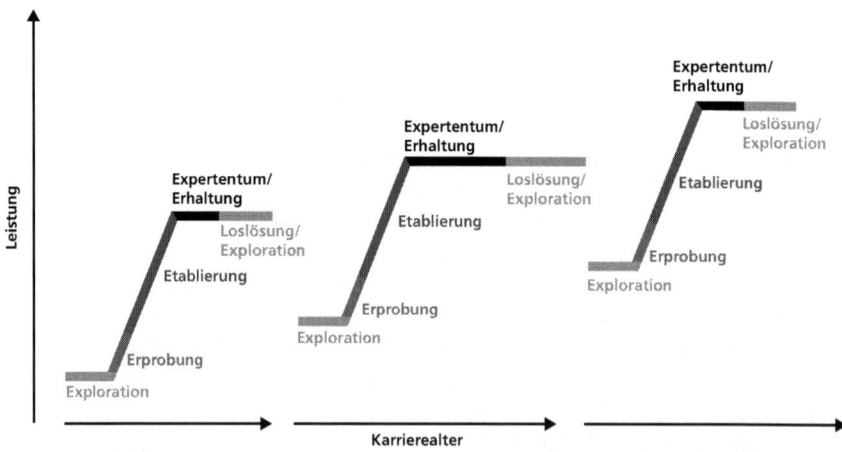

Abb. 1.3: Lernzyklen im Modell der proteischen Karriere in Anlehnung an Mirvis und Hall (1994).

1.2.2 Proteische Karriereorientierung

Den Ausgangspunkt einer erfolgreichen proteischen Karriere stellt die proteische Karriereorientierung dar, d. h. eine Haltung (im Original »Mindset« genannt), in der sich Personen unterscheiden können (▶ Abb. 1.4, links). Eine solche Orientierung setzt sich aus zwei Komponenten zusammen: Erstens die *Bestrebung zur eigenverantwortlichen Karrieresteuerung* (z. B. Hall, 2004), d. h. der Wille, aktiv federführend bei der Gestaltung der eigenen Karriere zu sein. Personen mit hohen Ausprägungen auf dieser Dimension stehen gleichzeitig einer allzu starken externen Kontrolle ihrer Laufbahnentwicklung ablehnend gegenüber. Als zweiten Faktor der proteischen Karriereorientierung ist die *intrinsische Werteorientierung* zu nennen (z. B. Hall, 2004). Dahinter steht das Bedürfnis, solche Karriereentscheidungen zu treffen, die von individuellen Werthaltungen angetrieben werden (z. B. Briscoe & Hall, 2006). Das Verständnis von Berufserfolg ist intern, im Sinne des obengenannten *psychologischen Erfolgs* ausgerichtet. Eine vollständige Ausbuchstabierung dessen, welcher Gestalt diese Werte sein können, ist das Konzept bis zum gegenwärtigen Zeitpunkt allerdings schuldig geblieben. Häufig wird in diesem Zusammenhang von Freiheit und persönlichem Wachstum gesprochen (Hall, 2004). Zusammengefasst bildet der erste Faktor die Willenskraft und Handlungsorientierung einer Person ab, der zweite Faktor versieht dieses Streben mit einem Sinn bzw. einer wertebezogenen Priorisierung (Briscoe et al., 2006).

Die einstellungsbezogene Grundlage eines proteischen Karriereprozesses – und damit einer angemessenen Reaktion auf eine sich verändernde Umwelt – bildet hierbei das Zusammentreffen hoher Ausprägungen einer Person in sowohl der Bestrebung nach selbstverantwortlichem Karrieremanagement als auch der Orientierung an intrinsischen Werten. Abweichungen von dieser Konfiguration haben jeweils maladaptive Konsequenzen (Briscoe & Hall, 2006), die in ▶ Abb. 1.5 zusammengefasst sind. Eine niedrige Ausprägung auf beiden Faktoren führt dieser Auffassung nach zu einer *abhängigen* Karriere, in der eine Person weder werteorientierte Prioritäten setzt noch ihre Karriere eigenverantwortlich gestaltet. Eine *reaktive* Karriere ist beschrieben durch das vorhandene Streben nach eigenverantwortlichem Karrieremanagement, ohne dass dieses einen sinngebenden Abgleich mit inneren Werten erführe. Als *rigide* bezeichnen Briscoe und Hall (2006) die Karriereorientierung von Personen, die zwar wertgetrieben sind, denen es aber an der Willenskraft fehlt, sich an die Leistungs- und Lernerfordernisse ihrer Karriere anzupassen.

Die proteische Karriereorientierung stellt die – im Vergleich zu den im Folgeabschnitt erläuterten Karrieremechanismen – bei weitem intensiver erforschte Komponente des proteischen Karriereprozesses dar (▶ Kap. 1.2.4). Das am häufigsten eingesetzte Instrument zur Erhebung proteischer Karriereorientierung ist die *Protean Career Attitudes Scale* (PCAS; Briscoe et al., 2006), für die Gasteiger (2007) eine deutsche Übersetzung vorlegte. Der Fragebogen mit 14 Items erlaubt die Bildung zweier Skalenwerte für die Neigung zu selbstverantwortlichem Laufbahnmanagement (Beispiel: »Es hängt letzten Endes von mir selbst ab, meine berufliche Laufbahn voranzutreiben«) sowie Werteorientierung (Beispiel: »Mir ist am wichtigsten, wie ich selbst zu meinem beruflichen Erfolg stehe, und nicht, was andere

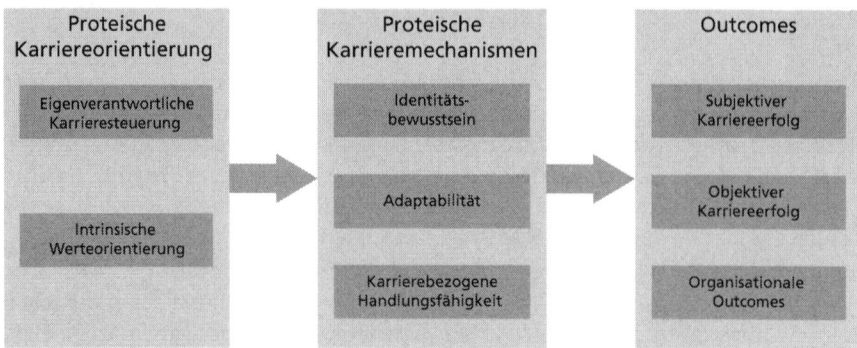

Abb. 1.4: Der proteische Karriereprozess in Anlehnung an Hall et al. (2018).

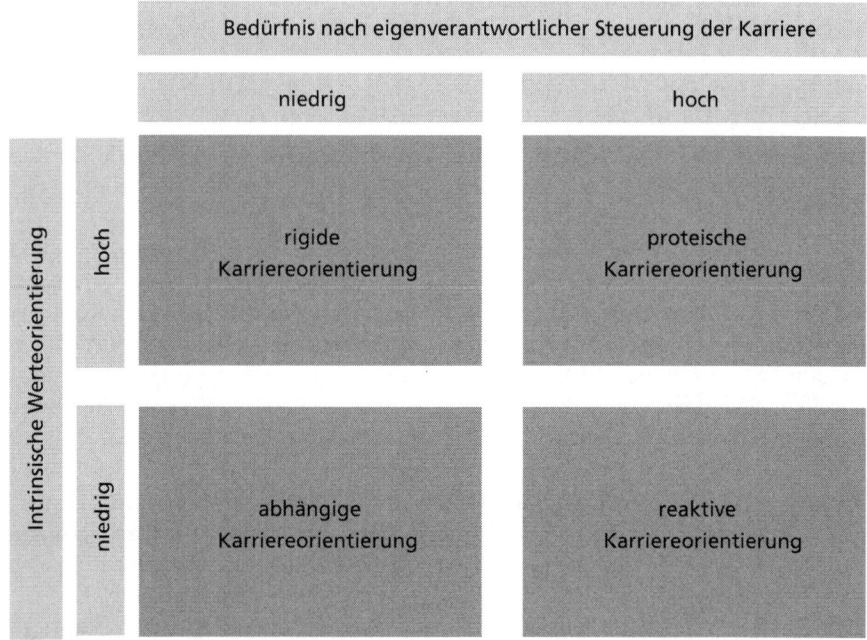

Abb. 1.5: Konfiguration zweier Faktoren der proteischen Karriereorientierung, in Anlehnung an Briscoe und Hall (2006).

davon halten«). Empirische Studien deuteten allerdings an, dass die beiden Dimensionen dieses Instruments keine differenzierteren Vorhersagen für karrierebezogene Outcomes erlauben als ein zusammengefasstes Maß (Baruch, 2014; Herrmann et al., 2015). Eine differenzierte, kritische Rekapitulation der zur Verfügung stehenden Instrumente legten Gubler et al. (2014b) vor.

1.2.3 Proteische Karrieremechanismen

Auf der Grundlage einer bestehenden proteischen Karriereorientierung aufbauend, stellen proteische Karrieremechanismen das Bindeglied zu einer erfolgreichen proteischen Karriere dar (▶ Abb. 1.4, Mitte). Gemeint ist hiermit die Ingangsetzung eines proteischen Karriereprozesses mittels sogenannter *Metakompetenzen* (Hall, 1996), d.h. solcher Kompetenzen, die es einer Person erleichtern, sich andere, spezifischere Fertigkeiten anzueignen. Anfänglich wurden zwei Metakompetenzen formuliert, *Identitätsbewusstsein* und *Adaptabilität*. In neueren Schriften kam die *karrierebezogene Handlungsfähigkeit* hinzu (Hall et al., 2018).

Identitätsbewusstsein bezeichnet eine Metakompetenz in Form eines inneren Kompasses, der die Person auf dem Weg einer selbstverantwortlichen Karrieregestaltung leitet. Bevorteilt sind diesbezüglich Personen, die über ein differenziertes Bewusstsein für ihr berufliches Selbstkonzept verfügen. Dies schließt das Einholen von Feedback und die Ausformung einer akkuraten Selbstwahrnehmung ebenso mit ein wie die Modifikation des Selbstkonzepts, falls hierfür Veranlassung besteht (Hall & Chandler, 2005). Auf dem Weg zu einem subjektiven, d.h. *psychologischen*, Karriereerfolg im Sinne der proteischen Karriere schließt diese Weiterentwicklung der Selbsterkenntnis insbesondere auch die Kenntnis eigener Werthaltungen mit ein.

Adaptabilität als zweite der Metakompetenzen beschreibt die Fähigkeit einer Person, sich an veränderliche berufliche Umstände anzupassen. Eine in diesem Sinne anpassungsfähige Person vermag es demzufolge, effektiv auf Verwerfungen zu reagieren und Hindernisse zu überwinden (Hall, 1996). Hierzu gehört die Identifikation von Faktoren, die über zukünftigen beruflichen Erfolg entscheiden, sowie das Setzen und Verfolgen entsprechender veränderungsbezogener Ziele (Hall & Chandler, 2005).

Als dritte Metakompetenz wird von Hall et al. (2018) die *karrierebezogene Handlungsfähigkeit* (im englischen Original kurz »agency« genannt) angeführt. Diese erst später dem Konzept hinzugefügte Kompetenz trägt der Erkenntnis Rechnung, dass Identitätsbewusstsein und Adaptabilität allein nicht hinreichend für Karriereerfolg sind. Karrierebezogene Handlungsfähigkeit ist gegeben, wenn es einer Person möglich ist, ihre proteische Karriereorientierung direkt in Entscheidungen und Handlungen zu übersetzen, d.h. Kontrolle über die eigene Karriere zu erlangen. Im Unterschied zur Adaptabilität geht es hierbei nicht nur um die Fähigkeit, angemessen auf Disruptionen in der Umwelt zu reagieren, sondern um proaktives Karriereverhalten, hohes arbeitsbezogenes Engagement und den Einsatz von Selbstmanagementkompetenzen (Hall et al., 2018; De Vos & Soens, 2008).

1.2.4 Outcomes einer proteischen Karriere

Wie ▶ Abb. 1.4 (rechts) zu entnehmen, postuliert das Konzept der proteischen Karriere eine Reihe von Outcomes, in Form von zumeist positiven Konsequenzen für die individuelle Karriere sowie die Organisation, als Zielpunkte eines proteischen Karriereprozesses.

Subjektiver Karriereerfolg

Die naheliegendste Konsequenz eines erfolgreichen proteischen Karrieremanagements wäre *subjektiver Karriereerfolg* – schließlich stehen die Ausrichtung der Karriere auf eigene Werthaltungen und die Herstellung einer individuellen Identität ja im Mittelpunkt des Konzepts. In einer Studie von De Vos und Soens (2008) an Beschäftigten, die gerade einen Karriereberatungsprozess durchlaufen hatten, wies eine proteische Karriereorientierung einen positiven Zusammenhang mit subjektivem Karriereerfolg (in Form von Karrierezufriedenheit und wahrgenommener Beschäftigungsfähigkeit) auf. Dieser Zusammenhang wurde mediiert durch das Ausmaß karrierebezogenen Selbstmanagements sowie der Reflektion der eigenen Karriere (*career insight*). Unter Beschäftigten in Deutschland war eine hohe proteische Karriereorientierung mit hohen Ausprägungen in Karriere- und Arbeitszufriedenheit, Engagement und Karriereplanung assoziiert (Herrmann et al., 2015). Innerhalb derselben Veröffentlichung wurde mit einer weiteren Studie an Studierenden die Bedeutung allgemeiner Proaktivität näher beleuchtet, die bereits zuvor als bedeutsamer Prädiktor von Karriereerfolg erkannt wurde (Seibert et al., 1999). Es fand sich, dass der Zusammenhang zwischen einer allgemeinen Form der Proaktivität und dem Engagement für die Planung der eigenen Karriere durch die proteische Karriereorientierung vermittelt wurde. Für die subjektive sowie objektive Beschäftigungsfähigkeit (Anzahl der Stellenangebote) zeigten Cortellazzo et al. (2020) positive Zusammenhänge mit der proteischer Karriereorientierung.

Direnzo et al. (2015) gingen der im proteischen Konzept wiederholt geäußerten Annahme (z. B. Briscoe & Hall, 2006) nach, dass eine proteische Karriereorientierung einen positiven Beitrag zur Work-Life-Balance zu leisten imstande sei. Zudem interessierten sie sich dafür, über welche Mechanismen ein solcher Zusammenhang vermittelt sein könnte. Im Ergebnis einer Pfadanalyse konnte festgestellt werden, dass eine proteische Karriereorientierung über ein verstärktes Karriereplanungsverhalten zu erhöhtem sozialen (z. B. ein großes Netzwerk zu besitzen) und psychologischen Kapital (z. B. Optimismus und Selbstwirksamkeit) und, als Konsequenz daraus, zu einer erhöhten wahrgenommenen Beschäftigungsfähigkeit führt. Der positive Zusammenhang zwischen dem Ausmaß dieser wahrgenommenen Beschäftigungsfähigkeit und der eingeschätzten Work-Life-Balance galt wiederum fast ausschließlich in solchen Fällen, in denen zusätzlich eine *Whole-Life*-Perspektive eingenommen wurde. Diese repräsentiert das Streben nach erfolgreicher Gestaltung von und Zufriedenheit mit mehreren Lebensdomänen gleichzeitig. Hieraus wird deutlich, dass Werte, die sich nicht auf das Arbeitsleben allein beziehen und demzufolge auch keinen festen Bestandteil des ursprünglichen Konzepts der proteischen Karriere bilden, zusätzlich heranzuziehen sind, um die Wirkung von Karriereorientierungen auf die Work-Life-Balance besser zu verstehen.

Ein interessanter Forschungsgegenstand ist die Betrachtung der Umstellungsfähigkeit im Zuge beruflicher Transitionen bzw. im Angesicht karrierebezogener Verwerfungen. Bei Admirälen der amerikanischen Marine, die von einer sehr traditionell geprägten militärischen in eine zweite, zivile und wesentlich volatilere Laufbahn (zumeist in der Privatindustrie) übergingen, erwies sich eine proteische Karriereorientierung als prädiktiv für subjektiven Karriereerfolg (Karriere- und Lebenszufriedenheit sowie wahrgenommene Beschäftigungsfähigkeit; Baruch & Quick, 2007). Demgegenüber stand eine traditionelle Karriereorientierung in Zusammenhang mit objektiven Erfolgsfaktoren (Einkommen, hierarchische Position). Weitere günstige Konsequenzen einer ausgeprägten Orientierung zu eigenverantwortlichem Laufbahnmanagement konnten in Form erhöhter Zufriedenheit im Zuge von Auslandsentsendungen (Cerdin & Le Pargneux, 2014) sowie ausgeprägteren Selbstbewusstseins und Engagements bei Arbeitssuchenden (Waters et al., 2014) ermittelt werden.

Einschränkend bleibt zu beachten, dass die Vorhersagekraft der proteischen Karriereorientierung für subjektiven Karriereerfolg bevorzugt für die Komponente der eigenverantwortlichen Karrieresteuerung nachgewiesen wurde (z. B. De Vos & Soens, 2008; Cerdin & Le Pargneux, 2014), weit weniger aber über die Bedeutsamkeit einer intrinsischen Werteorientierung bekannt ist.

Objektiver Karriereerfolg

Als zweites Resultat eines proteischen Karriereprozesses wurde u. a. von Hall et al. (2018) objektiver Karriereerfolg angeführt (▶ Abb. 1.4). Dieser bezieht sich auf von außen beobachtbare Kriterien wie Verdienst oder hierarchische Position. Im Vergleich zum subjektiven Karriereerfolg, existieren für objektive Erfolgskriterien viel weniger Erkenntnisse. Das überrascht nicht sonderlich, schließlich stellt die Abkehr von solchen traditionellen Kennzahlen für den Karriereerfolg ein zentrales Bestimmungsstück der proteischen Orientierung dar. Nichtsdestotrotz sind auch Auswirkungen auf den objektiven Karriereerfolg denkbar insofern, als dass ein proteischer Karrierepfad nicht notwendigerweise rein horizontal verläuft. An der Stelle sei die prototypische Entwicklung in Lernzyklen (▶ Abb. 1.3) in Erinnerung gerufen: Eine Transition zu einem Folgezyklus kann (und sollte es im Idealfall) einen Entwicklungsabschnitt auf einem insgesamt höheren Leistungsniveau nach sich ziehen. Unter gewissen Umständen ist demzufolge zu erwarten, dass eine solche Entwicklung auch von externer Seite Honorierung findet. Einen solchen positiven Zusammenhang zwischen proteischer Karriereorientierung und Einkommen fand Baruch (2014) in einer Studie an Alumni betriebswirtschaftlicher Fächer. Eine direkte Gegenüberstellung von Zusammenhängen mit Kriterien des subjektiven und objektiven Karriereerfolgs vollzogen Volmer und Spurk (2011). Während eigenverantwortliches Karrieremanagement eine positive Assoziation sowohl mit Karrierezufriedenheit als auch der Selbsteinschätzung der eigenen Karriere im Vergleich zu Kollegen aufwies, zeigten sich keine ähnlichen Zusammenhänge mit objektiven Maßen (Beförderungen, Verdienst)[2]. Nichtsdestotrotz wäre ein stärkerer Einbezug objektiver Erfolgskriterien in zukünftiger Forschung anzuraten. Idealerweise sollten längsschnittliche Anordnungen gewählt werden (der Großteil der vorliegenden Forschung bezieht sich auf die simultane, querschnittliche Erhebung von Prädiktor

---

2 Ein Zusammenhang der proteischen Karriereorientierung mit dem Einkommen auf Grundlage dieser Studie wird in mehreren Publikationen (z. B. Hall et al., 2018) fälschlicherweise als vorhanden dargestellt.

und Kriterium). So ließe sich ermitteln, welche Einstellungsfaktoren einer Person über den Zeitverlauf hinweg (mittelfristige) Veränderungen in Berufserfolgskriterien bei eben derselben Person nach sich ziehen. Zudem deuten die oben geschilderten Forschungsergebnisse zum subjektiven Karriereerfolg bereits an, dass die Neigung zu selbstverantwortlichem Laufbahnmanagement insbesondere in solchen Phasen einer Karriere wirksam wird, in denen ein Umbruch notwendig oder besonders sinnvoll ist (Arbeitslosigkeit, Übertritt in eine zweite Karriere). Insofern wäre eine differenziertere Betrachtung von Karriereverläufen mit deren Entscheidungs- und Transitionspunkten anzuraten. Zu guter Letzt wäre zu ermitteln, welche organisationalen Faktoren (bspw. systematische Förderung eigenverantwortlichen und/oder werteorientierten Karrieremanagements) zu einer erfolgreichen Übersetzung proteischer Einstellungen in objektiven Erfolg beitragen.

Organisationales Commitment

Nimmt man die Perspektive der Organisation, d. h. von Vertreterinnen und Vertretern des organisationalen Karrieremanagements, ein, wäre die Frage zu klären, inwiefern zunehmende selbst- und werteorientierte Einstellungen von Mitarbeiterinnen und Mitarbeitern dem Erreichen organisationaler Ziele möglicherweise zuwiderliefen. Muss man sich also Sorgen machen, dass das Engagement für und die Bindung an die Organisation unter einer proteischen Karriereorientierung leiden?

Insgesamt gestaltet sich die Befundlage zum Zusammenhang zwischen proteischer Karriereorientierung und organisationalem Commitment noch uneinheitlich. Der auf Selbststeuerung bezogene Anteil proteischer Karriereorientierung scheint auf den ersten Blick zumindest keine schädlichen (z. T. eher positive) Auswirkungen v. a. auf das affektive organisationale Commitment zu haben (Baruch, 2014; Briscoe & Finkelstein, 2009; Porter, Woo & Tak, 2016; Rodrigues et al., 2015). Negative Konsequenzen proteischer Karriereorientierung deuten sich in vereinzelten Studien eher in Hinblick auf das kalkulatorische sowie normative Commitment an (Çakmak-Otluoğlu, 2012).

Man sollte aber auch bei diesem Forschungsbereich im Blick behalten, dass es an längsschnittlichen Untersuchungen mangelt. Solche könnten nämlich auch gegenteilige Effekte aufdecken. Ein Beispiel hierfür ist eine Untersuchung von Supeli und Creed (2016), in der die über sechs Monate zeitversetzte Auswirkung proteischer Karriereorientierung auf späteres affektives Commitment betrachtet wurde. Hohe proteische Karriereorientierung zog in dieser Studie ein verringertes Commitment (sowie eine geringere Arbeitszufriedenheit und eine erhöhte Wechselneigung) zu einem späteren Zeitpunkt nach sich.

Darüber hinaus wissen wir bislang noch recht wenig darüber, inwiefern organisationale Maßnahmen imstande sind, bei vorliegender proteischer Karriereorientierung positive Konsequenzen in Hinblick auf die Bindung zu bestärken bzw. negative abzuschwächen. In Anbetracht der gegenwärtigen Befundlage ist anzuzweifeln, dass das (Nicht-)Vorhandensein von Aufstiegsmöglichkeiten einen entscheidenden Einfluss auf das Commitment proteisch orientierter Personen ausübt (Briscoe & Finkelstein, 2009). Möglicherweise reagieren Personen mit traditionellerer Karriereorientierung generell stärker als ihre proteisch eingestellten Kolleginnen und Kollegen auf organisationale Maßnahmen, die auf eine Stärkung organisationalen Commitments abzielen (Rodrigues et al., 2015). Dies schließt freilich nicht aus, dass Maßnahmen des organisationalen Karrieremanagements zur Verringerung von Wechselabsichten proteisch orientierter Mitarbeiterinnen und Mitarbeiter wirksam sein können (Holtschlag et al., 2020).

1.3 Integratives Fazit zu entgrenzten und proteischen Karrieren

Den Konzepten der proteischen und entgrenzten Karriere liegt die gemeinsame Idee zugrunde, dass das Individuum sich bei seiner Karriereentwicklung nicht mehr auf einen durch eine Organisation vorgezeichneten Weg verlassen kann oder will. In der Konsequenz bedeutet dies eine Abkehr vom Gedanken an eine berufslebenslange Kontinuität in den Inhalten der Arbeitsaufgabe sowie u. U. auch in Hinblick auf die Zugehörigkeit zu einer Organisation. Gemeinsam ist beiden Konzepten der Wille, die eigene Karriereentwicklung anzupacken (Briscoe & Hall, 2006). Im Fall der entgrenzten Karriere steht hierbei die Mobilität über organisationale Grenzen hinweg im Mittelpunkt. Das proteische Karrierekonzept hingegen fokussiert die Elemente der Werteorientierung und des eigenverantwortlichen Laufbahnmanagements. Eine proteische Orientierung kann, muss aber nicht in eine Präferenz für einen Wechsel der Organisation münden (Briscoe & Finkelstein, 2009). Im Gegenteil können durchaus positive Zusammenhänge zwischen proteischer Karriereorientierung und organisationalem Commitment bestehen (▶ Kap. 1.2.4).

Nicht selten werden proteische und entgrenzte Karriereorientierungen in einem Atemzug genannt und teilweise sogar synonym verwendet. Neben deutlichen konzeptionellen Unterschieden sollte man aber im Auge behalten, dass die Auswirkungen sowohl in Hinblick auf das berufsbezogene Befinden der Person selbst als auch auf die Ziele der Organisation in entgegengesetzte Richtungen weisen können. Studien, die beide Karriereorientierungen simultan unter die Lupe genommen haben, konnten wiederholt tendenziell positive Auswirkungen einer proteischen Karriereorientierung auf den subjektiven Karriereerfolg sowie die Bindung an die Organisation feststellen, jedoch negative einer entgrenzten Orientierung (z. B. Baruch, 2014; Rodrigues et al., 2015).

2 Interessen, Motive und Fähigkeiten als Richtungsgeber für eine passende Karriere

Menschen unterscheiden sich in ihren Interessen, Motiven und Fähigkeiten. Es ist ihnen nur zu wünschen, dass es ihnen gelingt, sich jenen Arbeitsumwelten zuzuwenden, die dazu geeignet sind, diese einzigartigen Eigenschaften zum Tragen kommen zu lassen. In ▶ Kap. 2.1 werden wir einen Überblick über die Grundprinzipien der Person-Umwelt-Passung (Person-Environment-Fit) im beruflichen Kontext geben und im Anschluss näher auf die Theorie der Arbeitsangepasstheit eingehen. Mit ▶ Kap. 2.2 möchten wir in der Folge ein Plädoyer dafür vorbringen, die Betrachtung dessen, was die Passung zwischen Personen und ihrer Arbeitsumwelt ausmacht, stärker differenziert und angelehnt an Motiv- und Wertetheorien auszurichten.

2.1 Auf die Passung zwischen Person und Umwelt kommt es an

2.1.1 Konzepte der Person-Umwelt-Passung

Der gemeinsame Grundgedanke der in diesem Kapitel vorgestellten Ansätze, die Bedeutung der Passung zwischen den individuellen Eigenschaften einer Person und ihrer berufsbezogenen Umwelt für Karriereentscheidungen, -zufriedenheit und -beratung, geht auf die über 100 Jahre alte Schrift von Frank Parsons, »Choosing a Vocation« aus dem Jahre 1909 zurück. Es war die Geburtsstunde der berufsbezogenen Beratung und dessen, was in der Rückschau als Ansatz von »matching men and jobs« bezeichnet wurde (Betz et al., 1989, S. 26).

Als wesentlichen Anstoß für die Forschung zur Person-Umwelt-Passung kann man die schlichte Feststellung bezeichnen, dass weder Personenfaktoren noch Faktoren der Arbeit bzw. Organisation für sich allein beruflichen Erfolg (und andere karrierebezogene Konsequenzen) auch nur annähernd so gut vorhersagen konnten wie die Kombination beider Elemente. Damit verbindet sich die Aufforderung, einer eignungsdiagnostischen Untersuchung (Feststellung von Personenfaktoren) stets eine möglichst positionsspezifische Anforderungsanalyse (Feststellung von Umweltfaktoren) voranzustellen. So trivial dies klingt, so wenig wurde es Jahrzehnte lang in der Forschung (und Praxis) zur Berufserfolgsvorhersage beherzigt, sondern vielmehr der Versuch angestellt, Personeneigenschaften zu identifizieren, die einen direkten Bezug zu Berufserfolg und Zufriedenheit besitzen (Judge & Bono, 2001; Judge et al., 2002; Schmidt & Hunter, 1998). So führte der vielfache Versuch, Ausprägungen auf den Dimensionen der Big-Five-Persönlichkeit mit Berufserfolg im Allgemeinen in Zusammenhang zu bringen, anfangs zu wenig bahnbrechenden Ergebnissen, wie etwa an einer Meta-Analyse von Barrick und Mount (1991) abzulesen. Man frage sich: Warum auch sollte eine hohe Extraversion in jedem erdenklichen Beruf förderlich sein? Erst die Differenzierung danach, im Angesicht welcher Anforderungen eine Person erfolgreich handelt und in welchem Beruf sie Erfolge erzielt, produzierte in einer späteren Analyse derselben Autorengruppe vielversprechendere Ergebnisse (Barrick, et al., 2001). Z. B. trägt hohe Verträglichkeit zum Erfolg bei geforderter Teamarbeit bei, besitzt aber keinen Wert für ein erfolgreiches Arbeiten im Verkauf; hohe Extraversion entfaltet im Managementbereich positive Auswirkungen, kann bei Spezialisten hingegen sogar hinderlich sein. Entscheidend ist also die *Passung* zwischen den spezifischen Anforderungen einer Tätigkeit und den hiermit korrespondierenden Eigenschaften einer Person. Entsprechendes, also keine allgemeingültige Aussage treffen zu können, gilt für die Überlegung, wie Arbeitstätigkeiten gestaltet werden sollten, so dass sie möglichst viel zur Befriedigung von Bedürfnissen beitragen. Die Schaffung großer Gestaltungsspielräume kann für eine stark autonomieorientierte Person höchst attraktiv sein, während andere Personen, die ein hohes Bedürfnis nach Anleitung und Struktur besitzen, ihr Potenzial in solch einem Umfeld weniger gut abrufen können.

In den vergangenen Jahrzehnten sind verschiedene Modelle zur Person-Umwelt-Passung entstanden. Diese setzen unterschiedliche Schwerpunkte in Hinblick darauf, was als Personenfaktor in den Blick genommen wird, d. h. die Definition der Traits, von denen angenommen wird, dass eine Person versucht (oder versuchen sollte), diese in ihrem Berufsleben zu manifestieren. Die Bandbreite solcher Traits erstreckt sich über Fähigkeiten, Persönlichkeit, Interessen, Werte und Motive, wobei insbesondere die drei Letztgenannten zum Teil recht unscharf voneinander abgegrenzt werden. Es dürfte für die meisten Überlegungen daher ausreichen, den allgemeineren Begriff »Bedürfnisse« zu wählen (▶ Kap. 2.2 für eine differenziertere Darstellung). Dementsprechend wird oft vom *Needs-Supplies-Fit* gesprochen, während fähigkeitsbezogene Passung unter dem Begriff *Abilities-Demands-Fit* geführt wird (Caplan, 1987). Zudem unterscheiden sich Ansätze der Person-Umwelt-Passung nach der Ebene, auf der sie Umweltfaktoren betrachten. Aus einer organisationspsychologischen Tradition heraus ist der Person-Organisation-Passung (*P-O fit*) viel Beachtung geschenkt worden (z. B. Kristof, 1996). Auf niedrigeren Abstraktionsebenen wurden Passungen zwischen Personen und Arbeitsstellen (*person-job fit; P-J Fit*), Arbeitsgruppen (*person-group fit; P-G fit*) und ihren Vorgesetzten (*person-supervisor fit; P-S Fit*) unterschieden. In nicht immer ganz stringenter Form wird vom Person-Job-Fit noch die Kompatibilität von Person und Beruf (über Organisationen und konkrete Stellen hinweg) abgegrenzt (*person-vocation fit; P-V Fit*). Während die Person-Beruf-Passung versucht, einheitliche Aussagen über den Charakter ganzer Berufssparten zu machen (z. B. über Verwaltungsberufe), nimmt der Person-Job-Fit Attribute wie Aufstiegsmöglichkeiten, Art und Ausmaß an Unterstützung durch Vorgesetzte, Arbeitspensum, Beschäftigungssicherheit, Rollenambiguität oder Gestaltungsspielraum in den Blick. Bevor wir in ▶ Kap. 2.1.2 mit der *Theorie der Arbeitsangepasstheit* eine Vertreterin einer solchen differenzierteren (und gleichzeitig integrativeren) Perspektive näher vorstellen, sollen die Ansätze der Person-Beruf- sowie Person-Organisation-Passung in aller Kürze eingeordnet werden.

Person-Beruf-Passung

Ein prominentes Beispiel für Überlegungen zur Person-Beruf-Passung ist das RIASEC-Modell von Holland (1959, 1973, 1997). In diesem Modell sind sechs berufliche Persönlichkeitstypen (praktisch-technisch, intellektuell-forschend, künstlerisch-sprachlich, sozial, unternehmerisch und konventionell) definiert. Die meisten Forscherinnen und Forscher würden allerdings eher von beruflichen Interessen (statt Persönlichkeit) sprechen, die das Modell beschreibt. In entsprechender Weise sieht Holland Arbeitsumgebungen in sechs Typen gruppiert. Holland postulierte, dass eine hohe Kongruenz zwischen Interessen- und Berufstypen vorteilhafte Konsequenzen in Hinblick auf Zufriedenheit, Erfolg und Verbleib in einem Beruf habe. Die Betonung liegt hier ziemlich eindeutig auf der Person-Beruf-Passung, zu welchen Berufen sich eine Person also hingezogen fühlt. Eingedenk dieser Engführung auf Interessen und Berufswahl haben wir uns entschlossen, Hollands Modell und passende Belege in etwas ausführlicherer Form in den Kapiteln »Berufswahl im Jugendalter« (speziell ▶ Kap. 4.2.1) sowie »Hochschulstudium« (v. a. ▶ Kap. 5.1.1); im Hinblick auf Befunde zur prädiktiven Rolle der Interessenskongruenz für die Studienzufriedenheit; z. B. Nagy, 2006) zu beschreiben und uns an dieser Stelle auf die Einordnung des Modells in die Forschung zur Personen-Umwelt-Passung zu beschränken.

Bedenkt man, dass das Konzept durchaus beabsichtigt, nicht lediglich eine Berufswahl zu erleichtern, sondern auch Arbeitszufriedenheit und -leistung vorherzusagen, wäre unsere Einschätzung, dass es vielversprechendere Ansätze gibt als das RIASEC-Modell. Meta-analytische Untersuchungen lassen uns skeptisch sein, ob eine Passung zwischen Interessen- und Berufstypen in ihrer Auswirkung auf Zufriedenheit überwältigend groß ist und vor allem, ob sich die Vorhersagequalität gleichermaßen stark auf alle RIASEC-Bereiche erstreckt (Tranberg et al., 1993; Tsabari et al., 2005). Zwar sind signifikante Ergebnisse u. a. in Hinblick auf Arbeitsleistung und *Organizational Citizenship Behavior* zu verzeichnen (Nye et al., 2017; van Iddekinge et al., 2011), insgesamt würden wir die Befundlage aber, verglichen mit anderen Ansätzen, als einigermaßen fragil bezeichnen. Wenn wir uns die wenig konsistenten Ergebnisse zu Hollands Modell erklären möchten, bieten sich mehrere (u. a. methodische) Argumente an, von denen hier nur ein zentrales erläutert sei: Das gewichtigste Defizit des Modells mag in dessen geringem Auflösungsgrad bestehen. So attraktiv es erscheint, Interessen und deren Verwirklichungsumgebungen in die überschaubare Zahl von jeweils sechs Typen (und ggf. Untertypen) einzuordnen, nähert man sich den konkreten Herausforderungen und Anreizen einer Arbeitsstelle hiermit nur ein kleines Stück. Schon innerhalb des Bezugsrahmens der RIASEC-Dimensionen ist anzuzweifeln, ob jede Tätigkeit in einem als praktisch-technisch kategorisierten Beruf tatsächlich über einen Kamm zu scheren ist. Eine Ingenieurin für Strömungsmechanik mag sich täglich in der Produktionshalle befinden, die andere in einer Forschungsabteilung, an die dritte mögen v. a. interpersonale Aufgaben gerichtet sein (z. B. Führungs- oder Vertriebsaufgaben), der vierten kommen als Qualitätsmanagerin eher verwaltende Aufgaben zu. Eben diese weiteren Ausformungen spezifischer Tätigkeiten mögen ebenso viel oder gar mehr dazu beitragen, ob sich eine Person mit ihren individuellen Eigenschaften als zufrieden und erfolgreich erweist. Hinzu kommen Charakteristika der Arbeit auf einer bestimmten Position in einem bestimmten Unternehmen (z. B. der individuelle Gestaltungsspielraum), unabhängig davon, ob es sich auf der Oberfläche um einen technischen oder sozialen Beruf handelt.

Person-Organisation-Passung

Was die Passung zwischen Personen und Organisationen ausmacht, ist in der Literatur in besonderem Maße heterogen beschrieben worden. Beschränkt man sich auf jene Elemente, die eine Organisation charakterisieren und die gleichermaßen auf alle ihre Mitglieder (gleich auf welcher Position) wirken, ist es sicher angemessen, sich vor allem mit übergeordneten Organisationswerten und -normen zu beschäftigen und damit, inwiefern diese mit den Werten und Zielen einer Person korrespondieren. Dieser Perspektive folgend wäre als Optimum eine möglichst hohe *Übereinstimmung* zwischen den Werten auf der einen und anderen Seite zu definieren. Dabei kann man der Auffassung sein, dass organisationale Werte und Normen sich aus den Werten und Normen der Menschen, die in ihr arbeiten, formen (»the people make the place«, Schneider, 1987). Sprichwörtlich ließe sich dies auf die Formel »Gleich und Gleich gesellt sich gern« vereinfachen, in der Forschung wurde dies regelmäßig als *supplementary fit* bezeichnet (Muchinsky & Monahan, 1987). Zu erreichen bzw. erhöhen ist eine Passung in diesem Sinne folglich durch die Selektion weiterer Beschäftigter, die durch die Sichtweisen, die sie mitbringen, zur Homogenität der Werte beitragen. Besonders prominent ist in diesem Zusammenhang das *Attraction-Selection-Attrition-Modell* (Schneider, 1987). Es nimmt in den Blick, wodurch potenziell neue Mitarbeiter und Mitarbeiterinnen einer Organisation angezogen werden, wie eine Organisation auf Passung ausgerichtete Auswahlprozesse gestaltet und was dazu beiträgt, dass eine Person die Organisation ggf. wieder verlässt oder aber in ihr verbleibt. Verstanden in dem bisher erläuterten Sinne, d. h. als Übereinstimmung von Werten der Person und der Organisation, konnte der Person-Organisation-Passung allerdings keine allzu deutliche Vorhersagekraft für Verhalten (Leistung, Verbleib vs. Wechsel) nachgewiesen werden (Kristof-Brown et al., 2005). Vereinzelt werden sogar negative Konsequenzen (z. B. Trägheit) einer maximalen Werteübereinstimmung thematisiert (Chatman, 1989).

Es existieren Ansätze, Person-Organisation-Passung näher zu definieren und, neben der Übereinstimmung von Werten, hierunter auch die gegenseitige Ergänzung zu verstehen. Die Person steuert etwas bei, was die Organisation braucht und umgekehrt. Dies bezeichneten Muchinsky und Monahan (1987) als *complementary fit*. Damit werden jene Aspekte der Passung ins Spiel gebracht, die wir weiter oben bereits als *Needs-Supplies-Fit* und *Abilities-Demands-Fit* beschrieben haben (Kristof,

1996). Allerdings wäre unsere Einschätzung, dass man sich mit zunehmendem Einbezug dieser Aspekte von der Ebene der Person-Organisation-Interaktion entfernt und eher solche Dinge zum Tragen kommen, die der Arbeitsaufgabe selbst zuzuordnen sind (z. B. fachliche Anforderungen, Beziehung zu Kolleginnen und Kollegen). Dies lässt die Grenze zum Person-Job-Fit etwas verschwimmen. Insgesamt möchten wir uns für eine integrative Sichtweise aussprechen, die sowohl aufgaben- als auch wertbezogene Aspekte berücksichtigt. Bei einer separaten Betrachtung von Ebenen auf Umweltseite (z. B. Organisationen, Arbeitstätigkeiten) wurden regelmäßig bestimmte Personenvariablen für besonders relevant gehalten sowie andere ausgespart. So ist zu beobachten, dass der Person-Job-Fit stärker mit der Passung zwischen Fähigkeiten und Arbeitsanforderungen in Verbindung gebracht wurde, während Werte/Bedürfnisse und deren Befriedigung häufiger auf Ebene des Person-Organisation-Fits Berücksichtigung fanden. Dem zum Trotz würden wir meinen, dass es durchaus auch einleuchtet, die Bedürfnisse einer Person mit konkreten, intrinsischen Befriedigungspotenzialen einer Arbeitsstelle in Verbindung zu bringen, so wie es u. a. im Rahmen der Theorie der Arbeitsangepasstheit (▶ Kap. 2.1.2) getan wird. Im Mindesten ist anzuraten, mehrere Ebenen simultan in den Blick zu nehmen, wenn man an einem umfassenden Einblick in die Passung interessiert ist.

Bestimmung der Passung als methodische Herausforderung

Forscherinnen und Forscher haben sich auf ganz unterschiedliche Art und Weise der Frage genähert, mit welcher Methodik Passungen bestmöglich zu bestimmen sind. Sollte man Personen direkt nach ihrer empfundenen Passung fragen? Sollte man korrespondierende Personen- und Umweltfaktoren einzeln erheben und anschließend miteinander verrechnen? Beide Varianten messen offenbar nicht dasselbe (Edwards et al., 2006) und wir wissen noch zu wenig darüber, wie eine Person zur Wahrnehmung einer empfundenen Passung gelangt. Entscheidet man sich für die zweite Variante, schließt sich die Frage nach dem Algorithmus an, mit dem die beiden Informationen kombiniert werden. Wir möchten es an dieser Stelle nicht zu ausführlich und methodisch werden lassen – dennoch seien ein paar für das Grundverständnis von Passung relevante Aspekte erläutert. So ist ein relativ kontrovers diskutierter Aspekt des Passungsansatzes die Frage, inwieweit eine *Überbefriedigung* eines Bedürfnisses bzw. das Überragen einer Fähigkeit gegenüber den Anforderungen (d. h. eine Unterforderung) in demselben Maße schädlich ist wie die umgekehrten Fälle (Nichtbefriedigung eines Bedürfnisses, Überforderung). Leidet eine Person mit einem niedrigen Bedürfnis nach sozialem Anschluss ebenso stark unter einem Umfeld mit starken Werten für Nähe und Kollegialität wie dies im umgekehrten Fall zu erwarten wäre? Technisch gesehen geht es hierbei also um das Vorzeichen eines einfachen Differenzwertes (Ausmaß einer Fähigkeit wird subtrahiert vom Ausmaß einer Anforderung), der aus diesem und anderen Gründen als wenig hilfreich angesehen wird. In demselben Sinne wäre die Bildung einer quadrierten Abweichung (oder die Verwendung eines absoluten Abweichungswertes bzw. Weglassen von Minuszeichen einer Differenz) nur dann hilfreich, wenn Obengenanntes gilt (die Richtung der Abweichung ist irrelevant). Will man das volle Spektrum an (Nicht-)Passungen ausleuchten, scheiden sowohl ein simpler Differenzwert als auch eine absolute/quadrierte Abweichung bereits bei erster methodischer Betrachtung aus, was zum Vorschlag von Methoden wie der polynomialen Regression und Response-Surface-Analyse geführt hat (Edwards & Parry, 1993; Schönbrodt, 2016). Neuere Ansätze berücksichtigen zudem die latente Kongruenzbestimmung in Strukturgleichungsmodellen (Su et al., 2019).

2.1.2 Die Theorie der Arbeitsangepasstheit nach Dawis und Lofquist

Der Theorie der Arbeitsangepasstheit (Dawis & Lofquist, 1984; Dawis et al., 1968) macht, ähnlich wie jene Hollands, Aussagen über (mittlere) Anforderungs- sowie Bedürfnisbefriedigungspotenziale von Berufen (im Sinne eines Person-Vocation-Fits), regt aber zusätzlich zu differenzierteren Betrachtungen auf Ebene einzelner Tätigkeiten innerhalb einer Berufssparte (Person-Job-Fit) an. Damit ist zunächst lediglich der prädiktive Teil der Theorie der Arbeitsangepasstheit beschrieben, der sich mit der Vorhersage von Zufriedenheit/dem Verbleib in bestimmten Arbeitsumgebungen vor dem Hintergrund individueller Eigenschaften beschäftigt. Hinzu kommt ein stärkerer Prozesscharakter, da es darum geht, wie eine Passung zwischen Personen und ihrer Umwelt hergestellt bzw. korrigiert und aufrechterhalten werden kann.

Das Grundprinzip der Theorie der Arbeitsangepasstheit haben wir in ▶ Abb. 2.1 zusammengestellt. *Arbeitsangepasstheit* ist, den 1984 von Dawis und Lofquist formulierten Thesen zufolge, zu verstehen als das Ausmaß der Zufriedenheit der Person mit ihrer Arbeit sowie, umgekehrt betrachtet, das Ausmaß, indem die Eigenschaften einer Person die Anforderungen der Umwelt zufriedenstellend zu erfüllen vermögen.

Zufrieden mit ihrer Arbeit (»satisfaction« in der Originalarbeit) macht eine Person die Passung (»correspondence«) zwischen ihren Werten und dem entsprechenden Befriedigungspotenzial (»reinforcer pattern«) der Umwelt (▶ Abb. 2.1, unten). Die Zufriedenheit wiederum übt Einfluss auf den Verbleib oder einen Wechsel der Arbeitsstelle aus. Aus der Passung zwischen individuellen Fähigkeiten und den Anforderungen einer Tätigkeit ergibt sich das Ausmaß der Anforderungserfüllung (»satisfactoriness« in der Originalarbeit) mit direkten Auswirkungen auf die Fortsetzung der Laufbahn innerhalb dieser Tätigkeit bzw. einen Positions-/Arbeitsstellenwechsel (▶ Abb. 2.1, oben). Die Ausprägungen der Anforderungserfüllung sowie der Zufriedenheit wirken zudem auf die Ausgestaltung des jeweils anderen Faktors (angedeutet durch die gestrichelten Pfeile in ▶ Abb. 2.1), wie stark sich z. B. die Passung zwischen Fähigkeiten und Anforderungen auf die Anforderungserfüllung auswirkt, wird also zudem vom Ausmaß der Zufriedenheit mitbestimmt. Falls eine Person unzufrieden ist und/oder ihre Anforderungen unzureichend erfüllt, stellt sich ein Zustand der Unausgewogenheit ein, der als motivationale Kraft wirken kann, Veränderungen herbeizuführen. Ein solcher Anpassungsprozess kann sowohl durch das Individuum selbst (unterer Pfad in ▶ Abb. 2.1) als auch vonseiten der Organisation, in der es arbeitet (obere Pfade in ▶ Abb. 2.1), angestoßen werden.

Für die im Modell angesprochenen Werte wurden auf basaler Ebene die sechs Dimensionen Leistung, Komfort, Status, Altruismus, Sicherheit und Autonomie formuliert, denen insgesamt 20 Bedürfnisse zuzuordnen sind. Bspw. sind dem Wert »Status« die Bedürfnisse nach Aufstieg, Anerkennung, Autorität und sozialem Status zugeordnet. Diese spezifischen Bedürfnisse sind Teil des *Minnesota Importance Questionnaire* (MIQ; Gay et al., 1971), für den unseres Wissens allerdings noch keine geprüfte deutsche Version vorliegt. Auf dieser Wertetaxonomie baut auch das Portal zur Karriereexploration und Stellenanalyse des U.S. Department of Labor, *O*NET* (https://www.onetonline.org/) auf. Zudem lassen sich mit Hilfe des *Minnesota Satisfaction Questionnaire* (MSQ; Weiss et al., 1967) Zufriedenheitsfacetten bestimmen, die den Werten des MIQ entsprechen.

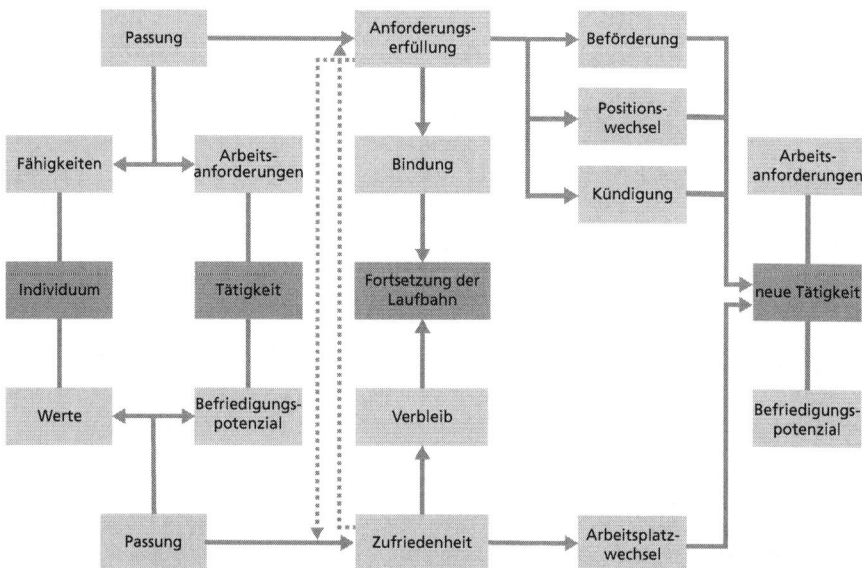

Abb. 2.1: Modellvorstellung zur Vorhersage der Arbeitsangepasstheit (in Anlehnung an Dawis & Lofquist, 1984).

Die auf die Vorhersage der Arbeitsangepasstheit bezogene Modellvorstellung, so wie in ▶ Abb. 2.1 dargestellt, sieht für den Fall der Unzufriedenheit zunächst lediglich den Ausweg des Stellenwechsels vor. Dies ist aber nicht der einzige Weg zur Anpassung. So kann sich eine Person innerhalb derselben Tätigkeit darum bemühen, passendere Verstärker zu erhalten (z. B. mit der Frage nach einer Gehaltserhöhung oder einem größeren Gestaltungsspielraum). Zudem kann sich eine Anpassung auch auf die Person selbst richten, indem bspw. Erwartungen, die ein Individuum gegenüber der Befriedigung seiner Werte ursprünglich gehegt hat, umdefiniert werden (vgl. Swanson & Schneider, 2013). Verfehlt eine Person die Anforderungen ihrer gegenwärtigen Tätigkeit, ist ein Wechsel auf eine Position, die passendere

Erwartungen an die Fähigkeiten der Person richtet, eine naheliegende Option. Auch in diesem Fall existieren aber Alternativen, bspw. der Aufbau eines neuen Fähigkeitsrepertoires. Darüber hinaus können Maßnahmen zur Schwerpunktverlagerung erforderlicher Fähigkeiten in ein und derselben Tätigkeit auf das, was der Person optimal entspricht, ergriffen werden. Arbeitsangepasstheit als Prozess begriffen, bietet somit Anknüpfungspunkte zu Mechanismen der kognitiven Neubewertung, die in der *sozial-kognitiven Karrieretheorie* (Lent et al., 1994, ▶ Kap. 3.2) im Zentrum stehen, sowie zum *Job Crafting* (Wrzesniewski & Dutton, 2001). Hierbei steht im Vordergrund, dass eine Person selbst ihre Arbeitsaufgabe verändert, sozusagen *bottom-up*, indem neue inhaltliche Schwerpunkte gesucht, die Arbeit anders organisiert oder die Beziehung zu anderen neu aufgestellt wird. Im Vergleich zum Passungsgedanken und den Auswirkungen auf die Notwendigkeit der Arbeitsanpassung, sind solche Mechanismen innerhalb der Theorie aber weniger ausführlich ausgearbeitet worden.

Das prozessbezogene Teilmodell der Theorie der Arbeitsangepasstheit nimmt stärker in den Blick, auf welche Art und Weise eine Person agiert, um eine Anpassung im Falle unzureichender Zufriedenheit bzw. Anforderungserfüllung vorzunehmen. Dies verdeutlicht, dass Passung hier nicht als etwas Statisches angesehen wird, sondern als ein Prozess der fortlaufenden, gegenseitigen Aushandlung zwischen Person und Umwelt. Da wir in dem vorliegenden Kapitel unseren Fokus stärker auf trait-orientierte Passungsmodelle richten möchten, sei für eine ausführlichere Darstellung des prozessbezogenen Teilmodells auf entsprechende Buchkapitel verwiesen (Dawis, 2002; Swanson & Schneider, 2013). An dieser Stelle sei lediglich kurz erwähnt, dass auch im Hinblick auf den Anpassungsprozess Unterschiede zwischen Personen berücksichtigt werden, inwieweit nämlich eine flexible, aktive, reaktive oder ausdauernd gestaltete Anpassung bevorzugt wird.

Zusammenfassend lässt sich feststellen, dass die Theorie der Arbeitsangepasstheit eine gute Grundlage für Fragestellungen bietet, wie Individuen sich in Hinblick auf die spezifischen Erwartungen und Belohnungen einer Tätigkeit ausrichten. Dabei ist die Theorie, in der Gruppe der Modelle zur Person-Umwelt-Passung, vergleichsweise umfassend. Zum einen kombiniert sie Elemente des *Needs-Supplies-* und *Demands-Abilities-Fit* in einem Modell zum Verständnis dessen, worin Passung zu einer Arbeitsstelle besteht. Zum anderen weist das Modell einen dynamischen Charakter auf, indem das reziproke Zusammenspiel zwischen Person und Umwelt betont sowie Strategien zur Anpassung einbezogen werden.

2.2 Ein differenzierterer Blick auf berufsbezogene Bedürfnisse

Als eine zentrale Botschaft von ▶ Kap. 2.1 möchten wir den Bedarf verstehen, viel mehr über die individuellen Bedürfnisse einer Person in Erfahrung zu bringen, um deren Karriere in Richtung einer optimal passenden Beschäftigung gestalten zu können. Im folgenden Kapitel richten wir zunächst den Blick auf zwei Theorien, die zum Verständnis menschlicher Motivation wesentlich beitragen können: Die Selbststimmungstheorie (Deci & Ryan, 2000; Ryan & Deci, 2000; ▶ Kap. 2.2.1) sowie die Motivtheorie McClellands (1988; ▶ Kap. 2.2.2). Zum Abschluss dieses Kapitels werden wir in ▶ Kap. 2.2.3 dann ein integratives, aus unserer Hand entstandenes Modell vorstellen, das wir für eine differenzierte Analyse berufsbezogener motivationaler Orientierungen für hilfreich halten.

2.2.1 Grundbedürfnisse im Sinne der Selbstbestimmungstheorie

Auch wenn es sich bei der Selbstbestimmungstheorie (in Anlehnung an den Originalbegriff »Self-Determination Theory« in der Folge mit SDT abgekürzt; Deci & Ryan, 2000; Ryan & Deci, 2000) originär um keine organisations- oder karrieretheoretische Theorie handelt, fügt sie unserem Blick auf die eigenverantwortliche Gestaltung *neuer* Karrieren (▶ Kap. 1) eine inspirierende Perspektive hinzu. Besonderes Augenmerk werden wir in der Folge auf jenes Teilmodell der SDT richten, das sich mit drei psychologischen Basisbedürfnissen der Autonomie, des Kompetenzerlebens und der sozialen Eingebundenheit auseinandersetzt.

Von zentraler Bedeutung innerhalb der SDT ist seit jeher der Begriff der *intrinsischen Motivation*. In ihrer allgemeingültigsten Definition bezieht sich diese auf Handlungen, die um ihrer selbst willen ausgeführt, aus sich heraus als interessant empfunden werden und Freude bereiten (z. B. Ryan & Deci, 2020). Eine umfängliche Darstellung dessen, wie sich intrinsische Motivation von extrinsischer innerhalb der SDT abgrenzen lässt, über welche Internalisierungsprozesse sich sog. »hochqualitative« Motivationsformen aufbauen lassen und welche berechtigten Kritikpunkte sich gegenüber diesem innerhalb der SDT recht uneinheitlich definierten Konzept anführen ließen, würde über Rahmen und Zweck dieses Kapitels hinausgehen. Für einen Überblick eignen sich u. a. die Texte von Ryan und Deci (2000; 2020) sowie Rheinberg und Engeser (2018).

Als eine hilfreiche Anregung durch die SDT, bezogen auf arbeitsbezogenes Verhalten und Befinden, möchten wir in jedem Fall die Hinwendung zur Förderung derjenigen Motivationsform verstehen, die dem Innern eines Menschen entspringt. Hiermit verbindet sich die Abkehr von einer ausschließlichen Beschäftigung mit externen Inzentivierungsmöglichkeiten. Bezogen auf das Personalwesen sprechen Rigby und Ryan (2018, S. 134) in diesem Zusammenhang von einer »kopernikanischen Wende«. Dies mag man als gewisse Übertreibung empfinden. Auch mag man sich daran stören, dass innerhalb der SDT-Literatur nach wie vor eine mitunter allzu wertende Dichotomie zwischen einer *guten* intrinsischen und *schlechten* extrinsischen Motivation vertreten wird. Gerade, wenn man an einem komplexeren Verständnis arbeitsbezogener Motivation interessiert ist, verweilt die Argumentation der SDT vielleicht allzu sehr auf dem ursprünglichen, pädagogischen Ductus, intrinsisch motiviert sei etwas, das Kinder ohne eine Belohnung von außen tun, während Belohnungen von außen eben solches Verhalten zu *korrumpieren* drohen (Deci,

1971). Tatsächlich gehört es – anders als für Schüler und Schülerinnen – für Erwerbstätige ja selbstverständlich zu ihrer Tätigkeit, dafür entlohnt zu werden (vgl. auch Locke & Schattke, 2019). Wir sollten inzwischen ausreichend viel darüber hinzugelernt haben, wie intrinsische und extrinsische Anreize im Zusammenspiel – und keineswegs notwendigerweise in entgegengesetzte Richtungen – zu einer Leistungssteigerung beitragen (z.B. Cerasoli et al., 2014). Sehr hilfreich für ein Verständnis *neuer* Karrieren bleibt aber ganz sicher der Grundgedanke, dass sich die Macht über die Karriereentwicklung von der Institution auf das Individuum verlagert. Dieser Ansatz weckt Assoziationen zu den Charakteristiken entgrenzter und proteischer Karrieren, die wir in ▶ Kap. 1 ausführlicher dargestellt haben. Eine Schnittmenge dieser Ansätze besteht darin, dass sie der Person und ihren Bedürfnissen ein stärkeres Gewicht beim Aufbau und Erhalt von Motivation beimessen als institutionell initiierten Maßnahmen (wie z.B. Anreizsystemen). Ähnlichkeiten bestehen darüber hinaus in der Feststellung, dass eine Person individuell sinnhafte Ziele verfolgt. Im Vergleich zu den in ▶ Kap. 1 dargestellten Ansätzen, macht die SDT aber eindeutigere Aussagen darüber, wie sich das Engagement zur Gestaltung der eigenen Karriere inhaltlich speist. Während im Zusammenhang mit der proteischen Karriere noch etwas vage über die »intrinsische Werteorientierung« gesprochen wurde, richten sich die Inhalte solcher Werte innerhalb der SDT explizit an den drei Grundbedürfnissen der Autonomie, des Kompetenzerlebens und der sozialen Eingebundenheit aus.

Autonomie/Selbstbestimmung

Das Bedürfnis nach Autonomie oder Selbstbestimmung ist, wie ihr Name bereits impliziert, ein zentrales Konzept in der SDT. Autonomie bezieht sich auf das Gefühl des willentlichen Handelns und der Wahlfreiheit (Gagné & Deci, 2005). Demgegenüber würde eine Arbeitsumgebung, die von Überwachung, Bedrohung oder Druck geprägt ist, eine Frustration dieses Bedürfnisses nach sich ziehen (Deci & Ryan, 2000). Unterminiert wird eine Wahrnehmung von Autonomie der SDT zufolge von jeder Form externer Kontrolle, ganz gleich, ob diese in Bestrafung oder Belohnung besteht (z.B. Ryan & Deci, 2020). Zurück geht dieses Konzept ganz wesentlich auf das von de Charms (1968) formulierte Gefühl der *Selbstverursachung* (»personal causation«), das sich einstellt, sobald etwas Bedeutsames erreicht wurde und sich dies auf das eigene Engagement zurückführen lässt. Autonomie wird innerhalb der SDT ganz ausdrücklich nicht entlang einem Verständnis von Aufgabencharakteristika (z.B. dem eingeräumten Gestaltungsspielraum) definiert, sondern im Sinne einer empfundenen psychologischen Freiheit, authentisch und in Kongruenz mit den eigenen Werten zu handeln. Selbstbestimmung in diesem Sinne kann somit durchaus auch in Arbeitssituationen gegeben sein, in denen eine Abhängigkeit von den Vorgaben Anderer besteht, die Sinnhaftigkeit der Handlung aber verinnerlicht ist (vgl. Van den Broeck, 2010).

Für dieses Basisbedürfnis gilt insofern im Besonderen, was wir später, in abgemilderter Form, auch für die beiden anderen Bedürfnisse feststellen werden: Die Vertreterinnen und Vertreter der SDT rücken dieses Bedürfnis ins Zentrum ihrer

Überlegungen zur Entstehung hochqualitativer, autonomer Motivation bei *jeder* Person und formulieren berechtigterweise die Forderung nach einer Ermöglichung der Befriedigung dieses Bedürfnisses bei *jeder* Arbeitsstelle. Eine genauere Elaboration von Arbeitsverhältnissen und -aufgaben, die ein besonderes Potenzial zur Befriedigung dieses Bedürfnisses besitzen sowie etwaige individuelle Unterschiede in der Bedürfnisstärke bleiben weitgehend unberücksichtigt. Die *work-related needs satisfaction scale* (Van den Broeck et al., 2010), ein arbeitsbezogenes Instrument zur Bestimmung des Ausmaßes empfundener Bedürfnisbefriedigung, beschränkt sich demzufolge im Wesentlichen auf allgemeinere Aussagen zur empfundenen Authentizität (»Ich habe bei meiner Arbeit das Gefühl, ich selbst sein zu können«). Nichtsdestotrotz wird auch in dieser Skala erkennbar, dass sich das Ausmaß der Befriedigung des Autonomiebedürfnisses nicht ganz unabhängig von Aussagen zu Arbeitscharakteristika wie dem eingeräumten Gestaltungsspielraum beschreiben lässt (»Ich fühle mich frei, meine Arbeit so zu erledigen, wie ich glaube, dass sie sich am besten ausführen lässt«).

Kompetenzerleben

Das Bedürfnis nach Kompetenzerleben findet seinen Ausdruck in dem Streben nach Erfahrungen, die durch die Bewältigung von Herausforderungen und einen Lernzuwachs in neuen, *informativen* Situationen gekennzeichnet sind (Deci & Ryan, 2000). Der kaum präzise ins Deutsche zu übersetzende Begriff der »Effectance« (White, 1959) beschreibt den Zustand der mit diesem Bedürfnis adressierten Wirksamkeitserfahrung sehr treffend, der aus dem Meistern einer optimal herausfordernden Aufgabe entsteht, jedenfalls, sofern man diesen Erfolg auf internale Faktoren wie Kompetenz oder Einsatz zurückführen kann.

Möglichkeiten zum Kompetenzerleben nehmen naturgemäß eine prominente Rolle im Arbeitsleben ein. Dementsprechend lässt sich auf das Arbeitsumfeld sehr leicht übertragen, was in allgemeinerer Form als optimale Bedingungen für die Befriedigung des Kompetenzbedürfnisses genannt wird: optimale Herausforderungen, positives Feedback und Wachstumsmöglichkeiten (z. B. Ryan & Deci, 2020). In der *work-related needs satisfaction scale* (Van den Broeck et al., 2010) wird Kompetenzerleben als Ergebnis erfüllter Arbeitsanforderungen durchaus thematisiert, bspw. mit dem Item »Ich glaube, dass ich selbst die schwierigsten Aufgaben bei meiner Arbeit bewältigen kann«. Tatsächlich scheint hier eine starke Überschneidung mit dem Konzept der Selbstwirksamkeitserwartungen vorzuliegen (▶ Kap. 3). In Hinblick darauf, welcher Art von Aufgaben sich eine Person aber bevorzugt zuwenden sollte, um ein hohes Bedürfnis nach Kompetenzerleben zu befriedigen, bleiben die eng entlang der SDT ausgerichteten Erhebungsinstrumente vage.

Soziale Eingebundenheit

Das Bedürfnis nach sozialer Eingebundenheit ist definiert als »Verlangen nach dem Gefühl, mit anderen verbunden zu sein, andere zu lieben und für sie zu sorgen sowie von anderen geliebt und umsorgt zu werden« (übersetzt nach Deci und Ryan, 2000,

S. 231) und greift im Wesentlichen auf das Konzept des *Need to Belong* von Baumeister und Leary (1995) zurück. Die Befriedigung dieses Bedürfnisses entwächst aus Erfahrungen des Akzeptiertwerdens, der Intimität, der Zugehörigkeit zu einer Gruppe und dem Aufbau enger, aufrichtiger Freundschaften.

Auch in Bezug auf die soziale Eingebundenheit werden wir in der SDT auf der Suche nach einer Zusammenstellung konkreter, arbeitsbezogener Verhaltensweisen und Kontextbedingungen, die deren Befriedigung fördern, nur sehr eingeschränkt fündig. Die *work-related needs satisfaction scale* (Van den Broeck et al., 2010) adressiert zwar den Zustand der Verbundenheit (z. B. »Bei der Arbeit fühle ich mich als Teil einer Gruppe« sowie des aufrichtigen Austauschs (z. B. »Bei der Arbeit kann ich mit Leuten über jene Dinge sprechen, die mir wirklich etwas bedeuten«), weitere potenziell bedeutsame – und dazu konkreter auf die Arbeitsaufgabe bezogene – Aspekte wie die Zusammenarbeit im Team oder die Unterstützung anderer bleiben hingegen unberücksichtigt. Abermals ist hierbei zu bedenken, dass es die primäre Zielsetzung dieses Messinstruments ist, das Ausmaß der Bedürfnisbefriedigung zu erfassen, nicht aber all jene Aufgabencharakteristika, die eine passende Gelegenheit hierzu böten.

Individuelle Differenzen innerhalb der SDT

Die *Basic Needs Theory* als Teilmodell der SDT versteht die hierin berücksichtigten Grundbedürfnisse als angeborene, »universelle Notwendigkeiten, als Nährmittel, die für eine optimale Entwicklung und Integrität des Menschen unerlässlich sind« (übersetzt nach Gagné & Deci, 2005, S. 337). Infolgedessen sind die meisten Aussagen und Messinstrumente, die aus der Forschungstradition der SDT stammen, auf den für alle Menschen gleichermaßen gültigen, anzustrebenden Zustand der Bedürfnisbefriedigung und dessen vorteilhafte Konsequenzen ausgerichtet. Es ist ganz explizit kein zentrales Anliegen der SDT, individuelle Unterschiede im Ausmaß solcher grundlegenden Bedürfnisse oder gar deren individuelle Passung zu spezifischen Arbeitsanforderungen in Erfahrung zu bringen – ein Anliegen also, das wir hingegen als eine zentrale Botschaft dieses Kapitels herauszuarbeiten beabsichtigen. Schließlich legen wir großen Wert auf genau jene Stellschrauben im Prozess der Karriereentscheidung und -entwicklung, die in den differentiellen Passungen zwischen unterscheidbaren Arbeitsumgebungen und individuellen Bedürfnismustern verankert sind. Wenngleich die universelle Bedeutsamkeit von Grundbedürfnissen des Menschen, etwa jenes zur sozialen Eingebundenheit, nicht in Abrede gestellt werden soll, möchten wir doch davon ausgehen, dass beispielsweise die Möglichkeit, sich intensiv im Rahmen einer Teamarbeit mit anderen Personen abzustimmen, nicht bei jeder Person in dasselbe Ausmaß von Motivation mündet.

Trotz der vielfach betonten Allgemeingültigkeit treten individuelle Differenzen auch in eng an die SDT angelegten Veröffentlichungen hier und dort zutage. Beispielhaft sei in diesem Zusammenhang auf den *Aspirations Index* von Kasser und Ryan verwiesen (1993; in deutscher Adaptation von Klusmann et al., 2005), der es in gewissem Umfang erlaubt, die Art der Bedürfnisse, die das Individuum antreiben – und dies auch bezogen auf externe Anreize – zu differenzieren. Aspirationen bzw.

Ziele wie Wohlstand und Ansehen werden zwar ansatzweise in ihren Facetten berücksichtigt, dienen letztendlich aber lediglich der Einschätzung einer zusammengefassten *extrinsischen* Zielorientierung. Ebenso rekrutieren sich intrinsische Ziele aus einer recht heterogenen Gruppe von Aspekten wie persönlichem Wachstum, Selbstakzeptanz, befriedigenden, bedeutungsvollen sozialen Beziehungen, gesellschaftlichem Beitrag und Gesundheit. Zusammengefasst lässt sich der *Aspirations Index* also nicht als ein Messinstrument zur Bestimmung primärer Einzelbedürfnisse – schon gar nicht mit Berufsbezug – verstehen.

Fazit zur SDT

Zusammenfassend lässt sich feststellen, dass die SDT einen fruchtbaren Ausgangspunkt zur Erforschung und Gestaltung bedürfnisorientierter Karriereentscheidungen bietet. Dies liegt vor allem an dem positiven Bild des Menschen als wachstumsorientierter Akteur sowie an der mannigfaltigen Schilderung innerhalb der SDT-bezogenen Literatur dessen, worin bedürfnisbefriedigende (Arbeits-)Kontexte bestehen könnten. Trotz der aus unserer Sicht zu bemängelnden Praxis, für den Befriedigungsgrad der Grundbedürfnisse einen einzigen Gesamtwert einzusetzen (vgl. hierzu auch Van den Broeck et al., 2016), ist festzuhalten, dass aus den Ansätzen der SDT reichhaltige Befunde zu günstigen Auswirkungen der Befriedigung von Grundbedürfnissen auf arbeitsbezogene Motivation und Wohlbefinden erwachsen sind. Das Spektrum nachweislich betroffener Outcomes schließt u. a. Arbeitszufriedenheit (z. B. Ryan et al., 2010), affektives Commitment (Olafsen et al., 2017), Leistung (Baard et al., 2004) sowie verringerte Erschöpfung (Vansteenkiste et al, 2007) und selteneren Absentismus (Williams et al., 2014) mit ein.

Gleichzeitig haben wir auf die Grenzen des Ansatzes hingewiesen, wenn wir an einer differenzierten Beschreibung individueller Bedürfnisunterschiede in ihrer Korrespondenz mit unterschiedlichen Karriereoptionen interessiert sind. Hinzu käme aus unserer Sicht, dass die SDT jene Motivationsformen, die sie als hochintegriert bzw. intrinsisch betrachtet, auf den inhaltlichen Bereich der drei Basisbedürfnisse begrenzt. Gerade in Hinblick auf Berufstätigkeiten entfalten mit hoher Wahrscheinlichkeit weitere Bestrebungen ihre Wirkung und würden demzufolge eine stärkere Beachtung verdienen. Es macht ein wenig den Eindruck, als würden weitere, durchaus als relevant zu erachtende Bedürfnisse in der SDT vorschnell als extrinsisch herabqualifiziert. Nehmen wir als Beispiel das Streben nach Macht, das wir in Kapitel 2.2.2, im Zusammenhang mit der Motivtheorie McClellands, näher betrachten werden. Sein berufliches Handeln auf Status, die Anerkennung durch andere und Einfluss auszurichten, würde vonseiten der SDT bestenfalls als eine introjizierte, d. h., in den eigenen Werten verinnerlichte Form extrinsischer Motivation eingestuft werden. Dementsprechend wurde von Kasser und Ryan (1996) das Bedürfnis nach Anerkennung einem extrinsischen Faktor zugeordnet. Allein die Tatsache, dass die Verwirklichung eines Bedürfnisses nach Macht oder Einfluss i. d. R. einer Bestätigung von außen bedarf, macht unseres Ermessens dieses Bedürfnis noch nicht zu etwas Extrinsischem. Vielmehr halten wir es für plausibel, dass sich die Motivation bspw. einer Führungsperson sehr wohl direkt aus dem alltäglichen Vollzug der Einflussnahme heraus energetisiert, d. h., durchaus alle Merkmale intrinsisch motivierten Handelns tragen kann (vgl. auch Locke & Schattke, 2019). In dieser Hinsicht geht die SDT unserer Auffassung nach etwas zu wertend vor und läuft Gefahr, einen Zirkelschluss zu vollführen, indem die Befriedigung exklusiv jener drei beschriebenen Grundbedürfnisse sowohl als Ursache als auch Erkennungszeichen intrinsischer Motivation festgelegt wird.

2.2.2 Die *Big-Three* der Motive nach McClelland

Im Unterschied zu dem in ▶ Kap. 2.2.1 erläuterten Ansatz der psychologischen Grundbedürfnisse aus Perspektive der Selbstbestimmungstheorie (SDT), verstehen sich Motive im Ansatz McClellands (1965, 1988) als differentielle, trait-ähnliche Eigenschaften. Im Blickpunkt der Motivtheorie McClellands steht demzufolge der Versuch, eine möglichst einfache, allgemeingültige Taxonomie von Motiven aufzustellen, in deren Ausprägung sich Menschen unterscheiden. Dies führte zur Formulierung der drei Motive Leistung, Macht/Einfluss und Affiliation/Anschluss, betitelt als die *Big Three* der motivationalen Verhaltenssteuerung. Ebenfalls abweichend von der Perspektive der SDT postuliert McClelland (1988) Motive als erworben, was sich in dem häufig verwendeten Begriff der *Acquired Needs Theory* ausdrückt.

Eine wichtige Unterscheidung trifft McClelland zwischen bewussten und unbewussten Motivsystemen (McClelland et al., 1989). Unbewusste, sogenannte *implizite* Motive werden früh im Leben erworben, sind damit wenig sprachgebunden und beschreiben eine grundlegende, überdauernde, emotional getönte Tendenz, sich mit bestimmten Anreizen auseinanderzusetzen. Zur Vorhersage langwieriger, automatisch ablaufender Intentionen eignen sich implizite Motive McClelland zufolge besonders gut. Bewusste, sogenannte *explizite* Motive hingegen bestehen in den Handlungstendenzen, die sich eine Person durch bewusste Selbstreflexion zuschreibt. Explizite Motive spiegeln somit stärker die kognitive Auseinandersetzung mit motivrelevanten Situationen, Werten und Zielen wider. Ist man in Kenntnis der expliziten Motivausprägung einer Person, lassen sich hieraus vor allem Vorhersagen auf bewusst kontrolliertes Verhalten in Reaktion auf eine bestimmte Situation machen. Gleichzeitig sind explizite Motive stets vom Selbstbild einer Person, inklusive möglicher Tendenzen zur verzerrten Selbstdarstellung, überformt. Wichtig ist diese Unterscheidung für uns als potenzielle Anwenderinnen und Anwender der Theorie vor allem deshalb, weil diese in zwei sehr unterschiedliche Klassen diagnostischer Mittel mündet.

Implizite Motive erfordern indirekte Messverfahren. Bezogen auf das Leistungsmotiv, begannen McClelland et al. (1953) ihre diagnostischen Bemühungen mit der *Picture Story Exercise*, einer angepassten Form des ursprünglich von Murray (1943) entworfenen *Thematischen Apperzeptionstests* (TAT). Hierbei entschlüsselt die Diagnostikerin bzw. der Diagnostiker eine implizite Motivausprägung aus der Geschichte, die die betreffende Person als Deutung einer Bildvorlage erzählt. Im Laufe der Jahrzehnte wurden hierzu wiederholt Auswertungsschlüssel entwickelt (z. B. Winter, 1994), nichtsdestotrotz bleiben Auswertung und Interpretation solcher projektiver Verfahren ein höchst subjektives und wenig zuverlässiges Unterfangen (vgl. Schmalt & Sokolowski, 2000). Für die bis heute gängige Praxis, auf projektive Art und Weise berufsbezogene Motivdiagnostik zu betreiben, ist äußerste Sorgfalt anzuraten, um zu aussagekräftigen Ergebnissen zu kommen (siehe Krug & Kuhl, 2006). In jüngerer Vergangenheit wurden Verfahren wie das *Multi-Motiv-Gitter* (Schmalt et al., 2000) vorgelegt, die einen Kompromiss zwischen implizitem Reizmaterial und einem standardisierten Antwortformat umsetzen. Eine neuere Entwicklung stellen zudem *Implizite Assoziationstests* dar, in denen computergestützt Antwortlatenzen gemessen werden, die die relative Stärke von Assoziationen zwischen zwei Paaren von gegensätzlichen Konzepten repräsentieren (Greenwald et al., 1998) und auf die implizite Motivmessung angewandt wurden (Brunstein & Schmitt, 2004; Sheldon et al., 2007).

Explizite Motive lassen sich durch direkte Selbstbeschreibungsverfahren erfassen. Das prominenteste Fragebogeninstrument ist die *Personality Research Form* (PRF; Jackson, 1974; in deutscher Fassung von Stumpf et al., 1985), die eine größere Menge expliziter Motive messbar macht, unter denen sich Entsprechungen der *Big Three* McClellands wiederfinden lassen. Einer gemeinsamen Analyse einer ganzen Reihe bestehender Motivskalen entsprangen in jüngerer Vergangenheit die *Unified Motive Scales* (UMS, Schönbrodt & Gerstenberg, 2012). Vorteile solcher Fragebogenverfahren liegen in deren Ökonomie sowie psychometrischer Qualität. Insbesondere vor dem Hintergrund des Konzepts expliziter Motive im Sinne McClellands – wir erinnern uns: hier werden weniger überdauernde, situationsspezifischere Verhaltenstendenzen ermittelt – kann es aber noch nicht befriedigen, Motive ohne inhaltlichen Bezug zum Erwerbsleben zu beurteilen. Einem Lösungsvorschlag hierfür werden wir uns in ▶ Kap. 2.2.3 widmen.

Wiederholt wurde eine fehlende Konvergenz impliziter und expliziter Motivmaße festgestellt (z. B. Schultheiss & Brunstein, 2001). Das entspricht zwar dem Postulat zweier voneinander unabhängiger Motivsysteme (McClelland et al., 1989), allerdings lässt uns diese Erkenntnis etwas verunsichert zurück. Wie ließen sich für die Karriere relevante Motive nun idealerweise erheben? Einerseits wäre es plausibel zu meinen, die Gestaltung einer Karriere entwüchse einer langandauernden Folge von Motivanregungen (was für eine implizite Herangehensweise spräche). Andererseits möchten wir Karriereentscheidungen bestenfalls als Ergebnis einer wohl elaborierten, bewussten, kognitiven Auseinandersetzung mit beruflichen Anreizsituationen verstehen (was für eine explizite Herangehensweise spräche). Dass das eine mit dem anderen nun gar nichts zu tun haben soll, ist nicht das, was wir intuitiv denken würden. Dies bleibt ein bis zum heutigen Tag nicht aufgelöstes Dilemma, können wir Motive in ihrem inhaltlichen Wesen doch nicht getrennt von ihrer jeweiligen Erhebungsmethode betrachten.

Leistungsmotiv

Personen, die mit einem starken Leistungsmotiv ausgestattet sind, »neigen dazu, Aufgaben aufzusuchen und in diesen bessere Leistungen zu vollbringen, die durch ein mittleres Maß an Herausforderung gekennzeichnet sind.«[Leistungsmotivierte] übernehmen für ihre Leistung persönliche Verantwortung, suchen nach Leistungsfeedback, um zu erfahren, wie gut sie sich machen und probieren neue und effizientere Wege für ihr Tun aus« (übersetzt nach McClelland, 1988, S. 251). Im Einklang mit McClellands Ansatz beschrieb Atkinson (1957) zwei Kernelemente des Leistungsmotivs: 1. das Streben nach Bewältigung schwieriger Aufgaben als Zeichen eines hohen Anspruchsniveaus sowie 2. die Suche nach Bestätigung, etwas erreicht zu haben, auf das man stolz sein kann. Beiden Aspekten ist die Verwandtschaft zum Grundbedürfnis nach Kompetenzerleben innerhalb der SDT (▶ Kap. 2.2.1) anzumerken. Als Kernidee gilt McClelland et al. (1953) zufolge die Auseinandersetzung mit einem Tüchtigkeitsstandard. Innerhalb der Ausführungen McClellands bleibt weitgehend ungeklärt, ob sich dies eher auf selbst-referenzielle Tüchtigkeitsstandards oder den Vergleich mit den Leistungen anderer Personen bezieht. Selbstreferenziell wäre die Einschätzung eigener Tüchtigkeit dann, wenn man sich bevorzugt solchen Aufgaben zuwendet, die einen hohen Informationsgehalt darüber in sich tragen, wie stark man sich im Vergleich zu vorherigen Leistungen verbessert hat. Erfahrungen des Sich-Selbst-Übertreffens wären eng verbunden mit der Auswahl optimal in ihrer Schwierigkeit ansteigender, herausfordernder Aufgaben, die auch innerhalb der SDT als besonders relevant für das Kompetenzerleben gelten. Dies wäre assoziiert mit einer *Lernzielorientierung*, wie sie im Kontext der Pädagogischen Psychologie von Dweck (1986) beschrieben und später u. a. von VandeWalle (1997) auf das Arbeitsleben übertragen wurde, und definiert als »Wunsch, sich selbst weiterzuentwickeln, indem man sich neue Fertigkeiten aneignet neue Situationen meistert und die eigene Kompetenz erhöht« (übersetzt nach VandeWalle, 1997, S. 1000). Eine *Leistungszielorientierung* bezieht sich demgegenüber stärker auf soziale Vergleichsstandards, d. h. solche, die außerhalb der Person gesetzt werden. Dies vollzöge sich dann bevorzugt durch den Vergleich mit den Leistungen anderer, mit denen man in Konkurrenz steht. Hier beträten wir unserer Auffassung nach eher den motivationalen Bereich des Dominanzstrebens bzw. der Wettbewerbsorientierung, der möglicherweise besser in der assertiven Form des Machtmotivs (siehe unten) aufgehoben wäre. Es ist nicht von der Hand zu weisen, dass diese gewisse Unschärfe in der Definition des Leistungsmotivs bei McClelland zu entsprechender Uneinheitlichkeit in den Befunden beigetragen haben kann.

Macht/Einfluss

Personen, die mit einem starken Streben nach Macht ausgestattet sind, sind für Belohnungen empfänglich, die als Zeichen hohen Einflusses zu deuten sind. Bezogen auf berufliche Laufbahnen, sollten solche Personen jene Positionen anstreben, die öffentliche Wirkung, Prestige und Anerkennung versprechen.

Naheliegender Weise bezieht sich dieses Motiv zunächst auf Situationen, in denen man auf andere Personen Einfluss nehmen kann. McClelland (1988) hat jedoch infrage gestellt, ob es sich beim Machtmotiv um ein rein zwischenmenschliches handeln muss. Bei genauerer Betrachtung stellt man nämlich fest, dass McClelland (1988) vier Manifestationsformen des Strebens nach Macht/Einfluss unterschieden hat, von denen eine dem Autonomieverständnis der SDT nicht ganz unähnlich ist. Die *Autonomiemodalität* der Macht betrifft Situationen, in denen sowohl die Quelle als auch das Ziel der Macht innerhalb der Person liegen. Angesprochen sind hiermit also Prozesse der Selbstkontrolle und Unabhängigkeit.

Nichtsdestotrotz repräsentiert die *assertive Modalität* der Macht, bei der die Quelle innerhalb sowie das Ziel außerhalb der betreffenden Person liegt, das zentrale Verständnis dieses Motivs. Das Streben nach Reputation ist ein Kerngedanke des Machtmotivs und es fällt nicht schwer, Gelegenheiten zur Befriedigung dieses Bedürfnisses im Berufsleben zu identifizieren. Das Erlangen einer prestigeträchtigen Position repräsentiert eine wirkungsvolle und sozial akzeptierte Form, Anerkennung zu erhalten und Einfluss auszuüben. Insbesondere Führungspositionen statten machtmotivierte Personen mit diversen Möglichkeiten aus, ihre Neigung auszuleben, indem sie bspw. andere motivieren, deren Arbeit koordinieren und deren Handlung korrigieren, die Aufmerksamkeit anderer in einer Gruppe auf sich ziehen und sozialen Einfluss (etwa in Diskussionen) ausüben. Zudem verband McClelland mit dem Machtmotiv das Streben nach Dominanz und die Neigung, mit anderen Personen in einen Wettbewerb einzutreten. McClelland und Burnham (1976) beschrieben ein ausgeprägtes Machtmotiv als wichtige Zutat für das Motivprofil eines erfolgreichen Managers. Als erfolgreichste Manager (u. a. ausgedrückt in einer hohen Arbeitsmoral ihrer Mitarbeiterinnen und Mitarbeiter) erwiesen sich *institutionelle Manager*, die durch ein höheres Macht- als Affiliationsmotiv geprägt waren und dabei ein hohes Ausmaß an Selbstkontrolle aufwiesen. Günstig war demzufolge das Streben danach, Einfluss auszuüben, gepaart mit einem geringen Bedürfnis, von anderen gemocht zu werden sowie der Tendenz, die Macht weder impulsiv noch destruktiv einzusetzen. Personen mit diesem *Leadership Motive Pattern* erreichten im Management zudem höhere Positionen (McClelland & Boyatzis, 1982). Dies bestätigte auch eine Studie von Schuh et al. (2014), in der ein direktes Fragebogenmaß zur Bestimmung des Machtmotivs herangezogen wurde.

Affiliation/Anschluss

McClelland beschrieb die typisch anschlussmotivierte Person als kontaktfreudig und kooperativ, als eine Person also, die ein ausgeprägtes Interesse am Aufbau und der Vertiefung sozialer Beziehungen verfolgt. Eine in den 1980er Jahren entstandene Debatte, ob ein Intimitätsmotiv (mit Betonung auf den Aufbau warmer, intensiver Vertrauensbeziehungen) vom Affiliationsmotiv (stärker bezogen auf die Kontaktaufnahme und das Auskommen mit eher fremden Personen) abzugrenzen sei (McAdams & Powers, 1981), ist bis heute nicht ganz abgeschlossen. In ihrer Neuzusammenstellung von Fragebogenskalen zu den Unified Motive Scales fanden Schönbrodt und Gerstenberg (2012) durchaus eine Rechtfertigung für eine Trennung zwischen dem Affiliations- (Beispielitem: »Zusammentreffen mit anderen Menschen machen mich glücklich«) und dem Intimitätsmotiv (Beispielitem: »In einer Partnerschaft wünsche ich mir vollständig im anderen aufzugehen«). Der nunmehr starke Bezug auf die private Lebensdomäne lässt es aber unwahrscheinlich sein, dass Personen in großem Umfang nach einer Verwirklichung ihrer Intimitätsbedürfnisse im Beruf streben. Im Zusammenhang mit Berufstätigkeit wäre zu erwarten, dass eine anschlussmotivierte Person zum Aufbau und Erhalt zwischenmenschlicher Netzwerke neigt, Freunde gegenüber Experten bevorzugt, wenn eine Wahl für eine Zusammenarbeit getroffen werden soll, und zwischenmenschliche Konflikte zu vermeiden versucht (McClelland, 1988). Für eine Managementposition wird im Zusammenhang mit dem Affiliationsmotiv die hemmende Eigenschaft der übermäßigen Verträglichkeit aufgeführt (z. B. bei McClelland & Boyatzis, 1982). Wir sehen hiermit das Spektrum von Arbeitsanforderungen sowie Möglichkeiten zur Bedürfnisbefriedigung mit potenzieller Bedeutsamkeit für das Affiliationsmotiv bei Weitem noch nicht ausgereizt. Inwieweit stärker auf bestimmte Aufgabencharakteristika und Anforderungen bezogene Elemente des Berufslebens wie Teamarbeit, soziale Unterstützung und Mentoring oder externe Kommunikation mit Kunden einen gemeinsamen Bezug zu einem Affiliationsmotiv besitzen, bleibt demzufolge noch zu ergründen.

Fazit zu McClellands Motivtheorie

Zusammengefasst trägt der Ansatz McClellands sehr viel zum Verständnis dessen bei, worin sich Menschen in ihren Bedürfnissen unterscheiden. Gegenüber der zuvor geschilderten SDT steuert McClelland die unseres Ermessens für das Berufsleben wichtige Komponente des Bedürfnisses nach Einfluss bei. Zur differenzierten Einschätzung beruflicher Bedürfnismuster erscheint die Formulierung einer *Big-Three* aber zu grob. Eine Binnenstruktur ist insbesondere in Hinblick auf berufliche Aufgaben noch unvollständig ausformuliert.

2.2.3 Ein integratives Modell berufsbezogener motivationaler Orientierungen

Die in den vorangegangenen ▶ Kap. 2.2.1 und ▶ Kap. 2.2.2 beschriebenen Theorien dienten uns als Ausgangslange zur Entwicklung eines Modells für berufliche motivationale Orientierungen (▶ Abb. 2.2) und der Entwicklung eines entsprechenden Messinstruments zur differenzierten Einschätzung diesbezüglicher individueller Unterschiede (Burk & Wiese, 2018a). In unseren Ausführungen zur SDT und zu McClellands Motivtheorie haben wir wiederholt darauf hingewiesen, dass uns eine auf differenzierte berufliche Aufgabencharakteristika und Anforderungsdimensionen bezogene Bedürfnisanalyse auf Grundlage der zur Verfügung stehenden Instrumente nicht möglich war. Die Entwicklung eines solchen Instruments setzt den Einbezug zahlreicher Forschungsstränge neben den zuvor erläuterten Theorien voraus. Die Herleitung der in ▶ Abb. 2.2 dargestellten Modellbestandteile, d. h., den übergeordneten motivationalen Bereichen des Strebens nach *Kompetenzerleben/Leistung, Autonomie, sozialer Eingebundenheit/Anschluss, Macht/Einfluss* sowie *extrinsische Faktoren* mit ihren jeweiligen Facetten, sei in der Folge kurz dargestellt. ▶ Tab. 2.1 bietet Beispielitems. Die Entwicklung der Items wurde – soweit möglich – in Anlehnung an bestehende Instrumente vollzogen. Genauere Ausführungen finden sich bei Burk und Wiese (2018a).

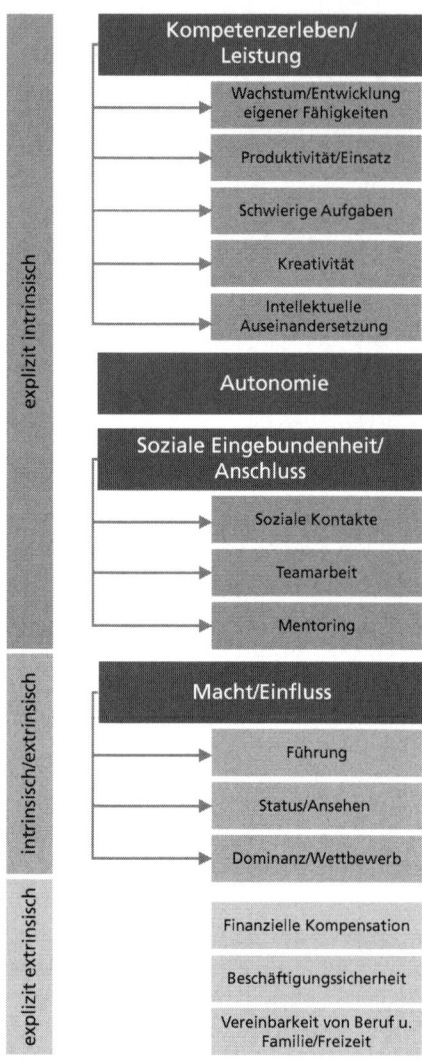

Abb. 2.2: Modell berufsbezogener motivationaler Orientierungen nach Burk & Wiese (2018a).

Tab. 2.1: Dimensionen, Anlehnung an bestehende Instrumente und Beispielitems innerhalb des Modells berufsbezogener motivationaler Orientierungen nach Burk & Wiese (2018a).

Dimension	Anlehnung der Items an bestehende Instrumente	Beispielitems
Wachstum/Entwicklung eigener Fähigkeiten	Epistemic Curiosity Scale (Litman & Spielberger, 2003; deutsche Version: Renner, 2006) Work Domain Goal Orientation (VandeWalle, 1997)	Es macht mir Spaß, etwas über Themen zu lernen, mit denen ich nicht vertraut bin. Ich suche oft nach Gelegenheiten, bei denen ich meine Fertigkeiten und mein Wissen weiterentwickeln kann.
Produktivität/Einsatz	Leistungsmotivationsinventar: Leistungsstolz (Schuler & Prochaska, 2001)	Um mit meiner Arbeit zufrieden zu sein, muss ich das Gefühl haben, mein Bestes gegeben zu haben.
Schwierige Aufgaben	Leistungsmotivationsinventar: Schwierigkeitspräferenz (Schuler & Prochaska, 2001)	Aufgaben, bei denen ich nicht ganz sicher bin, ob ich sie lösen kann, reizen mich ganz besonders.
Kreativität	Creative Styles Questionnaire (Kumar et al., 1997) Runco Ideation Behavior (Runco et al., 2000) Basadur Preference Scale: Valuing New Ideas (Basadur et al., 1995)	Ich mag es, aus purem Vergnügen mit neuen Ideen zu spielen. Mein Beruf sollte es mir ermöglichen, meinen Gedanken freien Lauf zu lassen, um auf neue Ideen zu kommen.
Intellektuelle Auseinandersetzung	Need for Cognition Scale (Cacioppo et al., 1982; deutsche Version: Bless et al., 1994) Work-Related Curiosity Scale (Mussel et al., 2012)	Ich finde es besonders befriedigend, eine bedeutende Aufgabe abzuschließen, die viel Denken und geistige Anstrengung erfordert hat.
Autonomie	Needs Assessment Questionnaire (Heckert et al., 2000) Bochumer Inventar zur berufsbezogenen Persönlichkeitsbeschreibung: Gestaltungsmotivation (Hossiep & Paschen, 2003)	Es ist mir wichtig, Entscheidungen bei der Arbeit selbst zu treffen. Ich mag es nicht, wenn andere bestimmen wollen, was ich tun soll.
Soziale Kontakte	Work Values Inventory: Coworkers (Super, 1970; deutsche Version: Seifert & Bergmann, 1983)	Ich möchte Arbeitskollegen haben, mit denen man gut auskommen kann.
Teamarbeit	Bochumer Inventar zur berufsbezogenen Persönlichkeitsbeschreibung: Teamorientierung (Hossiep & Paschen, 2003)	Ich kann meine Fähigkeiten vor allem in der Zusammenarbeit mit anderen voll entfalten.
Mentoring	Hamburger Führungsmotivationsinventar: Interessenfeld Mentoring (Felfe et al., 2012)	Ich trage sehr gerne dazu bei, dass andere sich weiterentwickeln.

Tab. 2.1: Dimensionen, Anlehnung an bestehende Instrumente und Beispielitems innerhalb des Modells berufsbezogener motivationaler Orientierungen nach Burk & Wiese (2018a). – Fortsetzung

Dimension	Anlehnung der Items an bestehende Instrumente	Beispielitems
Führung	Work Values Inventory: Management (Super, 1970; deutsche Version: Seifert & Bergmann, 1983) Bochumer Inventar zur berufsbezogenen Persönlichkeitsbeschreibung: Führungsmotivation (Hossiep & Paschen, 2003)	Ich möchte über anderen Menschen stehen, in einer Führungsposition arbeiten. In Besprechungen übernehme ich vielfach die Gesprächsführung, auch wenn ich nicht die Leitungsposition innehabe.
Status/Ansehen	Work Preference Inventory: Outward (Amabile et al., 1994) Work Values Inventory: Presige (Super, 1970; deutsche Version: Seifert & Bergmann, 1983)	Ich möchte durch meinen Beruf eine gesellschaftlich angesehene Stellung erreichen.
Dominanz/Wettbewerb	Bochumer Inventar zur berufsbezogenen Persönlichkeitsbeschreibung: Wettbewerbsorientierung (Hossiep & Paschen, 2003)	Mir liegt nicht viel daran, bessere Arbeitsergebnisse als andere zu erzielen. (rekodiert)
Finanzielle Kompensation	Work Values Inventory: Income (Super, 1970; deutsche Version: Seifert & Bergmann, 1983) Work Preference Inventory: Compensation (Amabile et al., 1994)	Ich muss das Gefühl haben, dass sich das, was ich tue, finanziell lohnt.
Beschäftigungssicherheit	Work Values Inventory: Security (Super, 1970; deutsche Version: Seifert & Bergmann, 1983)	Ich möchte mit einer gesicherten beruflichen Zukunft rechnen können.
Vereinbarkeit von Beruf u. Familie/Freizeit	Fragebogen zur Erfassung der Karrieremotivation (Abele et al., 1994) Work Values Inventory: Lifestyle (Super, 1970; deutsche Version: Seifert & Bergmann, 1983)	Ich wünsche mir eine Tätigkeit, die mir die Möglichkeit gibt, mein Leben in der arbeitsfreien Zeit so einzurichten, wie ich es am liebsten möchte.

Streben nach Kompetenzerleben/Leistung und seine Facetten

Die Inspektion der Äußerungen vonseiten der SDT zum Bedürfnis nach Kompetenzerleben sowie McClellands zum Leistungsmotiv, fördert eine recht große Menge von Mechanismen zutage, die auf die Befriedigung eines solchen Bedürfnisses einzahlen. In unserem Modell wurden die Neigungen zu *Wachstum/Entwicklung eigener Fähigkeiten*, *Produktivität/Einsatz*, der Auseinandersetzung mit *schwierigen Aufgaben*, *Kreativität* sowie *intellektueller Auseinandersetzung* als relevante Facetten berücksichtigt. Sowohl die Definition des Bedürfnisses nach Kompetenzerleben innerhalb der SDT als auch McClellands Leistungsmotiv legen *Wachstum und die Entwicklung eigener Fähigkeiten* als bedeutsamen, motivationalen Faktor nahe. Wir erkennen zwei Konzepte, aus denen sich individuelle Differenzen bzgl. dieses Bedürfnisses ableiten ließen: Neugier und Lernbereitschaft. *Epistemische Neugier* im Sinne eines Triebes zur Wissensaneignung (Berlyne, 1954) und als Gefühl des Interesses sowie der Freude im Angesicht neuer Lerninhalte (Litman & Spielberger, 2003; Litman, 2005) lässt sich gut mit dem Gedanken des Wachstums/der Entwicklung eigener Fähigkeiten in Verbindung bringen. *Lernorientierung* (Dweck, 1986) wurde in ▶ Kap. 2.2.2 bereits als eine Eigenschaftsdimension angeführt, die enge Assoziationen zum Leistungsmotiv McClellands aufweist, geht es hierbei doch um das Bestreben, die eigenen Kompetenzen an einem eigenen Tüchtigkeitsmaßstab zu messen und auszubauen. Dieser Eigenschaft wurde zudem eine Bedeutung für intrinsische Motivation beigemessen (Elliot & Harackiewicz, 1996). Eng verbunden mit der Wahrnehmung von »Effectance« (White, 1959) als Kernelement des Kompetenzerlebens im Sinne der SDT ist die Überzeugung, eine herausfordernde Aufgabe mit Mitteln des eigenen Engagements bewältigt zu haben. In großer Nähe zum Ansatz McClellands hat zudem Atkinson (1957) die Auseinandersetzung mit schwiergen Aufgaben und den Stolz bei Erfahrungen eigener Produktivität als zwei wichtige Elemente der Leistungsmotivation benannt. Diese sind als die Facetten *Schwierige Aufgaben* und *Produktivität/Einsatz* in unser Instrument eingegangen. *Kreativität* wird von Deci und Ryan (2000) als ein prototypisches Zeichen intrinsisch motivierten Handelns beschrieben, McClelland (1988) ordnet Innovationsgeist dem Verhalten leistungsmotivierter Personen zu. In einem der wenigen vorherigen Versuche, die Neigung zu intrinsisch motiviertem Arbeitsverhalten in ihren Facetten messbar zu machen, ermittelten Amabile et al. (1994) einen hohen Zusammenhang zwischen einem intrinsischen Motiv und Kreativität. Individuelle Unterschiede im Streben nach Kreativität zu messen, wurde von den beschriebenen Forschungssträngen aber in keiner Weise berücksichtigt. Ein tieferer Blick in die Forschung zur Kreativität vermittelt einen Eindruck von der Mehrdimensionalität dieses Konzepts. Ein entsprechender Multifacettenansatz wurde bei der Entwicklung einer Subskala zur Kreativitätsneigung von uns vollzogen, die sowohl affektive Reaktionen während kreativen Handelns, Originalität, die Selbsteinschätzung kreativer Leistungen als auch Einstellungen zur Kreativität im organisationalen Handeln enthält. In ihrem Ansatz, u. a. intrinsische Neigungen als Personenmerkmal zu bestimmen, berücksichtigten Amabile et al. (1994) bereits, in Ableitung von den Gedanken der SDT zum Bedürfnis nach Kompetenzerleben, Elemente des *Need for Cognition* (Cacioppo et al., 1982), der Tendenz, sich gern mit anstrengenden Denkaufgaben zu beschäftigen. Hier ist zudem eine große Nähe zu einem zweiten Aspekt der *epistemischen Neugier* auszumachen, durch konzeptionelle Elaboration und analytisches Denken Probleme zu lösen (Litman, 2005). Eine Facette der *intellektuellen Auseinandersetzung* setzt sich somit aus diesen Ansätzen zusammen.

Autonomie

Das Bedürfnis nach Autonomie haben wir in den vorangegangenen Unterkapiteln als umfassendes Konzept der Selbstbestimmung im Rahmen der SDT sowie als eine

Facette des selbstbezogenen Machtmotivs im Sinne McClellands kennengelernt. Für die eine wie die andere Herleitung war festzustellen, dass eine direkte Verknüpfung zu autonomieförderlichen Arbeitsinhalten und -umgebungen nur unvollständig zu vollziehen wäre. Insofern bietet sich die Hinzunahme weiterer, arbeitsbezogener Ansätze an, z. B. das *Job Characteristics Model* von Hackman und Oldham (1976), in dem die Eigenschaften eines autonomieförderlichen Arbeitsplatzes beschrieben werden.

Streben nach sozialer Eingebundenheit/Anschluss und seine Facetten

Als relevante Facetten der Anschlussneigung mit Bezug zum Berufsleben wurden die Aufnahme *sozialer Kontakte*, das Streben nach *Teamarbeit* sowie *Mentoring* identifiziert. In den zugrundeliegenden Theorien Decis und Ryans (2000) sowie McClellands (1988) wurde das Bedürfnis zum Eingehen tiefer, vertrauensvoller Beziehungen mehrheitlich auf die private Lebensdomäne bezogen. Unsere Aufgabe war es, eine entsprechende Neigung im Arbeitskontext zu operationalisieren. Kollegiale Eingebundenheit sowie die Kooperation wurden, in Anlehnung an die SDT, von Van den Broeck et al. (2010) bereits zur Ermittlung befriedigender Eingebundenheit herangezogen. Zudem berücksichtigt der Grundgedanke des *Need to Belong* Baumeisters und Learys (1995; ▶ Kap. 2.2.1) nicht lediglich den Erhalt, sondern auch das Geben sozialer Unterstützung. Sich um Kolleginnen und Kollegen zu kümmern und ihnen bei ihrer Weiterentwicklung zu assistieren, wäre demzufolge eine weitere plausible Verwirklichung des Anschlussbedürfnisses. In der Tat konnten Janssen et al. (2014) einen hoch ausgeprägten Befriedigungsgrad des Bedürfnisses nach sozialer Eingebundenheit bei Personen finden, die sich einer Mentorenrolle zugewandt hatten.

Streben nach Macht/Einfluss und seine Facetten

Als besonders relevante Aspekte des von McClelland beschriebenen Machtmotivs für die Arbeit haben wir *Führung, Status/Ansehen* und *Dominanz/Wettbewerb* identifiziert. Eine bereits von McClelland intensiver erforschte Verwirklichungsmöglichkeit des Machtmotivs im Berufsleben ist das Erlangen einer Führungsposition (▶ Kap. 2.2.2). Das Bestreben, eine Führungsposition zu erlangen, bezieht sich dabei sowohl auf das Einnehmen einer machtvollen Rolle als auch auf führungsbezogene Verhaltensweisen (z. B. Einfluss in beruflichen Interaktionen auszuüben). Bei ihrer Suche nach intrinsischen und extrinsischen Arbeitsorientierungen identifizierten Amabile et al. (1994) einen nach außen orientierten Motivationsfaktor, der Elemente der Anerkennung (Erlangen einer prestigeträchtigen Position im sozialen Vergleich mit anderen) und des Wettbewerbs enthält. Auf den assertiven Aspekt des Machtmotivs im Sinne McClellands (1988) bezieht sich auch die Tendenz, andere Personen in einer Konkurrenzsituation zu dominieren.

Extrinsische Motive

Gemeint ist hiermit das Streben nach extrinsischen Anreizen, also solchen, die nicht direkt in die Ausführung einer Arbeit eingebettet sind, sondern eher in strukturellen Belohnungen bestehen, die vor allem nicht arbeitsbezogene Bedürfnisse zu befriedigen vermögen. Anders ausgedrückt bedeutet dies, dass das Extrinsische sich nicht daraus ergibt, dass etwas außerhalb der Person liegt, sondern außerhalb der Arbeitsaufgabe (vgl. auch Locke & Schattke, 2019). In der Forschungstradition der SDT wurden solche extrinsischen Anreize stets als Hemmfaktoren aufgefasst, die ein intrinsisches Interesse an einer Aufgabe zu unterlaufen drohen (vgl. Deci et al, 1999). Davon abgesehen, dass durchaus entgegengesetzte Befunde (z. B. Cerasoli et al., 2014) vorliegen und somit Anreize von außen auch motivationssteigernd sein können, wäre es unserer Auffassung nach unklug, kontextuelle Anreize in der Auseinandersetzung mit der Attraktivität unterschiedlicher Laufbahnoptionen zu ignorieren. Dass extrinsische und intrinsische Motive nicht als Gegenpole funktionieren müssen, sondern vielmehr unabhängig voneinander zur Motivation beitragen, legen auch die Befunde von Amabile et al. (1994) nahe. Zudem halten wir es im Sinne der *Selbstkonkordanz* (Sheldon & Elliot, 1999) für plausibel, dass Personen das Vorhandensein günstiger Kontextfaktoren sehr wohl in ihre Wahrnehmung von einer selbstbestimmten Tätigkeit integrieren, wenn diese den persönlichen Werten entsprechen. Als besonders relevante (wenngleich recht sicher nicht vollständige) Gruppe extrinsischer Aspekte haben wir die *finanzielle Kompensation, Beschäftigungssicherheit* und die *Vereinbarkeit von Beruf und Familie/Freizeit* in unser Modell aufgenommen.

Bisherige Forschung zum Modell berufsbezogener motivationaler Orientierungen

Im Zuge des Projekts Karriereentscheidungen und -verläufe des wissenschaftlichen Nachwuchses aus den MINT-Fächern im Längsschnitt (Wiese et al., 2020) wurde das oben beschriebene Fragebogeninstrument einer Gruppe von mehr als 3.500 Nachwuchswissenschaftlerinnen und -wissenschaftlern vorgelegt (▶ Kap. 7 sowie ▶ Kap. 8). Im Zuge der Modellprüfung (mittels bifaktorieller explorationsrischer Strukturgleichungsmodelle) konnte die Annahme bestätigt werden, dass in den Einschätzungen der Befragten sowohl globale als auch spezifische Varianzanteile enthalten sind (Burk & Wiese, 2018a). Den oben beschriebenen Facetten der theoretisch herleitbaren Basismotive für Kompetenzerleben/Leistung, soziale Eingebundenheit/Anschluss sowie Macht/Einfluss konnten demzufolge einerseits jeweils Gemeinsamkeiten nachgewiesen werden (Führung, Status/Ansehen und Dominanz/Wettbewerb zahlen bspw. auf ein gemeinsames Motiv Macht/Einfluss ein). Zusätzlich besitzen die spezifischen Facetten innerhalb der Globalfaktoren einen darüber hinaus gehenden Informationsgehalt, aus dem heraus sich die Affinität für ganz bestimmte Tätigkeiten ableiten lässt. In Zusammenhang mit den Karrierezielen von Promovierenden und Promovierten in den technisch-naturwissenschaftlichen Disziplinen ließ sich u. a. feststellen, dass ein Streben nach einer Professur, d. h.

einer Fortsetzung der wissenschaftlichen Laufbahn, mit erhöhten Bedürfnissen nach Leistung, spezifischen Anteilen des kreativen Arbeitens und Autonomie verbunden war, wenn man diese mit Personen vergleicht, die eine Führungsposition in der Privatwirtschaft anstreben. Bedürfnisse nach Macht/Einfluss, spezifischen Führungsaspekten, der Zuwendung zu schwierigen Aufgaben sowie finanzieller Kompensation waren hingegen bei Anwärterinnen und Anwärtern auf eine Managementkarriere besonders stark ausgeprägt.

Fazit

Die Entwicklung eines differenzierten Instruments zur Bestimmung berufsbezogener motivationaler Orientierungen ist ein wichtiger erster Schritt zur weiteren Erforschung individueller Karriereentscheidungen und -verläufe. Im Sinne des in ▶ Kap. 2.1 dargestellten Fit-Gedankens sollte es in Zukunft unser Bestreben sein, motivational bedeutsame Arbeitsplatzcharakteristika in einem ähnlichen Auflösungsgrad beschreiben zu können. In Kenntnis der Bedürfnislage des Individuums auf der einen Seite, und den Anforderungen sowie Bedürfnisbefriedigungspotenzialen unterschiedlicher Karriereoptionen (im Sinne der Theorie der Arbeitsangepasstheit; ▶ Kap. 2.1.2) auf der anderen, sollte es uns in Zukunft umso besser gelingen, individuelle Karriereberatungsangebote unterbreiten zu können. In dem Ausmaß, in dem wir individuelle Bedürfnisse und deren kognitive Verarbeitung nicht als etwas Statisches verstehen, kommen sozial-kognitive Aspekte (z. B. die Entwicklung von Selbstwirksamkeitsüberzeugungen) für den optimalen Aufbau adäquater Karriereziele hinzu. Diesen Aspekten werden wir uns in ▶ Kap. 3 näher widmen.

3 Die Gestaltung der Karriere aus einer sozial-kognitiven Perspektive

3.1 Die sozial-kognitive Theorie Banduras als Grundlage

Bevor wir uns den spezifischeren Fragen der sozial-kognitiven Laufbahntheorie zuwenden, wie wir uns nämlich die Entstehung beruflicher Interessen, Karrierewahlentscheidungen, Leistung, Zufriedenheit und Karriereselbstmanagement vorstellen können, lohnt sich ein Blick auf deren zentrale theoretische Grundlage, die sozial-kognitive Theorie von Bandura (z. B. 1977). *Sozial-kognitiv* ist zum einen der Ansatz, dass die Person sich im stetigen Austausch mit einer sich wandelnden Umwelt befindet, zum anderen jener, dass die Person selbstregulatorisch eingreift, ihre Motivation und Handlungen demzufolge auf Grundlage einer subjektiven Bewertung der aktuellen Anforderung steuert. Im Kontrast zu statischeren Auffassungen wie jenen, die eine direkte Vorhersage von Verhalten auf Grundlage der Ausprägung von relativ stabilen Personenfaktoren (Fähigkeiten, Motive, Einstellungen; ▶ Kap. 2) zu machen versuchen, versteht die sozial-kognitive Theorie die Person als aktive Konstrukteurin ihrer Lernerfahrungen. Mit kognitiven Mitteln vermag sie dabei nicht nur ihr Verhalten auf sich extern verändernde Anforderungen anzupassen, sondern sie ist auch dadurch, dass sie sich proaktiv neue Ziele setzt, in der Lage, die Richtung ihrer Entwicklung maßgeblich zu steuern. Zum sozial-kognitiven Prozess der Selbstregulation gehören wiederkehrende Phasen der Zielfindung und Handlungsvorbereitung, der Handlungsdurchführung und der Reflexion und Evaluation (vgl. Bandura & Locke, 2003). Diese bewertenden Prozesse des Zielfortschritts münden in einer Anpassung der Zielverfolgungsstrategien, sofern eine Zielannäherung bisher nicht gelang, aber weiter für möglich gehalten wird. Wird ein Zielverfolgungsprozess von der Person als erfolgreich beurteilt, so ist diese Bewertung aber auch idealer Weise Ausgangspunkt für ein steigendes Selbstvertrauen in die eigene Handlungsfähigkeit und ermutigt die Person so, sich neue, gegebenenfalls herausforderndere Ziele zu setzen. Als ein zentrales Konzept der sozial-kognitive Theorie von Bandura sowie der darauf aufbauenden sozial-kognitiven Laufbahntheorie von Lent et al. (1994; ▶ Kap. 3.2) gilt dabei die *Selbstwirksamkeitserwartung*. Sie bezeichnet das individuelle Zutrauen, zukünftige Herausforderungen meistern zu können. Selbstwirksamkeitserwartungen stellen damit einen wichtigen, kognitiven Vorläufer für die (Eigen-)Motivation und Handlung dar.

Bandura grenzt Selbstwirksamkeits- ganz explizit von *Ergebniserwartungen* ab und verdeutlicht, dass eine Person ihr Verhalten insbesondere dann in Richtung des betreffenden Ergebnisses steuert, wenn hohe Ausmaße beider Erwartungsformen gegeben sind. Ergebniserwartungen bezeichnen die Einschätzung einer Person, dass ein bestimmtes Verhalten zu bestimmten Ergebnissen führt und, unabhängig von den gegebenen individuellen Fähigkeiten, ein entsprechendes, zielführendes Verhalten auch tatsächlich ausführen zu können (Bandura, 1977). Mit der Elaboration der Handlungskonsequenz verbindet sich ihr Anreizgehalt (ähnlich zu verstehen wie in Erwartungs-Wert-Modellen wie bspw. von Atkinson, 1957). Die entscheidende Abgrenzung zwischen Selbstwirksamkeits- und Ergebniserwartungen besteht darin, dass sich der persönliche Einsatz für Veränderungen (z. B. eine Berufswahl oder Karriereentscheidung) keineswegs automatisch aus der Überzeugung ergibt, dass ein erstrebenswertes Endergebnis in Aussicht stünde und dass bestimmte Handlungsstrategien als grundsätzlich zieldienlich erkannt werden (d. h. hohe Ergebniserwartungen gegeben sind). Vielmehr wird aus Banduras Sicht die Inangriffnahme von Veränderungen maßgeblich durch das Ausmaß gesteuert, in dem eine Person an ihre eigenen Fähigkeiten glaubt, das hierfür erforderliche Verhalten selbst umzusetzen zu können (d. h. hohe Selbstwirksamkeitserwartung). Umgekehrt wird eine Person sinnvollerweise nicht dazu neigen, eine Handlung einzig und allein deswegen auszuführen, weil sie davon überzeugt ist, diese erfolgreich ausführen zu können (hohe Selbstwirksamkeitserwartung), wenn das Handlungsergebnis sich nicht zusätzlich als erstrebenswert darstellt.

Gerade in Hinblick auf die später (in ▶ Kap. 3.2.4), im Zusammenhang mit Interventionsmöglichkeiten in der Karriereberatung zu beschreibenden Möglichkeiten, Selbstwirksamkeitserwartungen zu steigern, ist es wichtig zu erkennen, wie diese entstehen. Bandura (1977) formulierte vier hauptsächliche Informationsquellen, aus denen sich Selbstwirksamkeitserwartungen speisen. Allem voran sind hier *persönliche Erfolge* zu nennen. Die Überzeugung der eigenen Wirksamkeit zu steigern, sollte vor allem gelingen, wenn vergangene Erfolge als Ergebnisse eigenen Handelns (d. h. eine Form der internalen Ursachenzuschreibung) betrachtet werden. Erfolgserlebnisse können auch *stellvertretend* stattfinden (»vicarious experience«; Bandura, 1977, S. 195), indem andere Personen dabei beobachtet werden, wie sie Herausforderungen bewältigen. Weniger stark als die der Vorgenannten sind Effekte der *Überzeugung durch Andere* (»verbal persuasion«, Bandura, 1977, S. 195). Schließlich schreibt Bandura *emotionalen Erregungszuständen* wie bspw. Angstreaktionen (»physiological states/emotional arousal«; Bandura, 1977, S. 195) einen Informationsgehalt zu.

Dabei stellt die Wahrnehmung von Selbstwirksamkeit keinen klassischen Trait im Sinne einer relativ unveränderlichen Eigenschaft dar. Vielmehr kommt der Person die Möglichkeit des Eingriffs auf die Ausgestaltung von Selbstwirksamkeitserwartungen mit psychologischen Mitteln zu. Damit ist die Betrachtung der Dynamik von Selbstwirksamkeitserwartungen über die Zeit und innerhalb einer Person ein weitaus vielversprechenderer Ansatz als ein statisches Verständnis (wenngleich sich freilich zusätzliche, überdauernde Niveauunterschiede zwischen Personen finden lassen). Selbstwirksamkeitsüberzeugungen sind bereichsspezifisch zu verstehen und entsprechend idealerweise auch so zu operationalisieren. Je klarer der betreffende Fähigkeits- und Verhaltensbereich also eingegrenzt wird, desto besser lassen sich Selbstwirksamkeitserwartungen von einem generalisierten Optimismus unterscheiden, der schlicht einem Vertrauen in günstige Umstände geschuldet sein kann, ohne die Bedeutung des eigenen Aktivwerdens anzuerkennen. Folgerichtig sind bis heute zahlreiche Skalen zur Messung von Selbstwirksamkeitserwartungen in bestimmten Lebensbereichen entstanden, von denen in ▶ Tab. 3.1 einige beispielhaft aufgeführt sind. Selbstwirksamkeitserwartungen werden demzufolge bestenfalls im Zeitverlauf sowie als multidimensionales Konzept verstanden sowie erhoben.

Tab. 3.1: Beispiele für Instrumente zur Messung von Selbstwirksamkeitserwartungen.

Selbstwirksamkeitsaspekt	Instrument/Referenz	Beispielitem
Berufliche Selbstwirksamkeitserwartungen	Schyns & von Collani (2014)	Bei meiner Arbeit gelingt mir auch die Lösung schwieriger Aufgaben, wenn ich mich darum bemühe.
Ingenieurwissenschaftliche Selbstwirksamkeitserwartungen	Engineering Self-Efficacy; Sterling et al. (2020)	Wie sicher sind Sie sich Ihrer gegenwärtigen Fähigkeit... ... Experimente durchzuführen, Prototypen anzufertigen oder mathematische Modelle zu konstruieren, um ein Design zu entwickeln oder zu evaluieren.[a]
Akademische Selbstwirksamkeitserwartungen	Self-Efficacy for Learning and Performance (Motivated Strategies for Learning Questionnaire; MSLQ; Pintrich et al., 1991)	Ich bin mir sicher, dass ich den komplexesten Stoff verstehen werde, der von der/dem Veranstaltungsleiter/in in diesem Kurs vorgetragen wird.[a]
Selbstwirksamkeitsüberzeugungen bezogen auf Karriereentscheidungen	Career Decision-Making Self-Efficacy Scale (Taylor & Betz, 1983)	Wie überzeugt sind Sie, folgendes zu können: ... zu benennen, was ich an einer Tätigkeit am meisten schätze.[a]
Selbstwirksamkeitserwartungen bezogen auf die Vereinbarkeit von Beruf und Familie	Grether et al. (2018)	Ich fühle mich den Anforderungen gewachsen, die durch die Vereinbarkeit von Beruf und Familie entstehen.

Anmerkung: [a] übersetzt aus dem englischen Original.

3.2 Die sozial-kognitive Karrieretheorie

Die sozial-kognitive Karrieretheorie (Lent et al., 1994) nimmt die Grundgedanken der allgemeinen sozial-kognitiven Theorie Banduras auf, indem das Zusammenspiel zwischen selbstgerichteten Kognitionen und sozialen Prozessen in den Mittelpunkt gerückt wird. Die zentralen Konzepte dieser Theorie, d.h. Selbstwirksamkeits- und Ergebniserwartungen sowie Ziele, sind direkt von Bandura abgeleitet und wurden auf das Verständnis von beruflichen Interessen, Karrierewahlentscheidungen, Leistung, Zufriedenheit und Karriereselbstmanagement übertragen. Entsprechend folgen Lent et al. (1994) mit ihrem Ansatz dem Grundverständnis Banduras, wenn sie die Person nicht als den Umständen oder ihrer stabilen Persönlichkeit ausgeliefert sehen, was die Gestaltung ihrer Karriere betrifft. Vielmehr liegt der Fokus auf individuellen Überzeugungen und Verhaltensweisen, die als veränderlich gelten dürfen und insofern sinnvolle Ziele einer beratenden Intervention sein können.

Hiermit wird eine ergänzende, dynamischere und situationsspezifischere Perspektive im Vergleich zu Modellen des Person-Environment-Fits (▶ Kap. 2.1) eingenommen, sofern man letzteren ein Verständnis von Personenfaktoren als weitgehend unveränderliche Eigenschaften zuschreiben möchte. Lent et al. (2002) merken an, dass in Modellen des Person-Environment-Fits das Verhalten eines Menschen zumeist als Konsequenz des Zusammenspiels zwischen Umwelt und Person wahrgenommen werde. Demgegenüber möchten die Autoren der sozial-kognitiven Karrieretheorie dem Verhalten eine stärker verursachende Funktion mit Konsequenzen für persönliche Eigenschaften und die Umwelt beigemessen wissen. Im Zusammenhang mit anderen Karrieretheorien betrachtet, stellt sich die sozial-kognitive Karrieretheorie weitergehende Fragen wie: Wie entstehen Interessentypen nach Holland (1973)? Welche Faktoren sind für die Ausdifferenzierung der Rollensalienz nach Super (1980) verantwortlich? Wie eignen sich Personen Fähigkeiten im Sinne der Theorie der Arbeitsangepasstheit von Dawis und Lofquist (1984) an?

Im vorliegenden Kapitel möchten wir zunächst einen Überblick über die sozial-kognitiven Komponenten von fünf vorliegenden Teilmodellen bieten. Darauffolgend werden wir personenbezogene und kontextuelle Hintergrundvariablen ansprechen. Außerdem werden wir ein weitergehendes Modell vorstellen, das gleichzeitig die Lebensplanung im Privatleben mitberücksichtigt und der besonderen Rolle des Geschlechts in der Berufsentwicklung Rechnung trägt. Dem weiter oben angesprochenen dynamischen Charakter der Theorie von Lent et al. (1994) folgen wir zum Abschluss mit einer Schwerpunktsetzung auf Möglichkeiten, Personen im Beratungskontext in ihrer Karriereentwicklung zu unterstützen.

3.2.1 Sozial-kognitive Determinanten karrierebezogener Interessen, Wahlentscheidungen, Leistung, Zufriedenheit und Karriereselbstmanagement

Im Laufe der Weiterentwicklung ihrer Theorie haben die Autoren der SCCT insgesamt fünf Teilmodelle postuliert, die sich auf die Organisation von karrierebezogenen Interessen, Wahlentscheidungen, Leistung, Zufriedenheit sowie das karrierebezogene Selbstmanagement beziehen. In den entsprechenden Publikationen (u. a. Hirschi, 2008a; Lent et al., 1994; Lent, 2004; Lent & Brown, 2013) werden diese zumeist anhand separater Pfaddiagramme dargestellt. Wir haben diese in ▶ Abb. 3.1 in einer vereinfachenden, integrativen Gesamtdarstellung zusammengeführt.

Entwicklung karrierebezogener Interessen

Lent et al. (2002) berücksichtigen karrierebezogene Interessen in einem eigenen Teilmodell sowie als Bestandteil zumindest des Modells der Karrierewahlentscheidungen (siehe nächster Abschnitt). Interessen werden in diesem Teilmodell sowohl als Konsequenz relevanter Erfahrungen und Gedanken verstanden als auch als Treiber von Karrierewahlentscheidungen und dem Erwerb von Fertigkeiten. Von zentraler Bedeutung ist der Gedanke, dass sich Interessen keineswegs automatisch aus dem Vorhandensein bestimmter Fähigkeiten bzw. aus entsprechenden Lernerfahrungen ergeben, sondern vielmehr kognitiv vermittelt sind. Im Zentrum steht demzufolge der Aufbau eines Interesses an einer karrierebezogenen Handlung in Abhängigkeit von der Überzeugung, diese Handlung ausführen zu können (Selbstwirksamkeitserwartung) sowie jener, dass die Handlung erstrebenswerte Konsequenzen hat (Ergebniserwartung). Umgekehrt können sowohl Defizite bezogen auf Selbstwirksamkeitserwartungen als auch die Antizipation negativer oder neutraler Handlungskonsequenzen zu einer Abneigung führen. Interessen fördern das Setzen entsprechender Ziele bzw. die Absicht, sich diesbezüglich zu engagieren (zusätzlich direkt beeinflusst durch Selbstwirksamkeits- und Ergebniserwartungen, ▶ Abb. 3.1). Der Zwischenschritt über das Setzen persönlicher Ziele darf für das Verständnis karrierebezogenen Verhaltens als wichtig betont werden. Interessen übersetzen sich nämlich nicht automatisch – wie bspw. der RIASEC-Ansatz Hollands (1997) möglicherweise suggeriert – in interessenkongruente Handlungen. Vielmehr setzen letztere sinnvollerweise einen Abgleich zwischen der Neigung und den Möglichkeiten, die die Umwelt aktuell bietet, voraus. Vor diesem Hintergrund formulierte Ziele/Verhaltensabsichten wiederum erhöhen die Wahrscheinlichkeit, tatsächlich tätig zu werden, was wiederum zu Erfolgserlebnissen führen kann. Hierdurch wird eine Feedbackschleife in Gang gesetzt, ein Erfolgserlebnis wirkt also auf die weitere Ausformung von Selbstwirksamkeits- und Ergebniserwartungen und, als Konsequenz dessen, auf die Stärkung von Interessen zurück.

Karrierewahlentscheidungen

Die in ▶ Abb. 3.1 dargestellten Elemente der Formulierung von Zielen sowie ein daraus abgeleitetes Handeln kann sich zudem auf Wahlentscheidungen beziehen. Auch bei separater Betrachtung des Teilmodells für Karrierewahlentscheidungen, behalten Interessen darin einen festen Platz als Vorläufer von Karrierezielen. Selbstwirksamkeits- sowie Ergebniserwartungen entfalten abermals einen indirekten (über Interessen) sowie direkten Einfluss auf die Ausformulierung von Karrierezielen, die wiederum in Handlung münden (können), bspw. die Teilnahme an

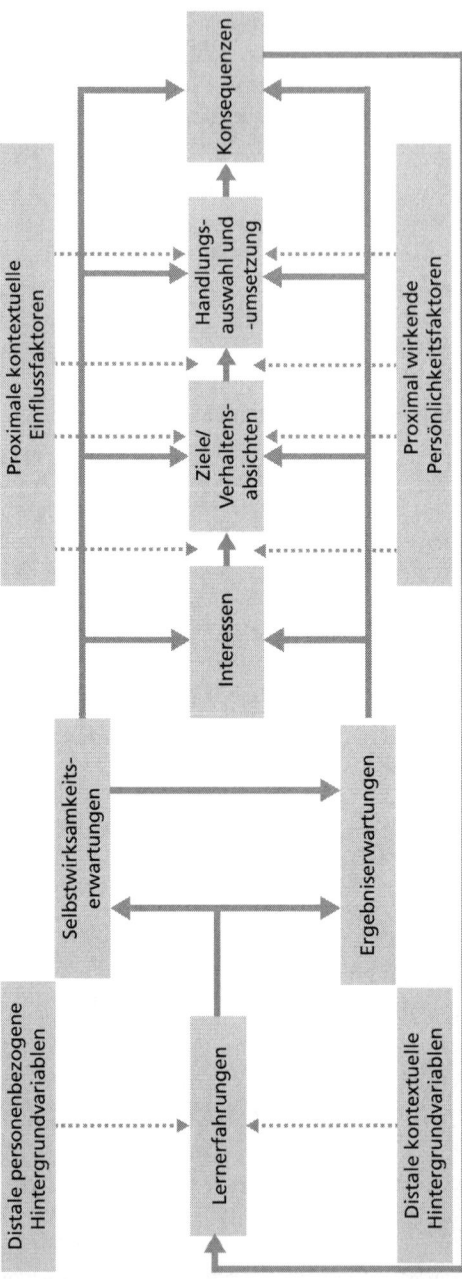

Abb. 3.1: Integrative, vereinfachte Darstellung der sozial-kognitiven Karrieretheorie in Anlehnung an die Teilmodelle gemäß Lent et al. (1994), Lent (2004), Lent und Brown (2013) sowie Hirschi (2008a).

einer passenden Weiterbildung oder die Ingangsetzung eines Positions-/Laufbahnwechsels. Die Handlungskonsequenz dient auch hier als Informationsquelle zur Anpassung der kognitiven Vorläufervariablen als Grundlage eines neuerlichen Prozessablaufs. Wie wir weiter unten noch im Detail beschreiben werden, sind die Möglichkeiten der/des Einzelnen, auf Grundlage eines vorhandenen Interesses eine Karrierewahlentscheidung auch tatsächlich zu fällen und ihr nachzugehen, durch den Kontext (bspw. bestehende Umschulungsangebote) mitbestimmt. Wie in ▶ Abb. 3.1 zu erkennen, können solche proximalen Einflussfaktoren zum einen eine Moderatorwirkung (d. h. einen verstärkenden oder abschwächenden Einfluss) haben, bspw. kann die Wahrscheinlichkeit, ein Karriereziel in sichtbare Handlung umzusetzen, vom Ausmaß der momentan existierenden familiären Unterstützung abhängen. Zum anderen determinieren Kontextfaktoren potenziell Ziele und Handlungen auf direkte Weise, wenn bspw. Diskriminierung den Zugang zu einem beabsichtigten Weiterbildungsangebot verhindert.

Leistung als Ziel, Verhalten und Ergebnis

Ein Teilmodell der sozial-kognitiven Karrieretheorie bezieht sich auf die berufliche und akademische Leistung selbst und versucht zu beschreiben, welches Leistungsniveau eine Person anstrebt und mit welchem Durchhaltevermögen sie dies vollzieht (Lent et al., 1994). Eine hohe Ausgangsfähigkeit begünstigt hierbei abermals Erfolgserlebnisse bei der Ausführung entsprechender Aufgaben, was sich wiederum stärkend auf Selbstwirksamkeits- und Ergebniserwartungen auswirken kann. Über die Formulierung von (ambitionierteren) Leistungszielen kann dies wiederum in Leistungserfahrungen auf einem gesteigerten Niveau münden. Für dieses Teilmodell gilt in besonderer Weise die Auffassung einer reziproken Beziehung zwischen Leistungserfahrungen und Verhalten im Sinne einer dynamischen Feedbackschleife. Im Zusammenhang mit Leistung tritt besonders deutlich hervor, wie wichtig Selbstwirksamkeitsüberzeugungen als vermittelnde Instanz sind, wenn man sich zwei Menschen mit sehr ähnlichen Ausgangsfähigkeiten vor Augen führt, die sich durchaus sehr unterschiedlich ambitionierte Ziele setzen und bei denen schließlich auch deutliche Unterschiede in der Leistungsentwicklung sichtbar werden. Über viele Einzelstudien hinweg hat sich der Zusammenhang zwischen Selbstwirksamkeitserwartungen und akademischer sowie beruflicher Leistung zuverlässig gezeigt (für entsprechende Meta-Analysen siehe z. B. Sadri & Robertson, 1993, sowie Stajkovic & Luthans, 1998).

Zufriedenheit und Wohlbefinden

Ein viertes Teilmodell wurde etwas später hinzugefügt, um der Bedeutung sozialkognitiver Variablen für die Entwicklung beruflicher Zufriedenheit Rechnung zu tragen (Lent, 2004; Lent & Brown, 2006; Lent & Brown, 2008). Zufriedenheit während der Ausbildung sowie im Berufsleben entsteht demzufolge aus dem erlebten Fortschritt auf dem Weg zu persönlich bedeutsamen Zielen (vgl. auch Wiese & Freund, 2005). In unserer ▶ Abb. 3.1 stellen die erlebten Fortschritte in diesem

Teilmodell demzufolge die Konsequenz (am rechten Ende des Pfaddiagramms) berufsbezogener Handlungen dar. Die Zielsetzung, das zielbezogene Handeln sowie die Evaluation eines Fortschritts hängen, wie in den anderen Teilmodellen, wenigstens teilweise mit den individuellen Selbstwirksamkeits- und Ergebniserwartungen zusammen.

Naheliegender Weise lassen sich die Vorstellungen des Modells bzgl. der beruflichen Zufriedenheit in die Überlegungen zu Interessen und Berufswahlentscheidungen integrieren. So konnten Navarro et al. (2019) am Beispiel von Studierenden der Ingenieurwissenschaften zeigen, dass eine reziproke Verbindung zwischen akademischer Zufriedenheit und dem ausdauernden Engagement während des Studiums besteht. Damit zeigt sich Zufriedenheit nicht lediglich als Konsequenz des Prozesses, sondern gleichsam als verstärkend in Hinblick auf die Entwicklung von Fähigkeiten.

Ein Bestandteil des Modells ist zudem die Beziehung zwischen beruflicher und allgemeinerer Lebenszufriedenheit. Zunächst ist festzustellen, dass dieser Zusammenhang mit der subjektiven Wichtigkeit der betreffenden berufsbezogenen Ziele (im Verhältnis zu anderen Lebensdomänen) steigt. Darüber hinaus legen längsschnittliche Befunde nahe, dass (spätere) allgemeine Lebenszufriedenheit stärker von (früheren) Verschiebungen der beruflichen Zufriedenheit beeinflusst wird als dies in umgekehrter Richtung festzustellen ist (Lent et al., 2009; allerdings spielen auch andere Lebensdomänen für diese Bottom-Up-Prozesse eine Rolle; Milovanska-Farrington & Farrington, 2021).

Karriereselbstmanagement

Im Vergleich zu den anderen Teilmodellen bezieht sich das Modell des Karriereselbstmanagements (Lent & Brown, 2013) weniger auf Inhalte der Karriereentwicklung als deren Prozess. Während die Vorstellungen von Interessen und Karrierewahlentscheidungen also eindeutig darauf abzielten zu erklären, aus welchen Personen sinnvollerweise Atomphysiker bzw. Atomphysikerinnen oder Heilpädagogen bzw. Heilpädagoginnen werden, nimmt das Selbstmanagementmodell das *Wie* der Karriereentwicklung in den Blick. Man könnte bei diesem Teilmodell demzufolge von so etwas wie einem Meta-Modell sprechen, das sich mit Fähigkeiten für solche Techniken auseinandersetzt, die der erfolgreichen Bewältigung karrierebezogener Herausforderungen zuträglich sind, weitgehend unabhängig davon, um welchen speziellen Beruf es geht. Als Beispiele für entsprechende *Meta-Fähigkeiten* wären die Stellensuche, das Engagement bei der Exploration der eigenen Karriere oder die Vorbereitung auf berufliche Übergänge zu nennen. Es kann bei Karriereselbstmanagement sowohl um die Aushandlung geplanter (z.B. Stellensuche) als auch ungeplanter (z.B. Verlust einer Arbeitsstelle) Herausforderungen im Arbeitsleben gehen. Auch in diesem Fall spielen kognitive Vorläufer in Form von Selbstwirksamkeits- und Ergebniserwartungen (z.B. eine optimal passende Arbeitsstelle finden zu können) sowie die Zielformulierung eine vermittelnde Rolle.

Im Einklang mit der Modellvorstellung konnten mehrere Studien feststellen, dass eingeschränkte, auf Karriereentscheidungen bezogene Selbstwirksamkeit tatsächlich

Schwierigkeiten nach sich zieht, sich für einen Karriereweg zu entscheiden (Choi et al. 2012; Lent et al., 2016). Entsprechend tragen auf Stellensuche bezogene Selbstwirksamkeitsüberzeugungen, Ziele sowie das Ausmaß sozialer Unterstützung zur Ingangsetzung tatsächlichen Stellensuchverhaltens bei (Kanfer et al., 2001). Auch bezogen auf Entscheidungssicherheit sowie -angst während der Vorbereitung auf den Ruhestand spielen Selbstwirksamkeitserwartungen eine bedeutende Rolle (Penn, 2019). In derselben Studie erwiesen sich Ergebniserwartungen als prädiktiv für die Setzung des Ziels, sich engagiert mit der Ruhestandsplanung auseinanderzusetzen. Hohe Relevanz gewann die sozial-kognitive Karrieretheorie nachvollziehbarerweise für das Verständnis des Prozesses zwischen Stellenverlust, Beschäftigungslosigkeit und beruflichem Wiedereinstieg (z. B. Thompson et al., 2017).

Nicht wenige Studien im Zusammenhang mit Karriereselbstmanagement weisen auf die Bedeutung zusätzlicher kontextueller und persönlichkeitsbezogener Einflussvariablen (in direkter Form oder als Moderatorvariablen) hin (vgl. Brown & Lent, 2019). Soziale Unterstützung zeigte sich wiederholt als begünstigend für Such- und Entscheidungsverhalten sowie deren kognitive Vorläufer (Selbstwirksamkeits- und Ergebniserwartungen). Zudem wirkt sich Gewissenhaftigkeit als Persönlichkeitsvariable positiv auf die Entwicklung karrieremanagementbezogener Selbstwirksamkeits- und Ergebniserwartungen aus.

Das von den Autoren der SCCT zuletzt aufgenommene Teilmodell des Karriereselbstmanagements stößt eine Tür zu einem sehr weiten Raum von Selbstmanagementverhaltensweisen auf, die sich potenziell zur Integration in die sozial-kognitive Karrieretheorie eignen. Bis zum jetzigen Zeitpunkt beschränkt sich die Ausarbeitung dessen aber v. a. auf die Themen der Karriereexploration und Entscheidungsfindung sowie des Stellensuchverhaltens. In ihrem Einführungsartikel geben Lent und Brown (2013) mit Hilfe einer längeren Liste adaptiver Karriereverhaltensweisen, die sie über mehrere Karrierephasen (orientiert an dem Entwicklungsmodell von Super et al., 1996) organisiert haben, einen Eindruck von der Vielfalt weiterer, denkbarer Themen. Hervorzuheben sind dabei adaptive Verhaltensweisen innerhalb einer Arbeitsstelle (z. B. Sozialisationsprozesse, Redefinition von Arbeitsanforderungen und Schaffung einer individuellen Nische, Umgang mit negativen Ereignissen), bezogen auf berufliche Übergänge (Berufseinstieg nach der Schule, Umgang mit Stellenverlust, Ruhestandsplanung) und die Integration anderer Lebensdomänen ins Arbeitsleben. Hier ließe sich zur Konzeptualisierung auch auf handlungstheoretische Übersetzungen von adaptiven, entwicklungsregulativen Strategien der Selektion (Zielauswahl), Optimierung (Zielverfolgung) und Kompensation (Zielverfolgung auch bei drohenden oder tatsächlichen Einschränkungen oder Problemen) rekurrieren, wie sie von Freund und Baltes (2002) beschrieben wurden. Längsschnittlich konnte gezeigt werden, dass insbesondere der selbstberichtete Einsatz optimierender und kompensatorischer Strategien (d. h. Anstrengung und Persistenz auch in Anbetracht von aufkeimenden Schwierigkeiten oder nach Misserfolgen) in positiver Beziehung u. a. zur Arbeitszufriedenheit und zur berufsbezogenen Entwicklungsbilanz stehen (Wiese et al., 2002). Unsere Einschätzung wäre, dass gerade das Teilmodell des Karriereselbstmanagements in Zukunft noch starke Resonanz in der Forschung finden dürfte, rückt es doch eigenverantwortliche, adaptive Prozesse in der Karrieregestaltung in den Mittelpunkt, die bereits in anderen Modellen eine zentrale Stelle einnahmen, dabei aber weniger differenziert auf die sozial-kognitiven Anpassungsmöglichkeiten eingingen. Zu nennen wäre in diesem Zusammenhang erstens die proteische Karriere (▶ Kap. 1.2), die zwar die *Metakompetenzen* des Identitätsbewusstseins, der Adaptabilität sowie der Handlungsfähigkeit benennt und deren Wichtigkeit für die Initiation von Erneuerungszyklen der individuellen Karriere betont, eine genauere Beschreibung dessen, was diese Kompetenzen ausmacht und wie sie gestärkt werden könnten, aber weitgehend schuldig bleibt. Eine Orientierung an den von der sozial-kognitiven Karrieretheorie postulierten Bestimmungsstücken kann in Zukunft demzufolge einen Beitrag zur weiteren Ausformulierung der proteischen Karriere leisten und v. a. zur Grundlage beraterischer Interventionsmaßnahmen werden. Zweitens bietet Karriereselbstmanagement einen direkten Querverweis zur konstruktivistischen Karrieretheorie und zum Konzept der Karriereadaptabilität im Sinne von Savickas (2013). Nicht zuletzt ist zu erwarten, dass dem Karriereselbstmanagement zukünftig, in Zeiten zunehmender beruflicher Instabilität, besondere Bedeutung zukommt (▶ Kap. 10). Exemplarisch werden wir in ▶ Kap. 7 darauf eingehen, wie Nachwuchswissenschaftler bzw. Nachwuchswissenschaftlerinnen durch proaktives Handeln einem lähmenden Grübeln über die Planungsunsicherheit der wissenschaftlichen Karriere zumindest teilweise entgegenwirken und zugleich ihre Selbstwirksamkeitsüberzeugung, mit aktuellen und zukünftigen beruflichen Herausforderungen erfolgreich umzugehen, stärken können.

3.2.2 Bedeutung personenbezogener und kontextueller Hintergrundvariablen

Wenngleich die sozial-kognitive Karrieretheorie Möglichkeiten der Person zur kognitiven Einflussnahme (auf Ziele, Verhalten und dessen Konsequenzen) ganz klar in den Mittelpunkt stellt, entstehen diese nicht im luftleeren Raum, sondern interagieren mit distalen wie proximalen Personen- und Kontextfaktoren.

Personenfaktoren

Während Personen- (individuelle Fähigkeiten, Werte und Motive) im Zusammenspiel mit Kontextfaktoren für die in ▶ Kap. 2 dargestellten Ansätze eine zentrale Rolle einnehmen, werden sie im sozial-kognitiven Laufbahnmodell eher im Sinne von Hintergrundvariablen verstanden, die ihren Einfluss auf karrierebezogenes Verhalten indirekt, d. h. vermittelt durch Lernerfahrungen und kognitive Variablen entfalten (in ▶ Abb. 3.1 sind diese distalen Personenfaktoren links oben zu finden). Eine spezifische Fähigkeit wirkt als Basis für einschlägige Leistungserfahrungen und nimmt somit die Rolle einer Informationsquelle für die Ausbildung adäquater Selbstwirksamkeitserwartungen ein. Z. B. kann eine mathematisch begabte Person im Zweifel bereits auf Erfolgserlebnisse im Auflösen komplizierter Gleichungen zurückgreifen, die ihre Erfolgszuversicht für zukünftige, ähnliche Herausforderungen steigen lässt. Ebenso können bestimmte Wertvorstellungen Einfluss nehmen auf die Definition individueller Ergebniserwartungen: man denke bspw. an Geschlechterstereotype, die es für manche Frau unattraktiv erscheinen lassen mögen, einen Erfolg in einer nach wie vor als Männerdomäne geltenden Disziplin wie der Informationstechnologie oder Physik anzustreben (vgl. Lewis et al., 2016 sowie ▶ Kap. 5). Eine ungünstige Ergebniserwartung könnte in diesem Fall daraus entstehen, dass sich Vorstellungen von einer Position in der Spitzentechnologie mit der Aktivierung unliebsamer Stereotype verbinden und damit das Zugehörigkeitsgefühl mancher Frau unterminieren. Dieser Gedankengang lässt sich entsprechend auf andere Werte und Bedürfnisse (z. B. die Orientierung an einem möglichst hohen Einkommen oder kreativer Betätigung) übertragen mit der Folge, dass bestimmten Karrierewegen eine sehr individuelle Attraktivität zugeschrieben wird (d. h. die Abwägungen zwischen Ergebniserwartungen von Mensch zu Mensch zu unterschiedlichen Ergebnissen führen).

Hieran ist zu erkennen, dass die sozial-kognitive Karrieretheorie sehr wohl auch mehr oder weniger stabile Personenfaktoren als distale Hintergrundvariablen einbezieht. Gerade in den jüngeren Ergänzungen der Theorie bezüglich Zufriedenheit und Selbstmanagement (Lent, 2004; Lent & Brown, 2013) berücksichtigen die Autoren aber zunehmend auch Persönlichkeitsfaktoren als maßgebliche und proximale Einflussfaktoren auf den Prozess von Zielen über Handlungen bis hin zu Ergebnissen (in ▶ Abb. 3.1 rechts oben zu erkennen). Dabei können proximale Personenfaktoren (wie auch proximale Kontextfaktoren, siehe unten) sowohl direkt auf die Prozessbausteine wirken oder eine Moderatorfunktion erfüllen. Die Verfolgung eines Ziels dürfte bspw. zusätzlich von Faktoren der Organisiertheit und Ausdauer bestimmt sein. Zudem greifen relativ stabile emotionale Charakteristika auf die Bewertung beruflicher Erlebnisse als positiv oder negativ ein und damit sowohl direkt auf das empfundene Ausmaß an Zufriedenheit als auch indirekt über das Ausmaß wahrgenommener Unterstützung bzw. Barrieren auf dem Weg dorthin (Brown & Lent, 2019).

Kontextuelle Einflüsse

Wenngleich karrierebezogenes Handeln in der sozial-kognitiven Karrieretheorie im Kern von kognitiven Variablen determiniert gesehen wird, heißt das nicht, dass das Individuum vollkommen losgelöst von kontextuellen Bedingungen agiert. Die Verfügbarkeit passender offener Stellen, die finanzielle und familiäre Ausgangslage, vorliegende (oder fehlende) Formalqualifikationen, soziale Unterstützungs- und Hemmfaktoren etc. schränken die Handlungsfreiheit zumindest vorübergehend ein. Ähnlich wie im Fall von Personenfaktoren berücksichtigen die Autoren der Theorie kontextuelle Faktoren im Prinzip an zwei Stellen ihrer Modellvorstellung. Erstens werden diese als distale Hintergrundvariablen gesehen (▶ Abb. 3.1, links unten), welche die Möglichkeiten beeinflussen, bei Einstieg in den Prozess spezifische Lernerfahrungen zu machen und, vermittelt über Selbstwirksamkeits- und Ergebniserwartungen, ein entsprechendes Interesse auszubilden. Gemeint sind hiermit bspw. familiär oder kulturell bedingte Sozialisationsprozesse, die die Ausgangslage an Erfahrungen bedingen. An dieser Stelle können u. a. bereits geschlechtsspezifische Unterschiede zum Tragen kommen. Ebenso ist in diesem Zusammenhang die Schichtzugehörigkeit diskutiert worden (Flores et al., 2017). Zweitens weisen Lent et al. (1994) Kontextvariablen sowohl potenziell direkte als auch moderierende Effekte auf die Wahrscheinlichkeit zu, dass aus einem bestimmten Interesse zum Zeitpunkt X auch tatsächlich eine Zielformulierung sowie die Ingangsetzung von Verhalten folgt. Inhaltlich wären hier als Beispiele die Arbeitsmarktsituation oder das Ausmaß sozialer Unterstützung zu nennen. Sich für den Umstieg in den Beruf des Anlagenmechanikers oder der Anlagenlagenmechanikerin für Sanitär-, Heizungs- und Klimatechnik zu engagieren hängt ganz sicher auch von momentanen äußeren Umständen ab wie gerade eine andere Arbeitsstelle verloren zu haben oder gar politischen Umständen (Initiativen zum klimagerechten Umbau von Heizungs- und Photovoltaikanlagen) und ergibt sich nicht losgelöst hiervon aus dem Interesse an Klimatechnik allein. In ▶ Abb. 3.1 sind solche Faktoren als proximale kontextuelle Einflussfaktoren rechts oben berücksichtigt. Überdies erfordern herausfordernde Rahmenbedingungen bisweilen in besonderem Maße die Bereitschaft und Fähigkeit zum selbstinitiierten und persistenten Handeln. So erwiesen sich in einer Studie von Wiese und Heidemeier (2012) zum beruflichen Wiedereinstieg von Frauen nach einer Elternzeit Strategien des Selbstmanagements als besonders wichtig für die erfolgreiche berufliche Reintegration, wenn die Mütter besonders hohen Anforderungen gegenüberstanden (z. B. größere Anzahl von Kindern im Haushalt; ▶ Kap. 9).

3.2.3 Das Modell zur Beruflichen Laufbahnentwicklung nach Abele

Mit ihrem **M**odell zur **Be**ruflichen **La**ufbahnentwicklung (BELA-M) entwirft Abele (2002) einen weiteren integrativen Ansatz zum Verständnis beruflicher Entwicklungsprozesse (▶ Abb. 3.2). Ihr Modell ist in hohem Maße an den Vorstellungen von Lent et al. (1994) orientiert und wird von uns diesem entsprechend zugeordnet. Abele (2002) geht aber insofern darüber hinaus, dass sie die gleichzeitige Betrachtung von Entwicklungsprozessen im privaten Lebensbereich für notwendig erachtet. Weiterhin vertieft sie explizit die besondere Rolle des Geschlechts in der Berufsentwicklung. Entsprechend dieser Ausweitungen und Vertiefungen besteht das Modell aus zwei Teilmodellen, nämlich dem der *Lebensplanung in Beruf und Privatleben* und dem des *doppelten Einflusses von Geschlecht*. Die Autorin möchte ihre Modellvorstellung explizit als eine verstanden wissen, die sich auf die Zeit nach der Berufsausbildung bezieht. In ihrer eigenen empirischen Forschung (vgl. zusammenfassend Abele, 2002, 2003a), die sich, wie sie selbst einschränkend einräumt, ausschließlich mit Akademikerinnen und Akademikern befasst hat, ließen sich viele der postulierten Zusammenhänge bestätigen.

Teilmodell: Lebensplanung in Beruf und Privatleben

In diesem Teilmodell nehmen Selbstwirksamkeits- und Ergebniserwartungen eine zentrale Rolle ein. Dass diese mit Berufserfolg in positiver Beziehung stehen, haben wir bereits in ▶ Kap. 3.2.1 erläutert; auch Abeles Studien zeigen dies (vgl. zusammenfassend Abele, 2002). Was die Ziele betrifft, greift Abele (2002) differenzierter als das Modell von Lent et al. (1994) theoretische Einflüsse aus der Literatur auf. So nimmt sie Bezug auf Lockes und Lathams (1990) Zielsetzungstheorie mit der Annahme der Adaptivität spezifischer und herausfordernder Ziele, aber auch auf eine ursprünglich aus der Pädagogischen Psychologie stammende (Dweck, 1986) und später in der Arbeits- und Organisationspsychologie aufgegriffene (VandeWalle, 1997) Differenzierung zwischen Lern- und Leistungszielen. Erstere werden von ihr mit Blick auf den beruflichen Bereich als *Wachstumsziele* bezeichnet und meinen die Orientierung daran, Neues lernen und sich durch die Arbeit selbst weiterentwickeln zu wollen. Demgegenüber stünden die durch Zweckanreize gespeisten *Leistungs-* bzw. *Karriereziele*, die sich auf monetäre Belohnungen und den vertikalen Aufstieg bezögen. Sowohl Wachstums- als auch Karriereziele erwiesen sich in Abeles (2002) Forschung als prädiktiv für den Berufserfolg. Aufbauend auf allgemeinpsychologischen, handlungstheoretischen Überlegungen (z.B. Gollwitzer, 1991) führt sie weiterhin aus, dass dem Ziel (anders als der bloßen Phantasie) neben dem Wunsch, ein bestimmtes Ergebnis zu erreichen, eine volitionale Qualität inhärent sei, also der Wille, sich für das Ziel einzusetzen. Sichtbar werde dieser Wille dann im tatsächlichen Handeln, welches sich auf konkrete Zielverfolgungsstrategien beziehe. Wichtig ist Abele (2002) in ihrer Modellvorstellung, dass Menschen nicht nur Ziele im beruflichen, sondern auch im nicht-beruflichen Bereich verfolgen (▶ Abb. 3.2). Bei den Handlungsergebnissen unterscheidet Abele (2002) zwischen subjektivem und objektivem Erfolg. Wie Lent et al. (1994) berücksichtigt Abele (2002) Personen- und Umweltfaktoren, die mehr oder weniger eng mit individuellen Erwartungen, Zielen, Handlungen und Handlungsergebnissen assoziiert sind. Die Umwelteinflüsse könnten das Verfolgen bestimmter Ziele begünstigen, aber auch erschweren. Bei den Personenfaktoren differenziert Abele (2002) zwischen soziodemographischen und psychologischen, worunter bspw. Motive, Fähigkeiten, Selbstkonzept, Interessen und Einstellungen fallen. Im Modell mitgedacht sind also auch Interessen, die hier aber eine weniger prominente Position haben als bei Lent et al. (1994).

Teilmodell: Doppelter Einfluss von Geschlecht

Der im Teilmodell der Lebensplanung in Beruf und Privateben bereits enthaltende Faktor *Geschlecht* (▶ Abb. 3.2) wird im Teilmodell des doppelten Einflusses von Geschlecht nochmals sehr viel genauer konzeptualisiert und im Hinblick auf die Bedeutung für die Berufsentwicklung betrachtet. Konkret wird Geschlecht in drei Komponenten zerlegt:

- Geschlecht als *biologisches Merkmal*
- Geschlecht als *soziale Kategorie* (sog. Außenperspektive), bei der die Einordung in Mann oder Frau zugleich weitere Zuschreibungsprozesse aktiviert
- Geschlecht als individuelles, *psychologisches Merkmal* (sog. Innenperspektive) im Sinne des Selbstkonzepts (d. h. maskuline und feminine Selbstzuschreibungen) sowie eigener geschlechtsrollenbezogener Einstellungen und Ziele

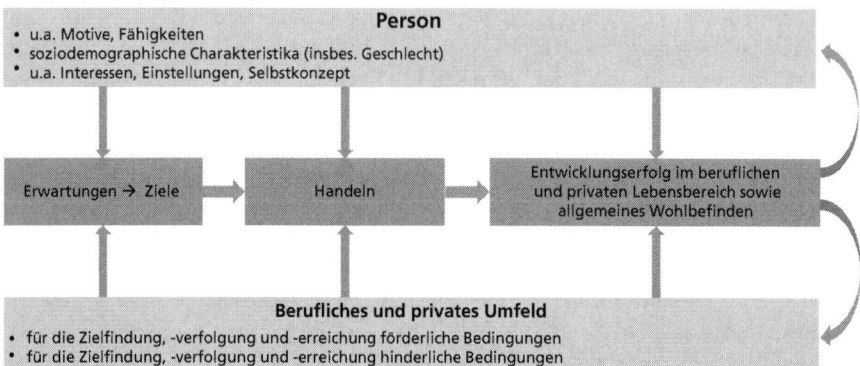

Abb. 3.2: Modell der Lebensplanung in Beruf und Familie (nach Abele, 2002, S. 111).

Der namensgebende *doppelte Einfluss von Geschlecht* meint, »dass Geschlecht sowohl über die Innen- als auch über die Außenperspektive auf berufsbezogene Prozesse einwirkt und dass letztere wiederum Innenperspektive und – in gewissem Grad – Außenperspektive verändern können.« (Abele, 2002, S. 112–113). Mit anderen Worten ist davon auszugehen, dass die geschlechtsbezogenen Rollenerwartungen anderer Menschen einen Einfluss auf unsere Selbstsicht und unser dadurch bestimmtes Handeln ausüben, womit wir die an uns gerichteten geschlechtsbezogenen Erwartungen wiederum bestätigen oder aber – wenn wir von den Erwartungen anderer abweichen – ggf. auch abschwächen (vgl. Abele, 2003a). Mögliche direkte Einflüsse des biologischen Geschlechts auf berufliches Erleben und Verhalten werden von Abele (2002) zwar nicht ausgeschlossen, sie schätzt deren Einfluss aber als vergleichsweise gering ein und beschäftigt sich entsprechend nicht näher mit diesen.

In ihrer empirischen Forschung (vgl. zusammenfassend Abele, 2002) konnte sie für die Innenperspektive von Geschlecht zeigen, dass selbstzugeschriebene *Instrumentalität* (z. B. selbstsicher sein, Druck gut standhalten können) als ein Merkmal, das Maskulinität signalisiert, sowohl subjektiven als auch objektiven Berufserfolg längsschnittlich vorherzusagen vermochte. Zugleich kam es auch zu den von ihr postulierten Rückwirkungen derart, dass der berufliche Erfolg eine Erhöhung der Instrumentalität nach sich zog. Das biologische Geschlecht sagte keine Unterschiede in der Höhe der Instrumentalität vorher, was bereits einen Wandel in den selbstzugeschriebenen Attributen von hochqualifizierten Männern und Frauen andeuten mag. Die Außenperspektive von Geschlecht betreffend interpretiert sie den objektiv weniger erfolgreichen Berufseinstieg von Frauen (insbesondere im Falle der Elternschaft) bei zunächst vergleichbaren beruflichen Zielen in der von ihr untersuchten Personengruppe als einen indirekten Hinweis darauf, dass unterschiedliche Wahrnehmungen von Frauen und Männern im relevanten sozialen Berufskontext stattfänden und darauf aufbauend auch ein unterschiedlicher Umgang mit ihnen. Wichtig sei es allerdings, dezidierter herauszuarbeiten, ob jeweils tatsächliche geschlechtsspezifische Diskriminierungen im Arbeitsleben stattfänden (z. B. im Sinne der Fremdselektion) oder deren Perzeption bzw. subjektive Prognose bestimmte Entwicklungen behindern oder befördern würden (z. B. im Sinne der Selbstselektion; vgl. Abele, 2002). Weiterhin zeigen ihre Daten, dass Frauen sich vor allem in Hinblick auf den objektiven, nicht jedoch subjektiven Berufserfolg von gleichermaßen qualifizierten Männern unterscheiden (vgl. Abele, 2003a). Dies könnte damit zusammenhängen, dass Frauen teilweise andere Erwartungen an das haben, was für sie subjektiv als erstrebenswert gilt, etwa das Erreichen einer Position, die Zeit für die Familie lässt.

3.2.4 Implikationen für die beratende Intervention

Ein in der beruflichen Beratung sinnvolles Einsatzgebiet wäre die Reflexion und Erweiterung von Interessen. Diese sind wohlgemerkt im Verständnis der sozial-kognitiven Karrieretheorie nicht etwa der Ausgangspunkt eines beruflichen Orientierungsprozesses, wie manche Methoden der Bestimmung von Interessen nach Holland (1997), die sich auf vorberufliche Freizeitaktivitäten beziehen, vielleicht suggerieren würden. Vielmehr bestehen Interessen in dem hier besprochenen Ansatz in einer Konsequenz der Elaboration von Lernerfahrungen sowie daraus abgeleiteter Selbstwirksamkeits- und Ergebniserwartungen. Hier böte sich demzufolge der bestmögliche Ansatzpunkt, nämlich gemeinsam mit einer Klientin bzw. einem Klienten zu prüfen, ob bestehende Selbstwirksamkeits- und Ergebniserwartungen möglicherweise nur eingeschränkt angemessen sind. Dies setzt eine Bestandsaufnahme von personenbezogenen (z. B. Bestimmung von Fähigkeiten mittels Testverfahren) und kontextuellen Hintergrundvariablen voraus, um einschätzen zu können, ob in der Vergangenheit nicht fälschlicherweise vermieden wurde, bestimmte, passende Lernerfahrungen zu machen. Eine Person bezieht ihre eingeschränkte Selbstwirksamkeitsüberzeugung nämlich möglicherweise auf Rückmeldungen, die zu einem sehr frühen Zeitpunkt der beruflichen Orientierung eingeholt wurden, in gewisser Weise verzerrt waren und zu voreiligen Festlegungen geführt haben. Ein Beispiel hierfür wäre die nach wie vor zu vermutende Tendenz, bereits während der Schulzeit Belege für Talente und Neigungen zu sammeln, die bestimmten Geschlechterstereotypen folgen. Ebenso ist man in der Berufsberatung nicht selten mit Fällen konfrontiert, in denen bei schwächeren Schülern bzw. Schülerinnen soziale Vergleichsprozesse zu einer ungerechtfertigt niedrigen Selbstsicht genereller Intelligenz beigetragen hat, bei der sehr wohl existierende räumliche oder praktisch-technische Stärken, die aber als solche in der Schule nicht notenrelevant waren, verborgen geblieben sind.

Ein Ansatzpunkt in der beruflichen Beratung könnte sein, neue Lernerfahrungen zu ermöglichen bzw. bislang wenig beachtete Lernerfahrungen in den Blickpunkt zu rücken. Eine auf Leistung bezogene Intervention hat zunächst selbstverständlich zu prüfen, ob eine Person über die nötigen Fähigkeiten verfügt, um sich darauf aufbauend (z. B. durch den Einstieg in eine Weiterbildungsmaßnahme oder durch Konfrontation mit herausfordernden Aufgaben *on the Job*) weiterentwickeln zu können. Bei gegebenen fähigkeitsbezogenen Grundvoraussetzungen kann eine Beratung die Frage klären, ob bestehende Selbstwirksamkeitserwartungen in angemessener Form bestehen. Bei erheblicher Unterschätzung eigener Selbstwirksamkeit kann einem vorschnellen Aufgeben und dem Setzen allzu niedriger Ziele entgegengewirkt werden. Die Analyse bestehender Selbstwirksamkeitserwartungen kann freilich auch zum Ergebnis fehlender Angemessenheit in der entgegengesetzten Richtung führen – bei Überschätzung eigener Wirksamkeit. In diesen Fällen würde es sinnvollerweise zum Inhalt einer Intervention gehören, die Person davor zu bewahren, sich unvorbereitet in allzu hohe Herausforderungen zu stürzen. Bandura (z. B. 1986) hatte bereits postuliert, dass ein solches Maß an Selbstwirksamkeitserwartungen als optimal angesehen werden kann, das das tatsächliche momentane Fähigkeitsniveau leicht übertrifft. Dies bahnt den Weg für ein Wachstum an Aufgaben ansteigenden Schwierigkeitsgrades. Für einen systematischen Aufbau von Selbstwirksamkeitserwartungen bietet sich demzufolge der Einsatz von Lernzyklen steigenden Schwierigkeitsgrades an, so dass sich das Niveau empfundener Selbstwirksamkeit wiederholt an (oder knapp über) dem Level aktueller Leistungserfahrungen ausrichten kann. Dem Berater bzw. der Beraterin fällt hierbei die Rolle zu, den Entwicklungszyklus in Gang zu halten und bei der Interpretation von Leistungserlebnissen (z. B. der adäquaten Ursachenzuschreibung bei von Erfolgen und Misserfolgen) sowie der Anpassung von Selbstwirksamkeitserwartungen und neuer Zielsetzungen zu unterstützen.

Ebenfalls kann eine Unangemessenheit von Ergebniserwartungen eine Person veranlasst haben, für sich auszuschließen, sich einem bestimmten Interessengebiet mit Engagement zu nähern. Auch hierbei ist der Einbezug von Personen- und Kontextvariablen zu empfehlen. So könnte es bspw. sein, dass die für die Verwirklichung eines Interesses wahrgenommenen Barrieren (z. B. schlechte Aussichten am Arbeitsmarkt) überschätzt oder förderliche Faktoren (z. B. Unterstützungsmöglichkeiten, Übereinstimmung bestimmter Tätigkeitsinhalte mit den Motiven und Werten der Person) unterschätzt worden sind. Hierbei ist anzuraten, sich mit aller Aufmerksamkeit landläufigen Vorurteilen bezüglich der Anforderungen bestimmter Tätigkeiten zu widmen. So suggerieren viele Tätigkeitsbeschreibungen in Stellenausschreibungen unzutreffender Weise, eine hohe Affinität zur Arbeit im Team sei eine Grundvoraussetzung für beinahe jede berufliche Option. Gleichermaßen ist die Erwartung weit verbreitet, ein Interesse an betriebswirtschaftlichem Arbeiten und Berufserfolge in diesem Metier seien untrennbar mit Führungsmotivation und -kompetenzen verknüpft. Solche Fälle unangemessener Erwartungen können zur Folge haben, dass Personen einen beruflichen Weg für sich ausschließen, obwohl dieser sehr wohl aussichtsreich wäre.

Wie Lent et al. (2002) anschaulich beschreiben, lassen sich mutmaßlich festgefahrene Überzeugungen bzgl. der Selbstwirksamkeit und der Verknüpfung zwischen Handlung und Erfolg mit Hilfe von Kartensortierübungen aufbrechen. Nachdem der Klient bzw. die Klientin Berufskarten vorsortiert hat in solche, die man wählen würde, nicht wählen würde und solche, bei denen Unsicherheit besteht, wird in Fällen der Ablehnung oder Unsicherheit weiter abgeklopft, inwiefern Selbstwirksamkeitserwartungen (»den Beruf würde ich wählen, wenn ich die entsprechenden Fähigkeiten besitzen würde«) und/oder Ergebniserwartungen (»den Beruf würde ich wählen, wenn er mir offerieren würde, was mir wichtig ist«) in die Wahlentscheidung hineinspielen. In der Folge kann die Angemessenheit dieser Überzeugungen geprüft und gegebenenfalls deren Anpassung in Gang gesetzt werden.

Ein weiterer Ansatzpunkt in der beruflichen Beratung kann sich auf die Reflexion wahrgenommener Hindernisse und Unterstützungsfaktoren beziehen, die potenziell zum Tragen gekommen sind, wenn sich trotz vorhandenen Interesses keine entsprechenden Zielsetzungen und Handlungen angeschlossen haben. Zum einen kann sich eine Intervention zum Ziel setzen, Strategien zum Ausräumen objektiv vorhandener Hindernisse sowie zur Stärkung unterstützender Faktoren zu entwickeln. Die Einordnung von Hemm- und Unterstützungsfaktoren unterliegt zudem häufig recht subjektiven Bewertungsprozessen. Insofern ist eine Reflexion sinnvoll, ob es nicht bspw. auch Barrieren gibt, deren Bedeutung und/oder Auftretenswahrscheinlichkeit von dem Klienten bzw. der Klientin überschätzt werden. Darüber hinaus wird die Bedeutung des sozialen Umfelds von Familie und Bekanntenkreis sowohl als Hemmnis als auch Unterstützungsmöglichkeit regelmäßig unterschätzt. Ein möglicher Ansatzpunkt zum direkten Aufbau von Unterstützungsfaktoren ließe sich beispielsweise aus einer Studie von Ferry et al. (2000) ableiten, in der eine ausgeprägte elterliche Bestärkung bei Psychologiestudierenden, sich vermehrt auf Mathematik und Naturwissenschaften bezogene Lernerfahrungen einzulassen, entsprechend erhöhte Selbstwirksamkeits- und Ergebniserwartungen nach sich zog. Gerade vor dem Hintergrund ungünstiger kontextueller Ausgangspositionen, können die proaktive Überwindung von Hindernissen bzw. unterstützende Maßnahmen sinnvoll sein. Ein recht eindrucksvolles Beispiel legten Chartrand und Rose (1996) für die Karriereberatung straffälliger Frauen vor.

Im Hinblick auf Wahlentscheidungen und Leistung(-ssteigerung) kommt zudem der Art und Weise, wie Ziele ausgearbeitet werden, eine große Bedeutung zu. In den Schriften zur sozial-kognitiven Karrieretheorie – mit Ausnahme der oben beschriebenen Weiterführung durch Abele (2002; vgl. ▶ Kap. 3.2.3) – zwar lediglich vergleichsweise randständig beschrieben (z. B. Lent & Brown, 2008), lassen sich anderweitig ausführlicher dargestellte Strategien (z. B. Locke & Latham, 2002) in eine Intervention einbauen, die sich auf die Formulierung und Verfolgung klarer und kurzfristig erreichbarer, realistischer aber anspruchsvoller, in Unterziele unterteilbarer Ziele beziehen. Gleichzeitig wären auch die Verknüpfungen zu sinnstiftenden, längerfristigen Zielen der Person herzustellen (vgl. McGregor & Little, 1998). Weiterhin postulieren Sheldon und Elliot (1999; Sheldon, 2014) in ihrem auf der Selbstbestimmungstheorie (Deci & Ryan, 2000; Ryan & Deci, 2000; ▶ Kap. 2.2.1) aufbauenden Selbstkonkordanzmodell, das persönliche Ziele, die mit den Interessen, Wünschen und Bedürfnissen einer Person konvergieren, nicht nur eine persistente Zielverfolgung begünstigen, sondern im Falle der Zielerreichung –

vermittelt über positiv bewertete Erfahrungen der Bedürfnisbefriedigung – stärkere Effekte auf das individuelle Wohlbefinden haben. Dies sollte auch auf berufliche Zielsetzungen zutreffen, so dass im Beratungskontext eine entsprechende Auseinandersetzung mit der Übereinstimmung der eigenen Karriereziele mit den eigenen übergreifenden Bestrebungen und Motiven anzuregen ist. Es gibt Hinweise darauf, dass ein zielbezogenes Karrierecoaching bei den Coachees tatsächlich zu einer signifikanten Erhöhung der Selbstkonkordanz beitragen kann (Burke & Linley, 2007).

Bisweilen kann es bei ausbleibendem zielführenden Handeln auch hilfreich sein, sich näher damit zu beschäftigen, ob der Klient bzw. die Klientin möglicherweise nicht ausreichend zwischen positiven beruflichen Phantasien auf der einen Seite und konstruktiven und machbaren Zielen auf der anderen Seite unterscheidet. Ein hier nützlicher Ansatz ist jener der *mentalen Kontrastierung* einer erwünschten Zukunft mit der gegenwärtigen Realität, wie ihn Oettingen (2014) vorgeschlagen und in zahlreichen Anwendungsgebieten erprobt hat. Werden die Hindernisse und Hürden der aktuellen beruflichen Realität durch den Klienten bzw. die Klientin als bewältigbar eingestuft, ist zu erwarten, dass er bzw. sie sich nun tatsächlich dem zielbezogenen Handeln zuwendet. Werden die Hindernisse in Einzelfällen als unüberwindbar bewertet und lassen sich auch durch unterstützende Beratung keine Wege der Zielerreichung eruieren, so kann immerhin ein Startpunkt für eine Konstruktion alternativer Karriere- und Lebensziele identifiziert werden.

Auch vonseiten des Beraters bzw. der Beraterin gilt es darauf zu achten, sich nicht von simplifizierenden Glaubenssätzen leiten zu lassen (z. B. »in einer egalitären Welt haben alle Frauen ein ähnlich hohes technisches Interesse wie Männer«), sondern vielmehr einen individuellen diagnostischen Prozess anzustoßen, der etwaige Diskrepanzen zwischen den eigenen Fähigkeiten und Motiven/Werten einerseits und den anfänglich geäußerten Interessen andererseits aufzudecken vermag (oder eben auch zum Ergebnis kommen kann, dass im individuellen Fall keine solche Diskrepanz vorliegt). Hier eröffnet sich ein wichtiges Betätigungsfeld für Psychologinnen und Psychologen, die sich mit der Diagnostik von Fähigkeiten und Bedürfnissen mittels psychometrischer Testverfahren sowie der Aufdeckung etwaiger Verzerrungen in der kognitiven Verarbeitung existierender Informationsquellen bestens auskennen. Optimaler Weise lässt man also in einer solchen Intervention die Erkenntnisse aus dem Forschungsstrang der Passung zwischen persönlichen Fähigkeiten/Motiven und Karriereoptionen (▶ Kap. 2) zusammenfließen mit jenen sozial-kognitiven Aspekten des vorliegenden Kapitels. Besondere Relevanz besitzt eine entsprechende Vorgehensweise bei der Begleitung beruflicher Übergänge, wenn alternative, selbstwirksamkeitsaufbauende Erfahrungen rar sind, eine berufliche Weichenstellung aber erforderlich ist, bspw. bei der Berufswahl im Jugendalter (▶ Kap. 4), der Studienfachwahl (▶ Kap. 5) sowie der beruflichen Rehabilitation.

Teil II Berufs- und Organisationseinstieg

4 Berufswahl im Jugendalter

Die Berufswahl gehört zu den zentralen Entwicklungsaufgaben des Jugendalters (Dreher & Dreher, 1985). Grundsätzlich kommt Entwicklungsaufgaben eine orientierende und motivationale Funktion zu (Brandtstädter, 1998). Auf Seiten des Einzelnen werden Entwicklungsaufgaben mehr oder weniger deutlich in persönliche Entwicklungsziele übersetzt. Tatsächlich findet sich in den Zielen von Jugendlichen und jungen Erwachsenen ein substanzieller Anteil von solchen mit beruflicher Ausrichtung (z. B. Salmela-Aro et al., 2007), und eine wachsende berufliche Zielklarheit sagt zugleich das Wohlbefinden in dieser Altersgruppe vorher (z. B. Freund et al., 2013).

Je größer das Spektrum der Berufe, die über individuell erworbene Qualifikationen erreichbar werden, desto relevanter sind persönliche Zielsetzungs- und Planungsprozesse (Fend, 1991). Berufliche Zielklarheit zu gewinnen, ist dabei ein erster wichtiger Schritt. Im Sinne des relevanten Entwicklungshandelns des Jugendlichen spiegelt sich – so unsere Annahme – die angemessene Berufsvorbereitung insbesondere in explorierendem Verhalten wider (vgl. auch Kracke, 2004). Entsprechend legen wir den Fokus des vorliegenden Kapitels auf diesen Verhaltensbereich.

4.1 Definition und Komponenten der beruflichen Exploration im Jugendalter

Berufliche Exploration bezieht sich zum einen auf die eigene Person und meint dann die Erkundung der eigenen berufsrelevanten Interessen und Fähigkeiten. Zum anderen geht es um das Kennenlernen verschiedener beruflicher Optionen. Im weiteren Sinne kann auch das Erkunden der anschließend einzusetzenden Strategien zur erfolgreichen beruflichen Zielverfolgung unter den Explorationsbegriff gefasst werden. Analog dazu lassen sich laufbahnbezogene Beratungen als Unterstützung beim Erwerb von Kenntnissen über die eigene Person (z. B. Interessen, Werte, Fähigkeiten), über die Arbeitswelt (z. B. Berufsfelder, bereichsspezifische Aufstiegsmöglichkeiten) und über laufbahnbezogenes Verhalten (z. B. Vorgehen bei der Informationssuche und Bewerbung) verstehen (vgl. Vincent & Bamberg, 2012).

Das Ausmaß der Exploration hängt typischerweise mit der Phase zusammen, in der sich Jugendliche auf der institutionellen Bildungsebene befinden. Diese bestimmt maßgeblich mit, wie aktuell bzw. drängend sich die Entwicklungsaufgabe der Berufswahl stellt. Bei Realschülern bzw. Realschülerinnen ist das Explorationsverhalten z. B. in der 9. Klasse höher als bei Gleichaltrigen am Gymnasium, für die der Schulabschluss zeitlich noch weiter entfernt ist (Kracke, 2001). Unmittelbar nach einer erfolgten Transition in eine nächste Ausbildungsphase fällt das Explorationsverhalten wiederum niedriger aus, wie Daten von Studienanfängern bzw. Studienanfängerinnen zeigen (vgl. Kracke, 2004). Anders ausgedrückt: Informationssuche über berufliche Möglichkeiten scheint im Vorfeld ausstehender Übergänge intensiviert (z. B. Noack et al., 2010), nach vollzogenem Übergang aber (erst einmal) wieder zurückgenommen zu werden. Zudem berichtet Kracke (2001) von Schereneffekten: Schüler bzw. Schülerinnen, denen es gegen Ende der Schulzeit schwerfiel, sich mit berufsbezogenen Fragen auseinanderzusetzen, explorierten zusehends weniger. Hingegen intensivierten jene Jugendlichen, die bereits früh Klarheit über ihre Wünsche und Möglichkeiten gewonnen hatten, ihre berufliche Informationssuche über die Zeit sogar noch.

Mit Blick auf die Konsequenzen der beruflichen Exploration lässt sich feststellen: Je intensiver Schüler bzw. Schülerinnen explorieren, umso stärker ist ihre subjektive Sicherheit bei der Berufswahlentscheidung (Hirschi et al., 2011) und desto eher finden sie einen passenden Ausbildungsplatz (Kracke, 2001). Auch Neuenschwander (2008) konnte zeigen, dass eine intensive Exploration vorhersagte, dass Jugendliche sich nachfolgend in einer für sie selbst subjektiv passenden Anschlusslösung (Ausbildungsplatz, weiterführende Schule etc.) wiederfanden. Für Studienanfänger bzw. Studienanfängerinnen ergab sich, dass insbesondere eine hochschwellige Informationssuche vor Studienbeginn (z. B. Gespräche mit Dozierenden) mit einem stärkeren Fit zwischen gewählter Studienrichtung und den eigenen Interessen bzw. Fähigkeiten einherging (vgl. Kracke, 2004).

4.2 Theoretische Verortung von Berufswahl und berufsbezogener Exploration

Nachfolgend werden die drei bekanntesten theoretischen Ansätze der fürs Jugendalter bedeutsamen Forschung zur Berufswahl und -entwicklung skizziert, nämlich die differentialpsychologische Berufswahltheorie von Holland (1973, 1997) und die stärker entwicklungspsychologisch ausgerichteten Modellvorstellungen von Super (1957, Super et al., 1996) und Lent et al. (1994). Dabei wird herausgearbeitet, wie dort jeweils das aktive Explorationsverhalten der Jugendlichen einzuordnen ist.

4.2.1 Berufsfindung im differentialpsychologischen Matching-Ansatz

Der differentialpsychologische Matching-Ansatz der Berufswahl basiert auf den Annahmen, dass erstens jeder bzw. jede für eine bestimmte Gruppe von Berufen aufgrund seiner bzw. ihrer spezifischen Interessen und Fähigkeiten besser geeignet ist als für andere Berufe und dass zweitens eine gute Passung zwischen persönlichen und beruflichen Merkmalen anzustreben ist. Die zentrale differentialpsychologische Berufswahltheorie stammt von Holland (1973, 1997). Er ging von sechs grundlegenden Verhaltensorientierungen (sog. RIASEC-Dimensionen) aus, die neben Interessen auch entsprechende Fähigkeiten abdecken, aber in der Literatur zumeist kurz zusammengefasst als Interessen bezeichnet werden. Aufgrund ihrer vermuteten gegenseitigen Nähe und Ferne und deren typischer graphischer Visualisierung, spricht man auch vom Hexagon-Modell (vgl. ▶ Abb. 4.1). Als Kurzcharakterisierungen der sechs beruflichen Orientierungen kann Folgendes angeführt werden:

- **R**ealistic (praktisch-technische Orientierung): Vorliebe für Tätigkeiten, die Handgeschicklichkeit und/oder technische Lösungen erfordern und zu konkreten bzw. sichtbaren Ergebnissen führen
- **I**nvestigative (intellektuell-forschende Orientierung): Vorliebe für Aktivitäten, bei denen Aufgaben bzw. Probleme systematisch beobachtet und durchdacht werden
- **A**rtistic (künstlerisch-sprachliche Orientierung): Vorliebe für offene und unstrukturierte Aktivitäten, die einen gestalterischen Selbstausdruck ermöglichen
- **S**ocial (soziale Orientierung): Vorliebe für Tätigkeiten, die einen direkten und unterstützenden Umgang mit anderen Menschen erlauben
- **E**nterprising (unternehmerische Orientierung): Vorliebe für Tätigkeiten, in denen andere geführt und so beeinflusst werden können, dass die eigenen Ideen zu (auch wirtschaftlichem) Erfolg führen
- **C**onventional (konventionelle Orientierung): Vorliebe für regelkonforme, verwaltende und ordnende Tätigkeiten

In den Ausprägungen dieser inhaltlichen Interessensbereiche wurden vielfach Geschlechterunterschiede festgestellt. Meta-analytisch zeigten Su et al. (2009), dass männliche Befragte stärkere realistische ($d = 0.84$) und investigative ($d = 0.26$), aber geringere soziale ($d = -0.68$) und künstlerische ($d = -0.35$) Interessen angaben als weibliche Befragte. Lediglich der Geschlechterunterschied in den unternehmerischen Interessen fiel uneindeutiger aus. Die Unterschiede in den realistischen und sozialen Interessen konvergieren mit Geschlechterdifferenzen in der auf Prediger (1982) zurückgehenden *Menschen-Dinge*-Dimension (d. h., Interesse am Umgang mit unbelebten Objekten versus Interesse am Umgang mit Menschen; $d = .93$; Su et al., 2009).

Den individuellen Interessensbereichen stehen in Hollands (1973, 1997) Berufswahlmodell auf Seiten der Umwelt gleichnamige Berufsfelder gegenüber. Zur praktisch-technischen Orientierung passen theoriekonform Tätigkeiten in Handwerk und Technik oder auch im landwirtschaftlichen Bereich. Der intellektuell-

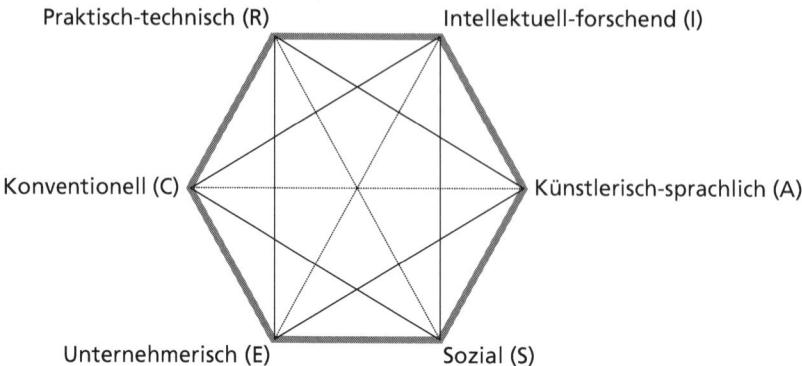

Abb. 4.1: Hexagon-Modell der beruflichen Orientierungen nach Holland (1973, 1997).

forschenden Orientierung entsprechen Berufe mit (natur-)wissenschaftlichen Anforderungen. Personen mit künstlerisch-sprachlicher Orientierung werden von Berufen mit künstlerischen bzw. kunsthandwerklichen Bestandteilen angesprochen. Die soziale Orientierung hat ihre Entsprechung in sozialen, erzieherischen und pflegenden Berufen. Die unternehmerische Orientierung ist mit leitenden Positionen im Management assoziiert, die ordnend-verwaltende Orientierung hingegen mit buchhalterischen und administrativen Tätigkeiten.

Typischerweise sind weder Personen in ihren Berufsinteressen noch Berufe in ihren Anforderungen mit nur einer Dimension erschöpfend beschrieben. Im Rahmen der berufsbezogenen Interessensdiagnostik– etwa auf Grundlage des *EXPLORIX* (Jörin et al., 2003; für weitere Instrumente zur Interessenserfassung vgl. Proyer, 2008) – werden persönliche Interessensprofile ermittelt. Eine auf internationaler Ebene vielbeachtete Quelle ist zudem das *Occupational Information Network* (O*NET; https://www.onetonline.org), das ebenfalls eine Reihe von Werkzeugen zur Ausrichtung der Berufswahl auf Interessen im Sinne des RIASEC-Modells zur Verfügung stellt. In der Beratungspraxis dienen die drei stärksten Interessensausprägungen (sog. Drei-Buchstaben-Code) als Grundlage für eine Suche nach passenden Tätigkeitsfeldern in einem umfassenden Berufsregister. Darin sind diese ebenfalls mit für sie charakteristischen Buchstabenkombinationen gelistet. Um ein Beispiel zu nennen, wird dort das Studium der Psychologie mit der Kombination ISA (in absteigender Wichtigkeit, also intellektuell-forschend, sozial, künstlerisch-sprachlich) gekennzeichnet. Auf diese Weise werden in der Anwendung des EXPLORIX Selbst- und Berufsexploration miteinander verknüpft.

Die beruflichen Interessensprofile werden in Forschung und Beratung überdies hinsichtlich ihrer Differenziertheit beurteilt. Ein Interessensprofil gilt als umso differenzierter, je klarere Spitzen es aufweist. Solch ein Profil stellt in der Regel eine vorteilhafte Ausgangssituation für eine gezielte, nachfolgende Berufsfeldexploration dar, während bei flachen Profilen eher eine weitere Selbstexploration angeraten sein kann. Bemerkenswert sind in diesem Zusammenhang Befunde von Vock et al. (2013) zur Profildifferenzierung bei unterschiedlichen Abiturientengruppen. Hochbegabte männliche Jugendliche wiesen hohe Werte in investigativen und realistischen Interessen und niedrige Werte im sozialen Berufsinteressenbereich auf, während hochbegabte Mädchen ein eher breiteres Interessensprofil hatten. Weniger intellektuell herausragende Mädchen zeichneten sich durch ein Profil aus, welches sich spiegelbildlich zu dem der hochbegabten Jungen darstellte, nämlich mit hoher sozialer und geringer praktisch-technischer Orientierung. Vock et al. (2013) vermuten, dass intellektuell begabte Mädchen von Beratungsprogrammen profitieren könnten, die ihnen helfen, ihr Interessenprofil zu schärfen und herauszufinden, welche Tätigkeiten sie – auch unabhängig von den gesellschaftlichen Rollenerwartungen an Frauen, denen auch diese Mädchen ausgesetzt sind – gerne beruflich ausüben möchten.

Die zentrale Kongruenzhypothese des Matching-Ansatzes, dass eine Übereinstimmung zwischen Interessen und Tätigkeitsanforderungen mit besseren beruflichen Leistungen, größerer Berufswahlstabilität und höherer Arbeitszufriedenheit einhergeht, wurde wiederholt geprüft. In einer Meta-Analyse von Nye (2017) bestätigte sich der positive Zusammenhang zwischen Interessenskongruenz und Leistungskriterien. In einer älteren Meta-Analyse von Assouline und Meir (1987) wurde neben Leistung und Stabilität auch die berufliche Zufriedenheit betrachtet. Es zeigten sich zwar im Mittel positive Zusammenhänge mit allen drei Aspekten, allerdings verfehlte die Zufriedenheit in der meta-analytischen Betrachtung die statistische Signifikanzgrenze.

Eine maßgebliche Kritik an dem hier vorgestellten Modell betrifft die statische Passungskonzeption, da sowohl Berufe als auch Personen Entwicklungen durchlaufen. Zu bedenken ist weiterhin, dass auf der praktischen Seite die jeweilige Arbeitsmarktsituation sowie formale Anforderungen an den Eintritt in spezifische Ausbildungswege und Tätigkeitsbereiche der Fit-Maximierung gewisse Grenzen setzen. Angemessener scheint es daher zu sein, davon auszugehen, dass eine berufliche Person-Umwelt-Passung angestrebt, jedoch gegebenenfalls nur teilweise oder zeitweise erreicht wird, was Neuanpassungen erforderlich machen kann (vgl. Neuenschwander, 2008). Für eine weitere, über die Berufswahl im Jugendalter hinausgehende Auseinandersetzung mit dem RIASEC-Modell im Zusammenhang mit der Konzeption der Person-Beruf-Passung (Person-Vocation Fit) sei auf ▶ Kap. 2.1.1 verwiesen.

4.2.2 Berufsfindung als Gegenstand einer langfristig angelegten Laufbahntheorie

Ein besonders geeigneter theoretischer Rahmen für die Verortung der berufsbezogenen Exploration stellt der Berufsentwicklungsansatz von Super (1957, Super et al., 1996) dar. Auch Super (1953) ging in einem durchaus differentialpsychologischen Sinne (s. o.) davon aus, dass sich Personen in ihren Präferenzen und Fähigkeiten unterscheiden und entsprechend dieser Merkmale für eine Reihe von Berufen bzw. Tätigkeitsfeldern besonders geeignet sind. Zugleich nahm er aber aus einer entwicklungspsychologischen Perspektive heraus an, dass sich spezifische berufliche Präferenzen und Fähigkeiten erst im Entwicklungsprozess herausbilden und durch die Erfahrungen, die Personen im Laufe der Zeit machen, verändern (vgl. zusammenfassend Kracke, 2004). Theoretisch umklammert diese Sicht den oben beschriebenen Matching-Ansatz von Holland (1973, 1997) und den stark auf Lernprozesse fokussierenden sozial-kognitiven Ansatz von Lent et al. (1994), dem wir uns in ▶ Kap. 4.2.3 widmen.

Die berufliche Entwicklung betrachtet Super (1957, Super et al., 1996) als (fast) lebenslangen Prozess, in dessen Rahmen Personen danach streben, ihr Selbstkonzept zu realisieren. Da der berufliche Bereich überdies mit anderen Lebensbereichen in Beziehung steht, was Super et al. (1996) ebenfalls berücksichtigen, sprechen sie von einer *Life-span, Life-space*-Theorie. In einer ersten Lebenslaufnäherung wird der berufliche Entwicklungsprozess in fünf Stadien aufgeteilt, nämlich Wachstum (4–13 Jahre), Exploration (14–24 Jahre), Festlegung (25–44 Jahre), Festigung und Erhalt (45–64 Jahre) sowie Abbau (ab Mitte 60 Jahre). Zugleich werden Wachstum, Exploration und Etablierung als wiederkehrende Herausforderungen beschrieben, denen wir immer dann begegnen, wenn berufsbezogene Veränderungen und Entscheidungen anstehen (z. B. Super et al., 1996). Nichtsdestotrotz gilt, dass sich in einem altersgradierten Lebenslauf die Berufsfindung bzw. die auf sie bezogene Exploration als zentrale Aufgabe des Jugendalters bzw. des frühen Erwachsenenalters stellt. Im Prozess der Berufsfindung wird zwischen Phasen der Kristallisation eines beruflichen Selbstkonzepts hinsichtlich eigener Präferenzen, der Spezifizierung auf Basis einer vertieften Exploration beruflicher Möglichkeiten und der Implementation als der eigentlichen Realisierung der Berufsentscheidung unterschieden (vgl. Rübner & Höft, 2019).

Berufswahlbereitschaft

Im Zusammenhang mit der erstmaligen Berufsfindung im Jugendalter hat Super (1955) das Konzept der Berufswahlreife (»vocational maturity«) in die Literatur eingeführt. Abgebildet wird damit, inwiefern sich junge Menschen tatsächlich angemessen mit der Entwicklungsaufgabe der Berufsfindung auseinandersetzen. Mittlerweile wird in der Literatur eher der Begriff der Berufswahlbereitschaft (in der pädagogischen Literatur auch jener der Berufswahlkompetenz) verwandt, um eine Assoziation mit biologischen Reifungsmodellen sowie einer rein lebensaltersbedingten Entwicklung zu vermeiden (z. B. Hirschi, 2008b; Schneider, 1984; vgl. Höft & Rübner, 2019).

Einen alternativen Zugang bietet Savickas (2005) in seinem karriereverlaufsüberspannenden Modell der beruflichen Anpassungsfähigkeit (sog. »Career Adaptability«) an. Er schlägt vier Dimensionen vor, die sich – wie von Hirschi (2008b) treffend herausgearbeitet – insbesondere auch zur Konzeptualisierung der Berufswahlbereitschaft im Jugendalter eignen. Diese nennt er (2005) »Career Concern«, »Career Control«, »Career Confidence« und »Career Curiosity«. »Career Concern« meint, ein Problembewusstsein für berufliche Entscheidungen zu haben und der eigenen beruflichen Zukunft engagiert und nicht gleichgültig zu begegnen. »Career Control« bezeichnet das persönliche Kontrollerleben und die Verantwortungsübernahme für berufliche Entscheidungen. »Career Confidence« bezieht sich auf das Zutrauen in die eigenen Fähigkeiten, passende Entscheidungen zu treffen und berufliche Ziele erfolgreich zu verfolgen. »Career Curiosity« bezeichnet die Neugier beim Erkunden beruflicher Möglichkeiten und der eigenen beruflichen Interessen und Vorstellungen.

Es ließ sich zeigen, dass Berufswahlbereitschaft am Ende der Schulzeit mit einer höheren Berufswahlzufriedenheit (Seifert & Eder, 1991), stärkeren Bewerbungsaktivitäten (Seifert, 1983), einer höheren Wahrscheinlichkeit eine (interessenskongruente) Ausbildungsstelle zu finden (Hirschi & Werlen Lutz, 2007, zitiert nach Hirschi, 2008b) sowie – im Falle des Übertritts an die Universität – höherer Zufriedenheit im Studium (Bergmann, 1993; Seifert, 1993) zusammenhängt. In einer Evaluation eines Gruppentrainings von Hirschi und Läge (2008) mit Schülern und Schülerinnen im Alter zwischen 12 und 16 Jahren erwies sich die Berufswahlbereitschaft als nachhaltig förderbar, insbesondere trug die Intervention zu einer Erhöhung beruflichen Explorationsverhaltens bei (für Ergebnisse eines Trainings zur Förderung der Berufswahlreife kurz vor bzw. nach dem Masterabschluss ▶ Kap. 5).

4.2.3 Berufsfindung als sozial-kognitive Herausforderung

Im Zentrum der sozial-kognitiven Karrieretheorie (Lent et al., 1994; ▶ Kap. 3.2) stehen auf der Prozessebene für die Berufsentwicklung relevante Lernerfahrungen und deren selbstbezogene kognitive Bewertung. Die Theorie umfasst ursprünglich drei ineinandergreifende Prozessmodelle, welche die Entwicklung von beruflichen Interessen, Berufswahlentscheidungen und Bedingungsfaktoren der Berufsleistung betreffen. Später ist dann noch ein Modell zur Vorhersage von Wohlbefinden hinzugekommen (Lent, 2004). Aufbauend auf Banduras (1986) übergeordneter sozialkognitiver Theorie spielen in allen Untermodellen auf konzeptueller Ebene berufliche Selbstwirksamkeitsüberzeugungen (d. h., die Person traut sich selbst die Bewältigung karrierebezogener Anforderungen zu), Ergebniserwartungen (d. h., die Person erwartet, dass ein bestimmtes Verhalten zu den gewünschten Resultaten führt) und persönliche Ziele eine bedeutsame Rolle (vgl. zusammenfassend Hirschi, 2008a). Gleichzeitig werden durchgehend Umwelteinflüsse postuliert.

So betrachten Lent et al. (1994) in ihrem für das vorliegende Kapitel besonders relevanten Berufswahlmodell die Entwicklung von Berufszielen und schließlich die Berufswahl(-aktivitäten) in Abhängigkeit von sich über die Zeit durch Lernerfahrungen herausbildendenden Selbstwirksamkeitsüberzeugungen, Ergebniserwartungen und beruflichen Interessen. Nach erfolgter Wahl kommt es dieser Vorstellung folgend im Berufs- bzw. Ausbildungsalltag zu Erfahrungen, welche wiederum verarbeitet werden und zu neuen Zyklen von Berufswahl- bzw. Berufsveränderungsentscheidungen führen können. Umweltaspekte (z. B. soziale Barrieren, Opportunitätsstrukturen, Unterstützung durch Familie und Schule) spielen zum einen eine Rolle als Faktoren, welche mögliche Lernerfahrungen mitbestimmen, zum anderen als direkte Einflüsse auf Berufsziele und Berufswahlaktivitäten sowie als Moderatoren, welche die Beziehung zwischen Interessen und Zielen bzw. Zielen und Berufswahlaktivitäten zu schwächen oder aber zu stärken vermögen.

Bemerkenswert ist, dass Lent et al. (1994, S. 93) explizit von »Choice Actions« sprechen, was unseres Erachtens begrifflich durchaus mehr meint als den Moment der Berufswahlentscheidung, aber häufig schlicht mit (Berufs-)Wahl übersetzt wird (Rübner & Höft, 2019). Tatsächlich lassen sich darunter auch Aktivitäten fassen, die auf die konkrete Entscheidung vorbereiten, was auf das von uns in diesem Kapitel fokussierte Explorationsverhalten zutrifft. Eine Reihe von Autoren bzw. Autorinnen haben mit Rekurs auf die Theorie von Lent et al. (1994) Selbstwirksamkeitsüberzeugungen und Ergebniserwartungen erfolgreich zur Vorhersage von Exploration(-sintentionen) genutzt (z. B. Betz & Voyten, 1997; Ochs & Roessler, 2004; Struck, 2016).

4.3 Einbettung von Berufswahlentscheidungen in den sozialen Kontext

Jugendliche sind in ihrer Entwicklung in verschiedene Sozialsysteme (z. B. Familie, Schule, Freundeskreis) eingebettet. Diese können auf die Berufswahlprozesse Einfluss nehmen. Tynkkynen et al. (2010) baten Jugendliche in Finnland mit Blick auf ihre beruflichen Ziele anzugeben, von welchen drei Personen sie diesbezüglich die meiste Unterstützung erfahren. Eine Kategorisierung ließ erkennen, dass dies im 9. Schuljahr vor allem Mutter (84 %) und Vater (54 %) waren. Dahinter trat die Bedeutung von Geschwistern (20 %), anderen Verwandten (14 %), Freunden bzw. Freundinnen (41 %), Partnern bzw. Partnerinnen (7 %) sowie Lehrkräften und professionellen Berater bzw. Beraterinnen (10 %) deutlich zurück. Wiederholungsbefragungen, die ein bzw. viereinhalb Jahre später stattfanden, bestätigten die nachhaltig große Bedeutung der Eltern als berufsbezogene Unterstützungsquelle. Basierend auf Daten des Nationalen Bildungspanels (NEPS) hat damit übereinstimmend Beierle (2013) ebenfalls herausgearbeitet, dass Jugendliche in Deutschland ihre Eltern als wichtigste Informations- und Unterstützungsquelle bei der Berufswahl einstufen.

4.3.1 Einflüsse der Eltern auf das berufliche Explorationsverhalten von Jugendlichen

Das Elternhaus ist in vielfältiger Weise für die Berufswahl der Kinder bedeutsam. So bestimmt das sozioökonomische Niveau des Elternhauses mit, welche Schulform besucht und ob ein akademischer Weg eingeschlagen wird (z. B. Schnabel et al., 2002). Ein berufsrelevanter Sozialisationseinfluss der Eltern ergibt sich über ihre Funktion als Rollenmodelle u. a. hinsichtlich einer aktiven und eigenverantwortlichen Lebensgestaltung (vgl. Neuenschwander, 2008) sowie bezüglich des (geschlechtsspezifischen) Umfangs der Erwerbsbeteiligung in unterschiedlichen Lebensphasen (z. B. Wiese & Freund, 2011). Teilweise sind auch erbliche Grundlagen in kognitiven Fähigkeiten und Persönlichkeit zu beachten (Plomin, 1986), die prinzipiell ebenfalls auf die Berufsentwicklung einwirken.

In einer Studie mit Hauptschülern bzw. Hauptschülerinnen von Kohlrausch und Solga (2012) zeigte sich, dass diese sich stärker mit den Anforderungen der Berufswelt und ihren eigenen beruflichen Wünschen auseinandersetzten, wenn mindestens ein Elternteil eine abgeschlossene Berufsausbildung hatte. Aus pädagogisch-psychologischer Sicht kommt einem kindzentrierten und von Wärme gekennzeichneten elterlichen Verhalten eine förderliche Rolle für die berufliche Exploration im Jugendalter zu (z. B. Noack et al., 2010; Kracke, 2002). Auch eine als sicher erlebte Bindung zu den Eltern steht in positiver Beziehung zur Intensität beruflicher Exploration von Jugendlichen (z. B. Vignoli et al., 2005). Überdies ergab eine Studie von Guay et al. (2003) einen positiven Zusammenhang zwischen einem zugewandten und autonomiefördernden Erziehungsverhalten und einem intrinsisch motivierten berufsvorbereitenden Handeln (inkl. Exploration) der Jugendlichen.

Eltern können ihre Kinder in der beruflichen Entscheidungsfindung aber auch ganz konkret unterstützen (z. B. Dietrich & Kracke, 2009; Parola & Marcionetti, 2022). Dietrich und Kracke (2009) postulieren mit Blick auf die Berufsfindung drei Dimensionen des elterlichen (Nicht-)Verhaltens:

1. **Unterstützung (»support«):** Die Eltern ermutigen den Jugendlichen bzw. die Jugendliche, eigene Interessen und berufliche Optionen zu explorieren, lassen ihn bzw. sie eigene Entscheidungen treffen, bieten aber informationale und instrumentelle Unterstützung (z. B. Hilfe beim Verfassen einer Bewerbung), sofern gewünscht.
2. **Kontrollierende Einmischung (»interference«):** Die Eltern drängen dem bzw. der Jugendlichen ihre Ideen auf, ohne die Wünsche und Bedürfnisse des Kindes zu berücksichtigen.
3. **Fehlende Beteiligung (»lack of engagement«):** Die Eltern nehmen gar nicht am beruflichen Entwicklungsprozess des Kindes teil (sei es aus Desinteresse oder infolge von Überforderung).

In Beziehung gesetzt zum Ausmaß der beruflichen Exploration sowie zu Entscheidungsschwierigkeiten fanden Dietrich und Kracke (2009), dass die elterliche Unterstützung mit stärkerer beruflicher Exploration der Jugendlichen einherging, während Einmischung und ein fehlendes Engagement der Eltern mit größeren Entscheidungsschwierigkeiten assoziiert waren. In ähnlicher Weise zeigten auch Parola und Marcionetti (2022) für Schüler bzw. Schülerinnen und Studierende, dass die subjektiv erlebte elterliche Unterstützung mit geringeren Schwierigkeiten der beruflichen Entscheidungsfindung zusammenhing. Elterliche Einmischung sowie ein Fehlen elterlichen Engagements standen hingegen in Beziehung zu mehr Schwierigkeiten bei der Entscheidungsfindung. Neuenschwander (2008) verknüpfte längsschnittlich den vorherrschenden Erziehungsstil mit der konkreten elterlichen Förderung von beruflicher Exploration. Er fand positive Zusammenhänge im Falle eines autonomieorientiert-anregendem Erziehungsstils. Die konkrete berufswahlbezogene Ermutigung und Unterstützung (z. B Tipps zum Vorgehen bei der Ausbildungsplatzsuche) förderte ihrerseits die berufliche Selbst- und Umweltexploration der Kinder.

4.3.2 Unterstützung der beruflichen Exploration durch weitere Akteure bzw. Akteurinnen des unmittelbaren Umfeldes

Auch wenn wir in diesem Kapitel die förderliche (und teilweise auch hinderliche) Rolle des Elternhauses für die berufliche Exploration im Jugendalter in den Vordergrund gestellt haben, sollen andere Unterstützungsquellen des sozialen Umfeldes nicht unerwähnt bleiben. Querschnittlich ermittelten Hirschi et al. (2011), dass neben dem unterstützenden Verhalten durch die Eltern u. a. auch die durch Freunde und Lehrkräfte erfahrene soziale Unterstützung in positiver Beziehung zur beruflichen Selbst- und Umweltexploration stehen. Kracke (2002) fand, dass berufsbezogene Gespräche mit den Peers eine verstärkte berufliche Exploration noch ein halbes Jahr später vorherzusagen vermochten. Im Schulbereich werden darüber hinaus bereits seit längerem berufsexplorierende Aktivitäten durch Unterrichtseinheiten und Praktika explizit curricular verankert.

4.4 Fazit

Für das Jugendalter relevante Theorien der Berufswahl bzw. -entwicklung betonen einerseits das *Was*, also die inhaltliche Beschreibung und Prognose von Berufszielen und -interessen, andererseits das *Wie*, also einen längerfristigen Prozess (vgl. Rübner & Höft, 2019). Im Rahmen der prozessualen Betrachtung spielen Lernerfahrungen eine wesentliche Rolle. Aus diesen resultieren für die Entwicklung maßgebliche selbstbezogene Überzeugungen und berufliche Erwartungen. Exploration ist dabei Ausdruck eines aktiven Entwicklungshandelns der Jugendlichen. Sie ist wichtig, um sich selbst und die Berufswelt besser zu verstehen und so eine erste Passung zwischen Person und Berufszielen herzustellen. In diesem Zuge muss der bzw. die Jugendliche ein berufliches Selbstkonzept hinsichtlich eigener Präferenzen erarbeiten und mittels vertiefter Auseinandersetzung mit beruflichen Möglichkeiten spezifizieren. Die Bedeutung, die damit den Jugendlichen selbst als Entwicklungsakteure bzw. Entwicklungsakteurinnen zukommt, ist enorm. Ohne Einbettung in das soziale Umfeld, das durch den Zugang zu bestimmten Erfahrungswelten und Bildungswegen idealerweise Entwicklungsopportunitäten schafft, aber auch ganz alltagsnah eine wichtige Unterstützungsquelle darstellt, bleibt ein psychologisches Verständnis der beruflichen Entwicklung jedoch unvollständig. Insbesondere dem Elternhaus kommt hier eine nachhaltig bedeutsame Rolle zu.

5 Hochschulstudium

Im letzten halben Jahrhundert hat sich in Deutschland eine enorme Bildungsexpansion vollzogen. Für den Geburtsjahrgang 1950 betrug der Abiturientenanteil in der Bundesrepublik Deutschland noch weniger als 6% (vgl. Hohner, 2006), im Jahr 2014 hingegen lag die Abiturientenquote bei 41% (Autorengruppe Bildungsberichterstattung, 2016). Rechnet man dazu noch Personen mit Fachhochschulreife, so waren es 2014 sogar 53%. Damit eröffnet sich vielen jungen Menschen die Möglichkeit eines Hochschulstudiums. Wir wollen uns in diesem Kapitel näher mit dem Hochschulstudium befassen und dabei auf die Studienfachwahl, auf Studienzufriedenheit und -leistung, auf Studienabbrüche sowie auf Zielklärungsprozesse, die sich auf den postgradualen Übertritt ins Erwerbsleben beziehen, eingehen.

5.1 Studienfachwahl

Das Angebot an Studienfächern ist in den letzten Jahren deutlich gestiegen und außerordentlich umfangreich (Hachmeister & Grevers, 2019). Es umfasste im Wintersemester 2016/2017 in Deutschland an den mehr als 4.000 Hochschulen über 18.000 Studiengänge, von denen wiederum mehr als 8.000 auf den Bachelorbereich entfielen (Hochschulrektorenkonferenz, 2016). Gründe für die Zunahme sehen Hachmeister und Grevers (2019) u. a. in der Akademisierung von Berufsfeldern, in der Einführung neuer interdisziplinärer Studiengänge in Form von hybriden oder themenfokussierten Programmen und in Ausdifferenzierungen bestehender Studienfächer. Gleichzeitig steht Personen mit Hochschulreife auch noch der Weg einer betrieblichen Ausbildung offen. Es handelt sich also um eine Gruppe mit sehr vielen Wahlmöglichkeiten.

5.1.1 Studienfachwahl: Einfluss von Interessen und Fähigkeiten

Wie bei der Berufswahl generell, stellt sich auch bei der Entscheidung für einen Studiengang die Aufgabe, eine Passung zwischen persönlichen Vorlieben und Fähigkeiten auf der einen Seite und den Studienangeboten auf der anderen Seite herzustellen (▶ Kap. 2 sowie ▶ Kap. 4). Grundsätzlich orientieren sich junge Menschen bei der Studienfachwahl in Deutschland deutlich an ihrem persönlichen Interesse am Fach (Multrus et al., 2010). Päßler und Hell (2012) fanden in einer Untersuchung mit Studierenden sowie Absolventen bzw. Absolventinnen, dass sowohl Interessen als auch Fähigkeiten (verbales, numerisches und figurales Schlussfolgern) die Studienbereichswahl (Natur-, Ingenieurs-, Geistes-, Sozialwissenschaften) vorherzusagen vermochten. Dies bestätigte auch Nagy (2006) auf Basis von Daten des Längsschnittprojekts »Transformation des Sekundarschulsystems und Akademische Karrieren« (TOSCA; Köller et al., 2004). Zugleich arbeitete er heraus, dass das Interessenprofil der Studieninteressierten der erklärungsstärkste Einzelprädiktor war. Zahlen sich interessenskongruente Studienfachwahlen hinsichtlich subjektiver und objektiver Studienerfolgskriterien aus? In zwei Querschnittsstudien zeigten Bai und Liao (2018) positive Zusammenhänge zwischen Interessenkongruenz und der Zufriedenheit mit der Studienfachwahl. Auch längsschnittliche Studien geben Hinweise darauf, dass Interessenskongruenz prädiktiv für die Studienzufriedenheit und -leistung ist sowie teilweise auch vor Studienabbruchneigungen schützt (Nagy, 2006; Schmitt et al., 2008).

Parker et al. (2014) untersuchten die spezifische Rolle fähigkeitsbezogener Selbstkonzepte für die Studienfachwahl. Theoretisch griffen sie dafür auf das von Marsh (1986, 1990) vorgeschlagene »Internal/External Frame of Reference (I/E)«-Modell zurück. Aufbauend auf seiner faktorenanalytischen Forschung, die gezeigt hatte, dass sich das akademische Selbstkonzept in zwei distinkte Facetten aufspaltet, nämlich das verbale und das mathematische Selbstkonzept, entwickelte Marsh (1990) die nachfolgende Vorstellung zur Selbstkonzeptgenese. Demzufolge verglichen Schüler bzw. Schülerinnen ihre Leistungen mit denen ihrer Mitschüler bzw. Mitschülerinnen (externaler Bezugsrahmen). Fielen diese Vergleiche günstig aus, werde das entsprechende verbale bzw. mathematische Selbstkonzept gestärkt. Zusätzlich werde aber noch ein internaler Bezugsrahmen bei der Selbstkonzeptgenese aktiviert. Schüler bzw. Schülerinnen würden ihre Leistungen im mathematisch-naturwissenschaftlichen Bereich mit ihren eigenen Leistungen im verbalen Bereich vergleichen. Dieser zweite Vergleich führe dazu, dass Schüler bzw. Schülerinnen mit guten Leistungen im mathematisch-naturwissenschaftlichen Bereich ihre Leistungen im verbalen Bereich abwerten und vice versa. Durch eine typischerweise übermäßige Kontrastierung käme es nun dazu, dass bspw. die Höhe des mathematischen Selbstkonzepts bei vergleichsweise schlechteren Deutschnoten deutlich stiege (für eine Zusammenfassung entsprechender empirischer Belege vgl. Möller & Trautwein, 2009). Für ihre Studie unterteilten Parker et al. (2014) zunächst die von den Studierenden wählbaren Studiengänge in vier Gruppen:

1. mathematikintensive MINT-Fächer (Mathematik, Physik, Ingenieurwissenschaften, Informatik)
2. Naturwissenschaften ohne mathematischen Schwerpunkt (Biologie, Chemie, Medizin)
3. Kultur- und Sozialwissenschaften
4. Rechts- und Wirtschaftswissenschaften

Daten aus dem TOSCA-Projekt, auf die hier wiederum zurückgegriffen wurde, zeigten, dass das mathematische Selbstkonzept in der ersten Gruppe am stärksten ausgeprägt war und in der dritten Gruppe am schwächsten. Spiegelbildlich, wenn auch weniger ausgeprägt, verhielten sich Unterschiede im sprachlichen Selbstkonzept (hier: Englisch). Es zeigte sich nicht nur, dass das mathematische Selbstkonzept (und vor der Studienfachwahl erhobene Mathematikkenntnisse) die Wahrscheinlichkeit erhöhte, einen mathematikintensiven MINT-Studiengang zu wählen, sondern dass zugleich – in Übereinstimmung mit dem theoretischen Modell – ein höheres verbales Selbstkonzept (und vor der Studienfachwahl erhobene Englischkenntnisse) die Wahrscheinlichkeit der Wahl eines mathematikintensiven MINT-Studienfachs verringerte. Insgesamt waren die Fähigkeitsselbstkonzepte prädiktiver für die Studienfachwahl als die Ergebnisse aus den Leistungstests.

5.1.2 Geschlechtsspezifische Studienfachwahl

Es gibt deutliche Geschlechterunterschiede in den Studienfachwahlen. Diese betreffen vor allem mathematikintensive technische und naturwissenschaftliche Studiengänge (z. B. Physik, Ingenieurwissenschaften, Informatik) mit hohem Männeranteil und die Kultur- und Sozialwissenschaften mit hohem Frauenanteil (vgl. Parker et al., 2014). Besondere Aufmerksamkeit sowohl in der Forschung als auch der Hochschulpolitik erfährt dabei der geringe Frauenanteil in der erstgenannten Fächergruppe. Zumeist werden sozialisationsbedingte Gründe genannt, die dazu führen, dass Frauen sich nicht für einen entsprechenden Studiengang entscheiden (z. B. Cheryan et al., 2015). Auch die Sorge vor Diskriminierung in einem männerdominierten Feld wird als Barriere thematisiert. Tatsächlich ist es plausibel, dass Menschen durch die sie umgebenden Geschlechterrollenstereotypen und (gegebenenfalls stellvertretenden) diskriminierenden Erfahrungen in ihren Einstellungen, Werten und Präferenzen geprägt werden. Dass Frauen und Männer sich in ihren beruflichen Interessen unterscheiden, wurde vielfach belegt (Su et al., 2009; vgl. ausführlicher ▶ Kap. 4), auch Unterschiede im fachlichen Selbstkonzept (mathematisch versus verbal) sind bekannt (z. B. Parker et al., 2014). Solche Unterschiede gelten als proximale Ursachen für geschlechtersegregierte Studienfachwahlen (vgl. Parker et al., 2014).

Ein bemerkenswerter Effekt, das *Gender-Equality Paradox*, hat die Debatte um die Frage, ob eine egalitärere Sozialisation tatsächlich ein Schlüssel zu einer höheren MINT-Beteiligung von Frauen darstellt, in jüngerer Zeit allerdings neu entfacht. Stoet und Geary (2018) zeigten, dass der Anteil von Frauen in den MINT-Studienfächern umso geringer ausfällt, je höher die gesellschaftliche Geschlechteregalität in den betreffenden Nationen ist. Sie interpretieren den Befund so, dass bei relativ großen Freiheiten und eher geringer ökonomischer Not die Tendenz bestehe, dass die Studienfachwahl besonders stark interessensbasiert erfolge. So kämen in den egalitären Ländern interessenkonformere Studienfachwahlen zustande, die eben nicht allein sozialisationsbedingt zu erklären seien, da es ja gerade dort, wo egalitärer sozialisiert werde, einen besonders geringen Frauenanteil im MINT-Bereich gebe (für eine Kritik am empirischen Vorgehen vgl. Richardson et al., 2020; für eine Replik dazu vgl. Stoet & Geary, 2020).

Dass fachliche Interessen und fachbezogene Selbstkonzepte für Studienfachwahlen grundsätzlich prädiktiv sind und es Geschlechterunterschiede in deren Ausprägungen gibt (s. o.), darf als unbestritten gelten. Der aktuelle Diskurs bezieht sich auf die Genese dieser Interessensunterschiede und die Frage, ob diese ausschließlich oder nur teilweise sozialisationsbedingt zu begreifen sind, ob also gegebenenfalls noch zusätzliche biologische Ursachen in Betracht zu ziehen sind. In einem aktuellen Übersichtsartikel liefern Stewart-Williams und Halsey (2021) eine bemerkenswerte Zusammenschau von Befunden, die darauf schließen lassen, dass die Gründe für Unterrepräsentation von Frauen in den MINT-Fächern wohl deutlich vielfältiger sind als in einem Großteil der sozialwissenschaftlichen Literatur angenommen. Sie zeigen, dass es nicht allein wahrgenommene Befürchtungen vor Diskriminierung sind, sondern auch starke durchschnittliche Geschlechterunterschiede in Präferenzen und Interessen sowie kleine durchschnittliche (!) Unterschiede in kognitiven Fähigkeiten. Zu den Letztgenannten wurde wiederholt festgestellt, dass Männer zu stärkeren Leistungen im räumlichen Vorstellungsvermögen (insbes. in mentaler Rotation) neigen, während Frauen im hohen Bereich verbaler Leistungen stärker vertreten sind, wenn man das allgemeine Intelligenzniveau aus der Betrachtung herausrechnet (z. B. Johnson & Bouchard, 2007). Geschlechterunterschiede in bevorzugt räumlichen versus verbalen Verarbeitungsstilen sowie der Aufmerksamkeitssteuerung (fokussiert vs. verteilt) dürfen als vornehmlich genetisch vermittelt angenommen werden und weniger als Produkt sozialer Einflüsse (siehe hierzu ebenfalls Ergebnisse aus einer Zwillingsstudie von Johnson & Bouchard, 2007). Als zugrundeliegende Mechanismen werden die unterschiedlich (bei Männern höher) ausgeprägte Hemisphärenasymmetrie (Meinschaefer et al., 1999; Toga & Thompson, 2003) sowie prä-, peri- und frühe postnatale hormonelle Effekte (insbesondere des Testosterons, z. B. Celec et al., 2015) angeführt. Stewart-Williams und Halsey (2021) legen in diesem Zusammenhang einerseits Verhaltensbeobachtungsstudien mit Säuglingen und Studien zu (pränatal feststellbaren) hormonellen Unterschieden (z. B. mit Bezug zu *Mensch-Dinge*-Präferenz) dar und andererseits Überlegungen zu deren möglichen evolutionsbezogenen Funktionen.

In der Gesamtbetrachtung gehen Stewart-Williams und Halsey (2021) davon aus, dass es selbst bei weiterem Abbau von benachteiligender gesellschaftlicher Behandlung von Frauen unwahrscheinlich ist, dass sich in Fächern wie Physik oder in den Ingenieurwissenschaften ein paritätischer Anteil von weiblichen und männlichen Studierenden einstellt, solange man die Studienfachwahl der Neigung der Studienanfänger und -anfängerinnen überlässt.

5.1.3 Unterstützung bei der Studienfachwahl durch die Hochschule

Mit dem Ziel, eine hohe Passung zwischen den individuellen Fähigkeiten, Interessen, Einstellungen und Motiven auf der einen Seite und den Studienanforderungen bzw. -möglichkeiten auf der anderen Seite herzustellen, wurden an vielen Hochschulen Angebote wie Self-Assessments, Studieninformationstage und Studienberatungsangebote für Studieninteressierte etabliert (vgl. Neugebauer et al., 2019). Mit diesen Angeboten entsprechen die Hochschulen der Forderung des Wissenschaftsrats (2004), dass unterstützende Beratungs- und Informationsinstrumente für Studieninteressierte durch die Hochschulen selbst bereitzustellen seien.

Exemplarisch wird hier auf die sogenannten Self-Assessments eingegangen, die typischerweise im Online-Format realisiert werden und deren Angebot in den letzten Jahren deutlich gestiegen ist (vgl. Thiele & Kauffeld, 2019). Es handelt es sich um für die Studieninteressierten kostenfreie Angebote der Hochschulen. Die Bearbeitung ausgewählter Aufgaben zu dem, was einen fachlich im Studium erwartet, und eine unmittelbare Rückmeldung zu den eigenen Ergebnissen sollen eine systematische Selbstreflexion im Hinblick auf die individuelle Passung anregen. Weiterhin werden gegebenenfalls Informationen zu generellen Anforderungen eines Hochschulstudiums, zu lokalen Besonderheiten am Studienort sowie Informationen zu studiengangsspezifischen Berufsbildern vermittelt. Durch Erwartungsabgleiche sollen unzutreffende Vorstellungen ab- und realistische Vorstellungen aufgebaut werden. Bisherige Evaluationen von Self-Assessments haben gezeigt, dass diese von Studieninteressierten gut angenommen, als überwiegend entscheidungsunterstützend und empfehlenswert beurteilt werden und dass sich über die Teilnahme der studiumsbezogene Wissensstand sowie die Studienwahlsicherheit erhöhen lassen (vgl. Thiele & Kauffeld, 2019; Hasenberg & Schmidt-Atzert, 2014). Auch wurde festgestellt, dass Testergebnisse aus kognitiven Aufgaben in Self-Assessments spätere Studiennoten vorhersagen (vgl. Hasenberg & Schmidt-Atzert, 2014). Eine Längsschnittstudie von Hasenberg und Schmidt-Atzert (2013) konnte weiterhin für den Studiengang Biologie bestätigen, dass ein gutes Abschneiden im Self-Assessment zu Studienstart mit einer höheren Studienzufriedenheit im zweiten Semester einherging. Allerdings wurde von Hasenberg und Schmidt-Atzert (2014) auch konstatiert, dass für weitere Evaluationskriterien wie Studiendauer und Studienabbruch bislang noch keine Publikationen vorlägen.

5.2 Studienzufriedenheit

Studienzufriedenheit kann sich auf unterschiedliche Aspekte beziehen, so etwa die Zufriedenheit mit den Studienbedingungen, den Studieninhalten oder auch die Zufriedenheit mit der eigenen Bewältigung der studienbezogenen Anforderungen (z. B. Westermann et al., 1996).

In psychologischen Vorhersagemodellen zur Studienzufriedenheit werden typischerweise sowohl stabile Personenmerkmale (z. B. kognitive Grundfertigkeiten, Persönlichkeitstraits) als auch veränderliche Personenmerkmale (z. B. Lernverhalten) berücksichtigt. In einer zwei Messzeitpunkte (Zwei-Jahres-Abstand) umfassenden Längsschnittstudie mit Lehramtsstudierenden erwies sich eine am Fachgegenstand orientierte Studieneingangsmotivation als prädiktiv für die Zufriedenheit mit den Studieninhalten. Die Zufriedenheit mit den Studienbedingungen und den eigenen Bewältigungsfähigkeiten stand u. a. in negativem Zusammenhang mit erhöhtem Neurotizismus. Signifikante Beziehungen zur Intelligenz bestanden nicht (Wach et al., 2016). Fleischer et al. (2019) rückten in einer ebenfalls zwei Messzeitpunkte (zu Beginn und am Ende des Semesters) umfassenden Längsschnittstudie die Facette der Zufriedenheit mit den Studieninhalten in den Vordergrund. Ihre Stichprobe umfasste Erstsemesterstudierende aus naturwissenschaftlich-technischen Bachelorstudiengängen (Biologie, Chemie, Physik, Bauingenieurwesen). Für eine hohe Zufriedenheit mit den Studieninhalten sorgte erneut eine inhaltsorientierte Studieneingangsmotivation. Überdies standen positive Erwartungen an das Studium und die eigenen Bewältigungsfähigkeiten sowie ein von Elan geprägtes Studienengagement in positiver Beziehung zur Zufriedenheit. Weiterhin waren mathematisches und fachliches Vorwissen relevante Prädiktoren der Studienzufriedenheit in allen betrachteten Studiengängen außer Biologie. Kognitive Leistungsvoraussetzungen spielten in diesen Studiengängen also eine größere Rolle für die Vorhersage der Zufriedenheit als in der Untersuchung im Lehramt von Wach et al. (2016). In ebenfalls auf Teilen des von Fleischer et al. (2019) genutzten Datensatzes basierenden Analysen ließ sich zeigen, dass auch dem Neurotizismus eine Rolle für die Vorhersage der Studienzufriedenheit zukommt, allerdings nur für die Zufriedenheit mit der Bewältigung der Studienanforderungen (Fleischer et al., 2017), was mit den Befunden von Wach et al. (2016) konvergiert. In Analysen auf Basis der TOSCA-Daten hat Nagy (2006) herausgearbeitet, dass für die Zufriedenheit mit den Studieninhalten die Interessenskongruenz (im Sinne der Übereinstimmung der individuellen Interessenprofile mit den wahrgenommenen Anforderungsprofilen im Studiengang) bedeutsamer ist als z. B. Abiturnoten und das Abschneiden in einem allgemeinen kognitiven Leistungstest.

Die in den oben genannten Studien untersuchten Prädiktoren der Studienzufriedenheit sind sicher nicht erschöpfend. So könnte man durchaus stärker die Rolle der sozialen und akademischen Integration beleuchten, analog des Modells von Tinto (1975, 1993) zum Studienabbruch, auf das wir weiter unten im Kapitel noch zu sprechen kommen.

Entwicklung der Studienzufriedenheit

Aus einer Entwicklungsperspektive sind insbesondere Verläufe der Studienzufriedenheit von Interesse. Der Übergang von der Schule zur Universität ist für Studienanfänger bzw. Studienanfängerinnen eine besondere Zeit. In Analogie zum in der Forschung so genannten »Honeymoon-Hangover-Effekt« (Boswell & Boudreau, 2005) zum Arbeitsplatzwechsel in Unternehmen könnte man erwarten, dass die ersten Semester von einem Anstieg der Studienzufriedenheit unmittelbar nach dem Übergang begleitet werden (Honeymoon-Effekt), gefolgt von einem gewissen Rückgang danach (Hangover-Effekt). Alternativ könnte man sich auf das allgemeine hedonische Modell der Anpassungsprozesse des Wohlbefindens beziehen (Brickman & Campbell, 1971; Frederick & Loewenstein, 1999), das davon ausgeht, dass die Reaktion auf ein positives (negatives) Ereignis das Wohlbefinden steigert (senkt), dass jedoch nach einer Anpassungsphase das Wohlbefinden wieder auf das vorherige Niveau zurückkehrt. Schließlich könnte es alternativ auch zu einem Realitätsschock kommen, begleitet von anfänglich eher geringer Zufriedenheit, die dann aber im Rahmen der Hochschulsozialisation möglicherweise zunimmt.

Bislang gibt es nur wenige Erkenntnisse über den Verlauf der Studienzufriedenheit. Eine Studie von Hiemisch et al. (2005) mit Studierenden der Medizin ergab, dass die Zufriedenheit von Beginn des ersten Semesters bis zum zweiten Semester abnimmt. Die Autorengruppe führte dies auf die gehobene Stimmung der Studierenden zum Studienstart zurück, denen es gelungen war, tatsächlich einen der begehrten Studienplätze in Medizin zu erhalten. Diese Begeisterung könnte dann gedämpft werden, wenn die Bewältigung der Anforderungen des Studiums in den Vordergrund tritt. Die Untersuchung umfasste allerdings nur zwei Messzeitpunkte, was noch keinen Schluss auf Verläufe zulässt. Eine Studie mit drei Befragungswellen von Janke et al. (2017) zeigte, dass die Zufriedenheit mit dem Studium im Laufe der Zeit abnimmt. In einer ebenfalls drei Messzeitpunkte umfassenden Studie von Schmitt et al. (2008) wiesen die Studierenden einen Rückgang der Studienzufriedenheit vom Ende des ersten Semesters bis zum Ende des zweiten Semesters auf, aber keine Veränderung vom Ende des zweiten zum Ende des dritten Semesters. Dies spricht für einen stabilisierenden Trend. Kiefer et al. (2018) sagten unter Nutzung von Multileveldaten aus dem Nationalen Bildungspanel (NEPS) die Zufriedenheit der Studierenden über einen Zeitraum von vier Jahren vorher. Insgesamt fand sich eine Zunahme der Zufriedenheit nach der ersten Befragung und dann ein relativ konstantes, nachfolgendes Niveau. Es gab jedoch deutliche Variationen in diesem Muster. Auf der Ebene des Studienprogramms war eine hohe Prüfungsbelastung mit einer Abnahme der Studienzufriedenheit über den gesamten Beobachtungszeitraum assoziiert. Auf der Individualebene war dieser Effekt zunächst auch zu sehen, aber später war eine hohe Prüfungsbelastung sogar mit zunehmender leistungsbezogener Zufriedenheit assoziiert. Dies könnte mit einem ausgeprägten Erfolgserleben bei der Bewältigung schwieriger Ziele zusammenhängen, wie es in der Arbeits- und Organisationspsychologie etwa im Rahmen der Zielsetzungstheorie angenommen wird (Locke & Latham, 2002; Wiese & Freund, 2005). Bemerkenswerte Verläufe konnten auch für Studienfachwechsler bzw. Studienfachwechslerinnen beobachtet werden. Wenig überraschend war, dass die Studierenden, die nach dem ersten Jahr wechselten, im Vorfeld weniger zufrieden gewesen waren als jene, die in ihrem ursprünglichen Studienfach eingeschrieben blieben. Wer nach dem ersten Jahr wechselte, verzeichnete im Anschluss einen nachhaltigen Zufriedenheitszugewinn. Bei jenen, die später wechselten, fand sich dies nicht.

5.3 Akademische Leistungen im Studium

Die Vorhersage von Studienleistungen hat in der internationalen Hochschulforschung beträchtliche Aufmerksamkeit erfahren. Verschiedene Meta-Analysen haben dabei die Ergebnisse aus Einzelstudien zusammengefasst. Auf eine Auswahl dieser Metaanalysen sowie einige ergänzende Einzelstudien gehen wir nachfolgend ein.

In einer vielzitierten Meta-Analyse ermittelten Robbins et al. (2004) den Vorhersagewert verschiedener psychologischer, sozioökonomischer und leistungsbezogener Prädiktoren für die Studiendurchschnittsnote. Wesentliche Ergebnisse sind in ▶ Tab. 5.1, dargestellt (die bereits auch die Ergebnisse zum Verbleib an der Hochschule enthält, auf den wir in ▶ Kap. 5.4 näher eingehen).

Tab. 5.1: Meta-analytische Ergebnisse zur Durchschnittsnote von Studierenden und zum Verbleib an der Hochschule (nach Robbins et al., 2004, S. 269–270).

	Durchschnittsnote im Studium ρ (CI$_\rho$ 10%; 90%)	Verbleib an der Hochschule ρ (CI$_\rho$ 10%; 90%)
Psychosoziale und sozial-kognitive Prädiktoren:		
Leistungsmotivation	.303 (.263; .344)	.066 (.042; .168)
Persönliche Zielbindung (Hochschulabschluss)	.179 (.157; .201)	.340 (.270; .410)
Institutionelles Commitment (hochschulbezogen)	.120 (.088; .151)	.262 (.192; .331)
Soziale Unterstützung (studiumsbezogen)	.109 (.087; .130)	.257 (.193; .321)
Soziale Einbindung (hochschulbezogen)	.141 (.114; .168)	.216 (.183; .249)
Akademische Selbstwirksamkeitsüberzeugungen	.496 (.444; .548)	.359 (.354; .363)
Allgemeines Selbstkonzept/Selbstwert	.046 (.012; .080)	.050 (-.001; .101)
Akademische Handlungskompetenzen (z. B. Lernverhalten, Selbstmanagement, Problemlösen)	.159 (.121; .197)	.366 (.126; .606)
Kontexteinflüsse und traditionelle Prädiktoren:		
Sozioökonomischer Status	.155 (.139; .171)	.228 (.202; .254)
Abiturnote	.448 (.409; .488)	.246 (.190; .302)
Studierfähigkeitstest (Hochschuleingangsprüfung)	.388 (.353; .424)	.124 (.089; .159)
Finanzielle Unterstützung durch die Hochschule	.201 (.155; .248)	.188 (.173; .203)
Hochschulgröße		-010 (-.000; .020)
Institutionelle Selektivität (Hochschule)		.238 (.148; .328)

Anmerkungen: N = Anzahl der Personen zwischen 1.627 und 20.741; k = Anzahl der betrachteten Korrelationskoeffizienten zwischen 5 und 36; ρ = geschätzte wahre Korrelation (messfehlerkorrigiert); CI = Konfidenzintervall.

Als besonders bedeutsam für die Vorhersage der Durchschnittsnote im Studium kristallisierten sich vorangehende Schulleistungen sowie die Ergebnisse der in den USA etablierten Studierfähigkeitstests (SAT = Scholastic Assessment Test; ACT = American College Test) heraus, deren Ergebnisse dort notwendiger Bestandteil der Bewerbung auf Studienplätze sind. Die Bedeutung der Schulnoten als Prädiktoren der Hochschulnoten hat sich auch im europäischen Raum bestätigt. In einer Meta-Analyse, die Trapmann et al. (2007) auf Basis von Primärstudien aus fünf europäischen Ländern erstellte, fand sich eine substanzielle prädiktive Validität und zwar sowohl bei Betrachtung der Gesamtschulnote als auch bei Betrachtung der Noten in Mathematik, in der Muttersprache und im jeweils studiengangsaffinsten Schulfach.

Auf Seiten der psychologischen Prädiktoren für die Durchschnittsnote im Studium traten in der Meta-Analyse von Robbins et al. (2004) insbesondere die Leistungsmotivation und die akademischen Selbstwirksamkeitsüberzeugungen hervor (▶ Tab. 5.1). Dass bei den Kontexteinflüssen auch die finanzielle Unterstützung durch die Hochschule selbst betrachtet wurde, muss – neben den nationalen Studierfähigkeitstest – als weiteres US-Spezifikum betrachtet werden, da die durch Studiengebühren teilweise extremen Kosten des Studiums so abgemildert werden. Dass eine solche Unterstützung mit besseren Noten einherging, mag damit zusammenhängen, dass etwa interne Stipendien leistungsabhängig vergeben werden (in dem Fall wäre die Note ein Prädiktor und kein Outcome) oder auch damit, dass diese Unterstützung ein sorgenfreieres, konzentrierteres Studieren ermöglicht, was sich dann positiv in den Prüfungsergebnissen niederschlägt.

Einige Jahre nach der Meta-Analyse Robbins et al. (2004) publizierten Richardson et al. (2012) eine in Bezug auf die Studiennote noch umfangreichere Betrachtung mit Daten aus den USA und Europa, bei der sie deutlich mehr psychologische Prädiktoren aufnahmen. Für die etablierten Leistungsprädiktoren – Abiturnote (ρ = .41) und Studieneignungs- (SAT: ρ = .33; ACT: ρ = .40) bzw. Intelligenztests (ρ = .21) – bestätigten sich einmal mehr signifikante Korrelationen mit der Studiennote. Mit Blick auf die eingeschlossenen 42 psychologischen Prädiktoren (jene, welche die Autoren selbst als »non-intellective« bezeichneten, S. 353) nahmen sie eine Aufteilung in folgende fünf unterscheidbare, obgleich nicht vollkommen überschneidungsfreie Gruppen vor: Persönlichkeitsmerkmale (z.B. Big Five), motivationale Merkmale (z.B. Selbstwirksamkeitsüberzeugungen,), Strategien selbstregulierten Lernens (z.B. Anstrengungsregulation), Herangehensweise an das Lernen (z.B. tiefenverarbeitend) und psychosoziale Kennzeichen (z.B. soziale Integration). Für eine Mehrzahl dieser Merkmale zeigten sich meta-analytische Zusammenhänge mit der Leistung, allerdings mit überwiegend kleiner Varianzaufklärung. Die drei relativ stärksten Effekte gingen von den leistungsbezogenen bzw. akademischen Selbstwirksamkeitsüberzeugungen (ρ = .67 bzw. ρ = .28) und von der Anstrengungsregulation (d.h., Persistenz und Anstrengung bei herausfordernden Aufgaben; ρ = .35) aus.

Nagy (2006), der im TOSCA-Projekt herausgearbeitet hatte, dass für die Studienzufriedenheit die Interessenkongruenz von stärkster prädiktiver Kraft ist, fand für die Studienleistung, dass hier zwar auch die Interessenkongruenz einen Vorhersagewert besitzt, aber in noch größerem Maße die individuellen Kompetenzen. Diese wurden über die Abiturnote, Fachtests in Englisch und Mathematik sowie einen allgemeinen kognitiven Leistungstest operationalisiert. Über alle Studienfächer hinweg waren sowohl Abiturnoten als auch das Abschneiden in dem allgemeinen kognitiven Leistungstest bedeutsam. Für jene Gruppe der MINT-Studienfächer mit hohem Mathematikanteil (Mathematik, Physik, Informatik, ingenieurwissenschaftliche Studiengänge) leistete im Speziellen auch noch der

Mathematiktest einen Vorhersagebeitrag. Zusammenfassend kommt Nagy (2006) zu dem Schluss, dass beruflichen Interessensprofilen und Kompetenzen jeweils distinkte Funktionen im Übergang ins Studium und für den Studienerfolg zukommen. Während die Interessensprofile leitend für die Studienwachwahl und später relevant für u. a. die Studienzufriedenheit seien, spielten Abiturnote und kognitive Grundfähigkeiten eine maßgeblichere Rolle für die Studienleistungen.

5.4 Studienabbruch

Nicht alle Studierenden schließen das Studium ab. In der Hochschulstatistik bezeichnet nach der Definition des Deutschen Zentrum für Hochschul- und Wissenschaftsforschung (DZHW) die Studienabbruchquote jenen Prozentsatz der Studienanfänger und -anfängerinnen eines Jahrgangs, der entweder in einem Erst- oder einem Masterstudium keinen Abschluss erwirbt (Heublein & Schmelzer, 2018, S. 23). Nicht eingeschlossen in die Definition sind entsprechend Personen, die das Studienfach oder die Hochschule wechseln, das Studium lediglich unterbrechen oder ein Zweitstudium in Form von Aufbau-, Zusatz- oder Ergänzungsstudien nicht zu Ende führen.

Für Studienanfänger und -anfängerinnen in Deutschland liegt die Studienabbruchquote laut DZHW im Bachelorstudium bei 28% (ermittelt unter Ausschluss der Fernuniversität Hagen und unter Bezug auf den Absolventenjahrgang 2016; Heublein & Schmelzer, 2018). Dabei ist die Abbruchquote an Universitäten (32%) höher als an den Fachhochschulen (25%). Im Master ist die Abbruchquote niedriger als im Bachelorstudium und liegt mit jeweils 19% an Universitäten und Fachhochschulen auf gleichem Niveau. Im internationalen Vergleich aller OECD-Länder (Abbruchquote von 29% in den grundständigen Studiengängen) liegt der deutsche Wert nahe dem Durchschnitt (OECD, 2007).

Die Abbruchquoten unterscheiden sich deutlich zwischen Fächergruppen. In ▶ Abb. 5.1 sind exemplarisch die fachspezifischen Abbruchquoten für Bachelor- sowie Staatsexamensstudiengänge visualisiert. Die höchste Abbruchquote findet sich in der Mathematik. Dort brechen mehr als die Hälfte der Studienanfänger bzw. Studienanfängerinnen das Studium ab. Die niedrigste Abbruchquote hat die Humanmedizin mit lediglich 6%. Insgesamt gilt, dass insbesondere in allen Studiengängen mit hohen mathematischen Fachanteilen die Abbruchraten hoch sind (für eine entsprechende Klassifikation vgl. Nagy, 2006).

Das bekannteste theoretische Modell zum Studienabbruch – das *sogenannte Student Integration Model* – wurde von Tinto (1975, 1993) entwickelt (▶ Abb. 5.2). Zentrale Annahme des Modells ist, dass das Risiko des Studienabbruchs steigt, je weniger Studierende sozial und akademisch an der Hochschule integriert sind. Interaktionen mit dem Lehrpersonal werden von Tinto (1975, 1993) stärker dem akademischen System zugerechnet, stellenweise aber auch dem sozialen Bereich. Da sich Integration maßgeblich über Interaktionen entwickelt, kann ein Studienab-

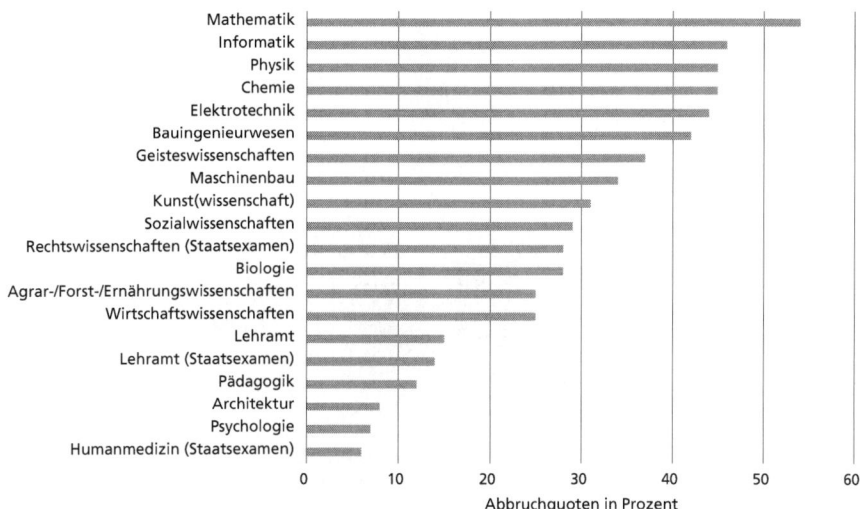

Abb. 5.1: Abbruchquoten in Prozent an deutschen Universitäten (nach Heublein & Schmelzer, 2018; bezogen auf Bachelor- und Staatsexamensstudiengänge).

bruch als Ausdruck eines gescheiterten Sozialisationsprozesses betrachtet werden (vgl. Nolden, 2019). Soziodemographische und psychologische Merkmale unterstützen im Idealfall das Commitment gegenüber dem Studienabschlussziel und der Hochschule, stehen aber – obgleich Bestandteil – nicht im Zentrum des Modells. Die persönliche Bindung an das Ziel, einen akademischen Abschluss zu erwerben, ebenso wie die Bindung an die spezifische Hochschule stellen sowohl Vorläufer als auch Ergebnisse der akademischen und sozialen Integration dar.

Insgesamt hat das Modell in der empirischen Forschung viel Unterstützung erfahren (vgl. zusammenfassend Nolden, 2019). Jüngere Modellvorstellungen rücken allerdings neben der Integration ins soziale und akademische Umfeld noch deutlich mehr psychologische Aspekte des unmittelbaren Studienverhaltens und -erlebens in den Vordergrund, darunter das Lernverhalten und die Eigenaktivität, die Studienmotivation und Leistungsbereitschaft sowie psychophysische Ressourcen wie Stressresilienz und Gesundheit (vgl. Heublein et al., 2017). Außerdem wurde die Studienzufriedenheit als wesentlicher proximaler Prädiktor von Studienabbruch(-neigungen) postuliert und bestätigt (z.B. Brandstätter et al., 2006; Nagy, 2006; Schmitt et al., 2008).

In der bereits oben beschriebenen Meta-Analyse von Robbins et al. (2004) wurde neben der Durchschnittsnote im Studium auch der Verbleib an der Hochschule als Kriterium betrachtet. Wie bereits bei der Vorhersage der akademischen Leistungen spielten auch hier psychologische Prädiktoren eine bedeutsame Rolle (▶ Tab. 5.1). Mitberücksichtigt wurden in der Meta-Analyse explizit solche, die Tinto (1975, 1993) vorgeschlagen hatte, nämlich soziale Einbindung, persönliche Zielbindung und die Bindung an die Institution. Diese hatten in der Tat einen prädiktiven Wert. Besonders stark traten aber erneut die Selbstwirksamkeitsüberzeugungen mit ihrer Prädiktionskraft hervor. Auch die akademischen Kompetenzen leisteten einen

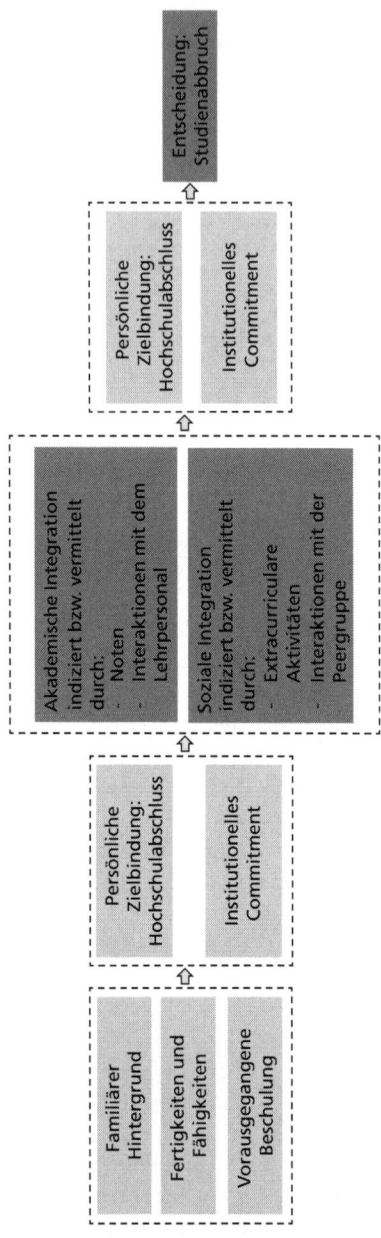

Abb. 5.2: Prozessmodell des Studienabbruchs nach Tinto (eigene Darstellung basierend auf Tinto, 1975, S. 95 sowie Tinto, 1993, S. 114).

deutlichen Vorhersagebeitrag. Hier wäre sicher eine differenzierte Betrachtung lohnenswert, da unter diesem Oberbegriff in den Primärstudien ein recht breites Spektrum von Fähigkeiten abgedeckt wurde (u. a. Problemlösefähigkeiten, Zeitmanagement, Copingstrategien, Kommunikationsfähigkeit). Uns erschiene hier insbesondere ein spezifischer Blick auf den Einsatz von Selbstmanagementstrategien lohnend. In diesem Zusammenhang sei auf eine Längsschnittstudie von Kryshko et al. (2020) verwiesen, in der sich zeigte, dass der Einsatz von Selbstmotivierungsstrategien die Studienabbruchneigung reduzierte (das abhängige Maß enthielt allerdings auch die Option des Fachwechsels). Ebenso könnte die Frage der handlungsleitenden Motivation noch vertieft werden. So liegen Befunde vor, die verdeutlichen, dass ein ausgeprägtes fachliches Interesse bei der Studienfachwahl die Abbruchwahrscheinlichkeit senkt (z.B. Fleischer et al., 2019), während eine extrinsische Studienwahlmotivation (z.B. vorwiegende Orientierung an Arbeitsmarktlage und Verdienstaussichten) sie erhöht (vgl. zusammenfassend Neugebauer et al., 2019).

Was in der Meta-Analyse von Robbins et al. (2004) bei der Vorhersage des Verbleibs überraschenderweise keine explizite Berücksichtigung fand, sind die Studiennoten, die stattdessen als separates Studienoutcome betrachtet wurden (s.o.). Allerdings lässt sich dem Artikel von Robbins et al. (2004, S. 272) in einer eigenen Interkorrelationstabelle eine positive mittlere Korrelation von .44 entnehmen. Für den deutschsprachigen Raum fanden Kryshko et al. (2020) in zwei Studien ebenfalls positive Korrelationen. Unberücksichtigt blieb bei Robbins et al. (2004) überdies das inhaltliche Fachinteresse i.e.S. bzw. die Interessenskongruenz, die sich im deutschsprachigen Raum als wichtiges Korrelat der Studienabbruchneigung erwiesen hat (Fellenberg & Hannover, 2006; Nagy, 2006). Robbins et al. (2004) fanden weiterhin signifikante Auswirkungen des sozioökonomischen Status und der finanziellen Unterstützung durch Hochschulprogramme auf den Verbleib an der Hochschule (▶ Tab. 5.1). In Deutschland ist der Einfluss des sozioökonomischen Hintergrundes nicht immer eindeutig statistisch abgesichert (vgl. Neugebauer et al., 2019). Jedoch stellen Studierende mit Migrationshintergrund, die zugleich häufig aus Familien mit niedrigem sozioökonomischen Status stammen, eine Gruppe mit erhöhtem Abbruchrisiko dar (Ebert & Heublein, 2017; Isphording & Wozny, 2018). Ökonomische Faktoren sind auch deshalb nicht zu vernachlässigen, da eine Befragung von Personen, die ihr Studium an deutschen Hochschulen abgebrochen hatten, ergab, dass Studienabbrecher bzw. Studienabbrecherinnen häufig finanzielle Schwierigkeiten als Grund aufführten (Heublein et al., 2017).

Wie von Neugebauer et al. (2019) herausgearbeitet, dominiert in der hochschulpolitischen Diskussion der Blick auf einen Studienabbruch als etwas zu Vermeidendes, nicht zuletzt, weil die Hochschulfinanzierung oftmals von Absolventenquoten abhängt. Auch für die betroffenen Studierenden kann der Studienabbruch eine schwierige Erfahrung darstellen (z.B. Hoeschler & Backes-Gellner, 2017). Aus der internationalen Hochschulforschung ist außerdem bekannt, dass Abbrecher bzw. Abbrecherinnen im Vergleich zu Graduierten ein höheres Arbeitslosigkeitsrisiko haben und später geringere Einkommen erzielen (vgl. zusammenfassend Neugebauer et al, 2019). Angesichts der Probleme, die aus hohen Studienabbruchquoten resultieren, verwundert es nicht, dass Hochschulen selbst ein besonderes Augenmerk auf Möglichkeiten richten, diese zu senken. Einige Angebote sind dabei – wie bereits oben geschildert – auf die Zeit vor Studienantritt gerichtet (z. B. Self-Assessments), andere insbesondere auf die Studieneingangsphase.

Auf die akademisch-fachliche Integration zielen in der Studieneingangsphase u. a. Brückenkurse ab. Für die Ingenieurwissenschaften konnte Tieben (2019) auf Basis von NEPS-Daten zeigen, dass die Teilnahme an Brückenkursen im Vergleich zur Nicht-Teilnahme mit einer verringerten Dropout-Wahrscheinlichkeit einherging. Für die Fachhochschulen fand sich ein solcher Effekt jedoch nicht. Interessant ist hier ein Vergleich der Teilnehmenden und Nicht-Teilnehmenden an den Brückenkursen an den Universitäten. Es sind nämlich jene mit einer höheren Leistungsorientierung, die sich für eine Teilnahme entscheiden. Insofern könnte der abbruchreduzierende Effekt hier durch die Positivselektion der Teilnehmergruppe etwas überschätzt werden. Zugleich wird die Frage aufgeworfen, wie die weniger leistungsorientierten Studierenden in der Studieneingangsphase mit dem Brückenkursangebot besser erreicht werden können. Ein Beispiel für eine Maßnahme, die auf die soziale Integration abzielt, stellen Mentoringprogramme dar, welche sich in einer Meta-Analyse von Sneyers und de Witte (2018) tatsächlich als probate Intervention zur Verringerung des Abbruchrisikos erwiesen haben. Was die Maßnahmenevaluation betrifft, wäre es wünschenswert, wenn zukünftig eine mögliche differenzielle Wirksamkeit der Interventionen mit in Betracht gezogen werden würde (vgl. Neugebauer et al., 2019). Es ist anzunehmen, dass Maßnahmen, die an den Gründen ansetzen, die den einzelnen Studenten bzw. die einzelne Studentin am Studium zweifeln lassen, die individuell stärkste Wirksamkeit entfalten.

Trotz aller Probleme, die mit Studienabbrüchen einhergehen, verweisen Neugebauer et al. (2019) zurecht darauf, dass der Studienabbruch für einen Teil der Studierenden Ausdruck einer sinnvollen Neuorientierung darstellt. Daten des DZHW zeigen, dass sich 42 % der Exmatrikulierten zweieinhalb Jahre nach Studienabbruch in einer betrieblichen Berufsausbildung befanden (Heublein et al., 2019). Gleichzeitig hatten 17 % der Exmatrikulierten zu diesem Zeitpunkt erneut ein Studium aufgenommen. Wichtig scheint weiterhin, Studienabbruch von Studienfachwechsel zu unterscheiden. Zwar korrelieren im Selbstbericht die Überlegungen, das Studienfach zu wechseln mit jenen, das Studium ganz aufzugeben, doch spielen dabei teilweise unterschiedliche Prädiktoren eine Rolle. Eine Querschnittstudie mit Erstsemesterstudierenden von Fellenberg und Hannover (2006) zeigte dies für das allgemeine Studierfähigkeitsselbstkonzept auf der einen und das fachspezifische Fähigkeitsselbstkonzept auf der anderen Seite.

Nicht unerwähnt bleiben soll, dass in der Forschung zu Studienabbrüchen bisweilen lediglich Studienabbruchsüberlegungen erhoben werden; meist mit dem Argument, dass nach der Theorie des geplanten Handelns (Ajzen, 1985) Intentionen verlässliche, proximale Prädiktoren des tatsächlichen Verhaltens seien (vgl. Nolden, 2019). Dies ist nicht falsch. Nichtsdestotrotz münden bei weitem nicht alle Überlegungen, das Studium aufzugeben, tatsächlich in einem Studienabbruch (vgl. Gold, 1988). Hier wäre zu ergründen, was die Beziehung zwischen Abbruchüberlegungen und tatsächlichem Abbruch stärkt oder schwächt. Sofern nicht bspw. ein endgültiges Nichtbestehen von Prüfungen zwangsläufig eine Exmatrikulation nach sich zieht, wäre aus einer *Rational Choice*-Perspektive zu erwarten, dass Studierende

Kosten und Nutzen eines Studienabbruchs versus Verbleibs nochmals besonders deutlich gegeneinander abwägen, bevor sie eine entsprechende Entscheidung fällen.

5.5 Berufliche Zielklärung zur Vorbereitung der Transition ins Berufsleben

Ein Hochschulstudium eröffnet in der Regel vielfältige berufliche Möglichkeiten. In den meisten Studiengängen ist das Verhältnis zwischen Studium und nachfolgender Erwerbstätigkeit flexibel (vgl. Hapkemeyer, 2012). Die Entscheidung für ein Studium impliziert keineswegs automatisch, dass Studierende ein einzelnes und klares Berufsbild für die Zeit nach dem Studium vor Augen haben. Somit stehen die Studierenden vor der Herausforderung, eine für sich selbst passende berufliche Perspektive zu entwickeln.

Um Sicherheit bezüglich des eigenen zukünftigen beruflichen Weges zu gewinnen, ist eine Auseinandersetzung mit den eigenen Interessen und Fähigkeiten auf der einen Seite und den gegebenen Möglichkeiten auf der anderen Seite notwendig. Wie schon bei der Entscheidung für einen bestimmten Studiengang ist ein *Person-Environment*-Fit anzustreben. Analog dem Entscheidungsprozess am Ende der Schulzeit, muss erneut eine individuelle Zukunftsvorstellung entwickelt werden, nun bezogen auf die postgraduale Phase.

5.5.1 Exploration zum Zwecke der beruflichen Zielklärung im Studium

In Bezug auf die Berufsfelderkundung im Studium lassen sich zwei Gruppen der Umweltexploration unterscheiden, nämlich anwendungsorientierte und informationsorientierte Aktivitäten (Hapkemeyer, 2012). Zur anwendungsorientierten Exploration gehören bspw. Praktika, fachnahe Nebenjobs und die Teilnahme an praxisorientierten Lehrveranstaltungen. Zur informationsorientierten Erkundung zählen Recherchen, der Besuch von Informationsveranstaltungen sowie die persönliche Beratung und der Austausch mit anderen Personen. Zur Prüfung der zielklärenden Wirkung von anwendungsorientierter und informationsorientierter Exploration führte Hapkemeyer (2012) eine Längsschnittstudie durch, die zwei Messzeitpunkte im Abstand von rund fünf Monaten umfasste. Die anwendungs- und informationsorientierte Erkundung wurde zum ersten Messzeitpunkt erfasst; die Zielklarheit sowohl zum ersten als auch zum zweiten Messzeitpunkt. Erwartungskonform führte eine anwendungsorientierte Erkundung zu einer Steigerung der beruflichen Zielklarheit. Die informationsorientierte Erkundung leistete jedoch keinen Erklärungsbeitrag. Dies widerspricht gängigen theoretischen Annahmen zum positiven Einfluss der Informationssuche auf die berufliche Zielklarheit sowie einzelnen empirischen Studien anderer Autoren bzw. Autorinnen (vgl. zusammenfassend Hapkemeyer, 2012), macht jedoch auf mögliche Grenzen einer eher rezeptiv angelegten Erkundung aufmerksam. Diese kann zwar zu einer wertvollen optionsbezogenen Wissenserweiterung beitragen, läuft aber Gefahr für die Zielklärung einiger Studierenden zu oberflächlich zu bleiben bzw. nicht intensiv genug mit einer Selbstreflexion verknüpft zu werden. Eine stärker handlungsfokussierte Erkundung und Auseinandersetzung mit dem Berufsleben aktiviert in höherem Maße den Abgleich zwischen Interessen, Werten und Kompetenzen auf der einen und praxisorientierten Anforderungen auf der anderen Seite. Dies macht insbesondere Praktika zu einer wertvollen Maßnahme für die Zielklärung. Da es aber in Fächern mit vielfältigen nachfolgenden beruflichen Optionen kaum möglich ist, in allen prinzipiell möglichen Feldern ein Praktikum zu absolvieren, ist über Alternativen nachzudenken.

Eine Möglichkeit stellt hier eine ein- bis zweitägige Gruppenintervention dar, die Braun (1998; Braun & Buchhorn, 2007; Braun & Lang, 2004) an der Universität Koblenz-Landau für Psychologiestudierende entwickelt hat. Sie besteht aus Erfahrungsberichten (inkl. anschließender Fragerunde) von Studierenden, die selbst Praktika absolviert haben, sowie moderierten Arbeitsgruppen, in denen mittels Metaplan-Methode Anforderungsprofile erarbeitet werden, sowie Einzelübungen zum Vergleich zwischen dem Anforderungsprofil und dem Profil eigener Fähigkeiten und Interessen. Im Ein-Tages-Format wird ausschließlich das Tätigkeitsfeld der Arbeits- und Organisationspsychologie fokussiert (Braun, 1998; Braun & Lang, 2004), im Zwei-Tages-Format werden zusätzlich die Tätigkeitsfelder der Klinischen und Pädagogischen Psychologie behandelt (ergänzt u. a. um die Analyse von Stellenanzeigen und die Entwicklung von Maßnahmenplänen; Braun & Buchhorn, 2007). Evaluationen auf Basis von Prä-Post-Kontrollgruppendesigns zeigten wiederholt, dass sich berufliche Zielklarheit durch die Maßnahme steigern lässt (Braun, 1998; Braun & Lang, 2004).

Ein weiterer, allerdings schon deutlich aufwendigerer Ansatz wurde mit dem Programm KOMPASS an der FU Berlin entwickelt und erprobt (Olos et al., 2014). Ziel des Programms ist es, Studierende bei der Entwicklung beruflicher Ziele und dem Ausbau von Kompetenzen der Selbststeuerung zu unterstützen. Es handelt sich um ein zweisemestriges Modul für Bachelorstudierende. Wesentliche Bestandteile sind Workshops (z. B. zur Selbstreflexion und Erstellung eines Selbstprofils), Seminare, Einzelcoachings, Peer Coachings und Exkursionsangebote mit Praxisgesprächen. Im Rahmen der quantitativen Evaluation zeigte sich zunächst, dass zu Programmstart die Zielklarheit der Teilnehmer bzw. Teilnehmerinnen deutlich niedriger war als jene in zwei Vergleichskontrollgruppen, davon eine Gruppe, die das Programm nicht durchlief und eine, die über Praktikumserfahrungen verfügte (Härtwig, 2014). Während die Zielklarheit in diesen beiden Vergleichsgruppen relativ stabil blieb, nahm sie in der Teilnehmergruppe deutlich zu. Dazu gegenläufig verhielt sich die erlebte Laufbahnproblembelastung. Diese war bei den KOMPASS-Teilnehmenden zu Programmstart deutlich höher als in den beiden Vergleichsgruppen. Über die Programmteilnahme verringerte sie sich deutlich. Die Sorgen um die eigenen Beschäftigungsaussichten ging allerdings kaum zurück und waren bei Programmende immer noch höher als in den Vergleichsgruppen.

Schließlich sei noch auf ein Trainingsprogramm von Koen et al. (2012) verwiesen, welches an der Universität Amsterdam mittels eines Prä-Post-Kontrollgruppendesigns mit Halbjahres-Follow-Up an einer Gruppe von Studierenden erprobt wurde. Die Teilnehmenden befanden sich am Ende des Masterstudiums bzw. hatten kurz zuvor den Master abgeschlossen. Das Training sollte den Teilnehmenden helfen, durch Exploration beruflicher Möglichkeiten und eigener Wünsche, passende berufliche Ziele zu entwickeln, sowie sie darin unterstützen, die nächsten Handlungsschritte zum Übertritt ins Erwerbsleben zu planen. Es handelt sich um eine Ein-Tages-Gruppenintervention, die theoriebasiert entwickelt wurde und zwar auf Grundlage des Modells der beruflichen Anpassungsfähigkeit (sog. »Career Adaptability« von Savickas (2005; ▶ Kap. 4.2.2) mit den vier Komponenten des (a) Problembewusstseins und der Planungsbereitschaft für anstehende berufliche Entscheidungen (sog. »Career Concern«), (b) dem persönlichen Kontrollerleben und der Verantwortungsübernahme (sog. »Career Control«), (c) der Neugier bei der Exploration beruflicher Möglichkeiten und der eigenen beruflichen Interessen und Vorstellung (sog. »Career Curiosity«) und (d) dem Zutrauen in die eigenen Fähigkeiten, passende Entscheidungen zu treffen und berufliche Ziele erfolgreich zu verfolgen (sog. »Career Confidence«). In den ersten drei Komponenten, denen sich anders als der letztgenannten Komponente im Rahmen des Trainings jeweils mehrere Übungen (z. B. Kartensortieraufgabe, dyadische Peer-to-Peer-Gespräche) widmeten, ließen sich bei den Trainees jeweils längerfristige signifikante Zuwächse erkennen. Auch wenn die Autorinnen dieser Trainingsstudie das Konzept der Zielklarheit nicht explizit thematisierten und kein Zielklarheitsmaß einsetzten, so lässt sich der Ansatz doch sehr gut dem Bereich der Zielfindung und einer darauf aufbauenden Handlungsplanung zuordnen.

5.5.2 Berufliche Zielklarheit, Einstellungen zum Studium und der Übergang ins Erwerbsleben

Ein weiteres wichtiges Ziel der o. g. Längsschnittstudie von Hapkemeyer (2012) war es, die Adaptivität wachsender Zielklarheit zur persönlichen Haltung dem Studium gegenüber zu ermitteln. Eine positive Haltung wurde dabei operationalisiert durch eine Kurzskala, welche Studienmotivation, Studienzufriedenheit und den Eindruck umfasste, die richtige Studienfachwahl getroffen zu haben. Erwartungskonform führte wachsende berufliche Zielklarheit zu einer Erhöhung der diesbezüglichen Einschätzungen, während abnehmende berufliche Zielklarheit das Gegenteil bewirkte.

Grundsätzlich gibt es noch wenig Forschung, die berufliche Zielklarheit mit objektiven Erfolgsindikatoren (z. B. Studienabschluss, qualifikationsadäquate Beschäftigung nach dem Studium) verknüpft. In der oben geschilderten Intervention von Koen et al. (2012) mit ihren zielklärenden und handlungsvorbereitenden Komponenten hatte die Trainingsgruppe ein halbes Jahr später zwar nicht signifikant häufiger eine Anstellung gefunden als die Kontrollgruppe, wohl aber bewertete die Trainingsgruppe die Qualität der jeweiligen Stelle als höher. Mit Blick auf die Studiendauer konnte Braun (1998) in einer älteren Studie zeigen, dass Langzeitstudierende eine geringere berufliche Zielklarheit aufwiesen als Studierende, bei denen ein Abschluss in Regelstudienzeit zu erwarten war. Eine bisher unbeantwortete Frage ist, ob in Phasen, in denen im Studium Misserfolge auftreten (z. B. schlechte Noten), die berufliche Zielklarheit möglicherweise gegen Studienabbruchgedanken immunisiert (vgl. Hapkemeyer, 2012).

5.6 Fazit

Die Studienfachwahl erweist sich als stark von individuellen Interessen beeinflusst, welche zugleich prädiktiv für die nachfolgende Studienzufriedenheit sind. Für die Leistungsprognose im Studium treten dann zusehends auch kognitive Personenmerkmale als Prädiktoren in den Vordergrund sowie das konkrete studien- und lernbezogene Handeln der Studierenden. Einen besonderen Stellenwert haben überdies Selbstwirksamkeitsüberzeugungen und zwar sowohl für die Prognose von Studiennoten und Verbleib an der Hochschule als auch dafür, eine klare postgraduale Zukunftsperspektive zu entwickeln. Diese Zielklärung ist eine wichtige Entwicklungsaufgabe für Studierende. Gerade weil ein Studium in der Regel für eine ganze Reihe von beruflichen Tätigkeitsfeldern qualifiziert, tragen Studierende als Gestalter bzw. Gestalterinnen ihrer beruflichen Zukunft eine hohe Eigenverantwortung. Manche bzw. mancher Studierende kann hier auch von Unterstützungsangeboten durch die Hochschulen profitieren, die bei der berufszielbezogenen Umweltexploration und Selbstreflexion helfen.

6 Organisationale Sozialisation

Es gibt verschiedene Formen von Karrieretransitionen, die eine Anpassung des Einzelnen an ein neues organisationales Umfeld erfordern. Dazu zählt der Eintritt in eine Organisation nach Abschluss eines Studiums oder einer Ausbildung (inkl. Umschulung), der Wechsel zwischen Arbeitgebern (sog. organisationale Mobilität) oder auch der Übertritt von der Erwerbslosigkeit oder einer Familienzeit in eine erneute Erwerbstätigkeit. In allen genannten Konstellationen stellt sich die Aufgabe der organisationalen Sozialisation.

Organisationale Sozialisation beschreibt einen Lernprozess, in dem neue Beschäftigte neben der Aneignung und Vertiefung von Fertigkeiten und Fähigkeiten für die Aufgabenbewältigung ein Verständnis für organisationsspezifische Werte und Normen entwickeln, Rollenklarheit gewinnen und zu sozial akzeptierten Mitgliedern einer Organisation werden (Feldman, 1981; Van Maanen, 1976). Man könnte auch sagen, dass organisationale Sozialisation beschreibt, wie neue Beschäftigte von organisationalen Outsidern zu Insidern werden (Bauer & Erdogan, 2011).

6.1 Kennzeichen einer erfolgreichen organisationalen Sozialisation

Woran lässt sich erkennen, dass der Prozess der organisationalen Sozialisation erfolgreich verläuft bzw. verlaufen ist? Welche Kriterien lassen sich dafür heranziehen? Eine mögliche Unterscheidung ist die zwischen proximalen und distalen Outcomes (▶ Abb. 6.1). Proximale Indikatoren umfassen eine wachsende Rollenklarheit, eine zunehmend bessere Aufgabenbewältigung, die Kenntnis der organisationalen Strukturen und Regeln sowie die erlebte soziale Integration (vgl. Chan & Schmitt, 2000). Hingegen wären Rollenambiguität und einsetzende oder anhaltende Zweifel hinsichtlich der Entscheidung für eine Tätigkeit im Unternehmen gegebenenfalls Anzeichen einer nicht optimal verlaufenden organisationalen Sozialisation. Zu den eher distalen Kriterien gehören bspw. das affektive organisationale Commitment und die Arbeitszufriedenheit (z. B. Bauer et al., 2007; Bauer & Erdogan, 2011; Saks & Ashforth, 1997). Affektives organisationales Commitment meint die Identifikation mit den organisationalen Werten, den Wunsch im Unternehmen zu verbleiben sowie die Bereitschaft, sich im Sinne der Unternehmensziele zu engagieren (▶ Abb. 1.2 für einen detaillierten Überblick über verschiedene Formen des organisationalen Commitments). Beispiele für Indikatoren einer nicht geglückten organisationalen Sozialisation wären negative gesundheitliche Outcomes. Dabei bilden die proximalen Outcomes die Basis für die distaleren. So standen in einer Studie von Thomas und Lankau (2009) Rollenunklarheit und Rollenkonflikte (proximal) in positiver Beziehung zu Burnoutsymptomen (distal).

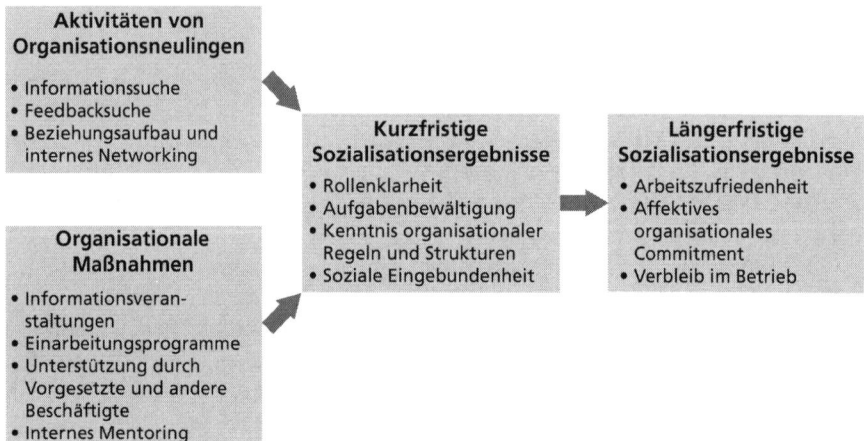

Abb. 6.1: Prozessmodell der organisationalen Sozialisation (in Anlehnung an Wiese & Stertz, 2019, S. 56).

Eine erfolgreiche organisationale Sozialisation ist nicht nur aus Beschäftigtenperspektive, sondern auch aus Organisationssicht erstrebenswert. Gelingt die organisationale Sozialisation nicht, kann sich dies nicht nur in Produktivitätsverlusten niederschlagen, sondern – im Falle des Verlassens des Unternehmens – auch mit erneuten Personalbeschaffungskosten einhergehen (Griffeth & Hom, 2001; vgl. Bauer & Erdogan, 2011). Weiterhin muss damit gerechnet werden, dass sich das Bekanntwerden häufiger und schnell nach dem Einstieg erfolgender Kündigungen negativ auf das Arbeitgeberimage der Organisation auswirkt.

6.2 Aktivitäten und Maßnahmen zur Förderung der organisationalen Sozialisation

Zu einer erfolgreichen organisationalen Sozialisation können sowohl die beschäftigende Organisation als auch Organisationsneulinge selbst beitragen (▶ Abb. 6.1).

6.2.1 Organisationsneulinge als Akteure bzw. Akteurinnen der organisationalen Sozialisation

Das relevante Aktivitätsspektrum der Organisationsneulinge umfasst sowohl sozialisationsspezifische Verhaltensweisen als auch allgemeinere Strategien des Selbst- und Stressmanagements. Erstgenannte betreffen Informationssuche, Feedbacksuche und Beziehungsaufbau (vgl. Bauer & Erdogan, 2011). Vor allem diese werden nachfolgend thematisiert. Sie dienen dazu, die Rollenklarheit und Kompetenzen zur Aufgabenbewältigung zu stärken, organisationsbezogenes Wissen aufzubauen sowie sich sozial zu integrieren und sind also unmittelbar an den definitorischen Zielsetzungen der organisationalen Sozialisation orientiert.

Informations- sowie aktive Feedbacksuche

Bezüglich der nachfragenden bzw. beobachtungsbasierten Informationssuche lässt sich u.a. unterscheiden zwischen einer technisch-aufgabenbezogenen Informationssuche (»technical information«; Morrison, 1993), die etwa die Bedienung von Instrumenten und Sachinformationen betrifft, und einer Informationssuche, die sich auf die Erwartungen anderer Personen im Arbeitsumfeld bezieht (»referent information«; Morrison, 1993). Neben den inhaltlichen Schwerpunktsetzungen der Informationssuche können auch die konsultierten Informationsquellen differenziert werden (z.B. Vorgesetzte versus gleichgestellte Peers im Unternehmen). Im Rahmen einer Längsschnittstudie mit Studierenden, die in ein Doktoratsprogramm eintraten, konnten Chan und Schmitt (2000) bezüglich der erwartungsbezogenen Informationssuche keine Veränderung bei der Konsultation der Peers feststellen, wohl aber, dass es zu einer leichten Zunahme der entsprechenden Informationssuche bei den Vorgesetzten kam. Überdies ging die Häufigkeit der Suche nach technisch-aufgabenbezogenen Informationen über die Zeit zurück, wohingegen die Suche nach Informationen zu Erwartungen anderer über die Zeit tendenziell zunahm (z.B. Chan & Schmitt, 2000; Morrison, 1993). Vermutlich sinkt mit zunehmender Einarbeitung der Bedarf an technisch-aufgabenbezogenen Informationen (Bauer & Erdogan, 2011; Morrison, 1993). Bemerkenswerterweise fanden Chan und Schmitt (2000) jedoch keinen klaren longitudinalen Zusammenhang zwischen der Zunahme an aufgabenbezogenem Kompetenzerleben und der technisch-aufgabenbezogenen Informationssuche. Möglicherweise möchten Organisationsneulinge nach einer gewissen Zeit nicht mehr nachfragen, selbst dann, wenn sie Informationsbedarf haben, da sie fürchten, dass so Zweifel an ihrer Eignung aufkommen könnten.

Aktive Feedbacksuche ist eine spezifische Form der Informationssuche, bei der es um eine Rückmeldung zum eigenen Verhalten und zu den eigenen Leistungen geht (Wanberg & Kammeyer-Mueller, 2000). Durch aktive Feedbacksuche lernen Neulinge, wie sie am besten den organisationalen Standards und Erwartungen entsprechen. Sowohl Informations- als auch Feedbacksuche weisen in empirischen Studien positive Zusammenhänge mit der Anpassung von Organisationsneulingen auf (Bauer et al., 2007; Wanberg & Kammeyer-Mueller, 2000).

Beziehungsaufbau und Networking

Weitere proaktive Strategien betreffen Beziehungsaufbau und Networking. Darauf bezogene Aktivitäten umfassen u.a. die Teilnahme an offiziellen Gemeinschaftsveranstaltungen, informelle Gespräche (z.B. in der Kaffeepause) und die Übernahme freiwilliger Funktionen für die Organisation. Kolleginnen bzw. Kollegen sowie Vorgesetzte sind in der Lage, wichtige Informationen hinsichtlich Rollenerwartungen, Aufgabenerfüllung und den Abläufen innerhalb einer Organisation zu übermitteln. Damit sind die proaktive Informationssuche, soziale Unterstützung und der Beziehungsaufbau eng miteinander verwoben (vgl. Fang et al., 2011).

In einer Längsschnittstudie befragten Jaeckel et al. (2012) Mütter, die zuvor ihre Erwerbstätigkeit ausgesetzt hatten, zu drei Messzeitpunkten nach einem beruflichen Wiedereinstieg (fünf Wochen, elf Wochen und sechs bis acht Monate nach Organisationseintritt). Erhoben wurden im Selbstbericht sowohl die erhaltene als auch die gegebene kollegiale Unterstützung sowie die beruflichen Selbstwirksamkeitsüberzeugungen. Frauen, die mehr Unterstützung erhielten als gaben (= Übervorteilung), berichteten von geringeren Selbstwirksamkeitsüberzeugungen (▶ Abb. 6.2). Dieser Effekt fand sich noch nicht ganz zu Beginn des Organisationseintritts, sondern erst später. Vermutlich ist dies so, weil im Zeitverlauf die Erwartung zunimmt, dass Neulinge sich entsprechende Kenntnisse angeeignet haben und über Ressourcen verfügen, auch andere zu unterstützen, um so der sozialen Reziprozitätsnorm zu entsprechen.

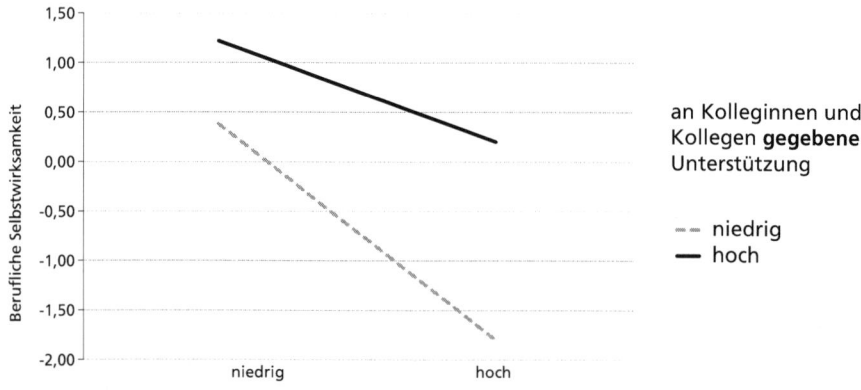

Abb. 6.2: Verhältnis erhaltener und gegebener sozialer Unterstützung: Zusammenhang mit den beruflichen Selbstwirksamkeitsüberzeugungen (nach Jaeckel et al., 2012; S. 397).

Häufige Interaktionen mit anderen Organisationsmitgliedern und positiv bewertete Sozialbeziehungen am Arbeitsplatz gehen mit dem Wunsch einher, in der Organisation zu verbleiben und stehen in negativem Zusammenhang zum Wechselverhalten (Higgins, 2001; Nelson & Quick, 1991). Beziehungsaufbau ist überdies ein wichtiger Prädiktor für Leistung und Zufriedenheit (z. B. Ashford & Black, 1996; Bauer et al., 1998; Wanberg & Kammeyer-Mueller, 2000). Unterstützung durch die Führungskraft und eine positive Beziehung zu dieser weisen positive Zusammenhänge zu einer Reihe von Sozialisationsergebnissen auf (z. B. Arbeitszufriedenheit; Jokisaari & Nurmi, 2009; Raabe & Beehr, 2003; Thomas & Lankau, 2009). Tatsächlich sollten Organisationsneulinge aber nicht nur ein gutes Verhältnis zur Führungskraft im Blick haben. Auch gute Beziehungen im Kollegenkreis tragen zur Zufriedenheit bei (z. B. Raabe & Beehr, 2003) und vermindern längerfristig sogar das Burnoutrisiko (z. B. Taormina & Law, 2000). Überdies zeigen Analysen aus einer Längsschnittstudie von Jokisaari und Nurmi (2009) mit vier Messzeitpunkten, in der neue Organisationsmitglieder sechs, zwölf, 18 und 21 Monate nach ihrem Hochschulabschluss befragt wurden, dass diese den Eindruck hatten, dass die Führungskraft über die Zeit weniger unterstützendes Verhalten zeigte. Vermutlich ist es unrealistisch zu erwarten, dass Vorgesetzte dauerhaft ein hohes Unterstützungslevel aufrechterhalten können. Umso wichtiger ist es, auch zu anderen Organisationsmitgliedern vertrauensvolle Beziehungen aufzubauen.

Unter Networking im engeren Sinne versteht man den Aufbau, die Pflege und die Nutzung von Sozialbeziehungen im Erwerbsleben (Wolff & Moser, 2009). Nicht nur im Rahmen des Berufseinstiegs, sondern auch längerfristig gilt Networking als eine wichtige Form des verhaltensbasierten Karriereselbstmanagements. Networking geht mit positiven Konsequenzen für die aktuelle Tätigkeit wie auch für die langfristige Karriere einher (vgl. Wingender & Wolff, 2019). Konkret lässt sich eine interne von einer externen Variante unterscheiden, also Networking inner- und außerhalb der beschäftigenden Organisation. Mit Blick auf die organisationale Sozialisation erscheint vor allem das organisationsinterne Networking bedeutsam. Wolff und Moser (2010) fanden Zusammenhänge von internem Networking sowohl mit innerbetrieblichen Aufstiegen als auch Organisationswechseln. Externes Networking ging hingegen ausschließlich mit einer erhöhten Wahrscheinlichkeit von Organisationswechseln einher. In einer Längsschnittstudie von Porter et al. (2016) erwies sich internes Networking als Prädiktor der erlebten organisationalen Integration und sagte über einen Zeitraum von zwei Jahren eine reduzierte Wahrscheinlichkeit eines Wechsels in ein anderes Unternehmen vorher. Im Gegensatz dazu führte externes Networking zu mehr externen Stellenangeboten und entsprechenden Wechseln. Im Hinblick auf die Sozialisation neuer Beschäftigter fanden Ng und Feldman (2010), dass ein zunehmendes Gefühl der organisationalen Integration zu Abnahmen im internen, jedoch nicht im externen Networking führte. Hinsichtlich der beruflichen Leistung zeigte sich, dass Personen, die netzwerkten, bessere Beurteilungen durch ihre Vorgesetzten erhielten (z. B. Shi et al., 2011; Thompson, 2005). Mit Blick auf den Karriereerfolg fanden sich positive Auswirkungen sowohl auf objektive als auch subjektive Indikatoren (z. B. Gehaltszuwachs, Karrierezufriedenheit; vgl. zusammenfassend Wingender & Wolff, 2019).

6.2.2 Betriebliche Maßnahmen zur organisationalen Sozialisation

Wie können Organisationen den Sozialisationsprozess unterstützen und fördern?

Zur vergleichenden Betrachtung verschiedener organisationaler Onboardingmaßnahmen befragten Klein et al. (2015) Beschäftigte aus zehn Organisationen retrospektiv und unterschieden fünf Maßnahmengruppen:

- Willkommensmaßnahmen: z. B. Begrüßungsfeier
- Mündliche Kommunikation: z. B. Gespräch mit der Personalabteilung, exklusive Zeit mit der Führungskraft
- Schriftliche Informationen und arbeitsplatzbezogene Ressourcen: z. B. Kontaktinformationsliste der Organisationsmitglieder, gut ausgestatteter Arbeitsplatz zum Stellenantritt
- Schulung: z. B. Betriebsbesichtigung für Organisationsneulinge, On-the-job-Training
- Persönliche Begleitung: z. B. Zuweisung eines hierarchisch übergeordneten Mentors, Zuweisung einer Begleitperson aus der eigenen Hierarchieebene

Die Maßnahmen waren von den Befragten u. a. mit Blick auf die erlebte Nützlichkeit einzuschätzen. Willkommensmaßnahmen wurde der relativ geringste Nutzen attestiert, die Zuweisung einer persönlichen Bezugsperson wurde am nützlichsten eingeschätzt. Einige spezifische Praktiken wurden allerdings als deutlich hilfreicher bewertet als es der Mittelwert der Kategorie, der sie zugeordnet waren, vermuten ließ. Dazu zählte u. a., dass eine Führungskraft sich exklusiv Zeit für den neuen Mitarbeiter bzw. die neue Mitarbeiterin nimmt (Kategorie »Mündliche Kommunikation«) und On-the-job-Trainingsangebote (Kategorie »Schulung«).

Nachfolgend wird ausführlicher auf ausgewählte sozialisationsunterstützende Maßnahmen näher eingegangen, von denen die meisten, aber nicht alle, in der eben angesprochenen Studie von Klein et al. (2015) thematisiert wurden.

Realistische Tätigkeitsvorschau

Wichtige Weichen können bereits vor dem Eintritt der neuen Mitarbeiter und Mitarbeiterinnen gestellt werden. Feldman (1981) spricht im Zusammenhang mit organisationsbezogenen Lernprozessen unmittelbar vor Stellenantritt von antizipatorischer Sozialisation. Hilfreich ist insbesondere eine realistische Tätigkeitsvorschau (Wanous, 1976). Diese Vorschau soll den Bewerbern bzw. Bewerberinnen nicht nur ermöglichen, dass diese im Falle eines Stellenangebots eine gut fundierte Entscheidung treffen; sie soll mit Blick auf den Prozess der organisationalen Sozialisation auch von Vornherein eine hohe Rollenklarheit erzeugen und verhindern, dass unrealistische Erwartungen bei Organisationseintritt nachhaltige Enttäuschungen nach sich ziehen.

Tatsächlich scheint es dem frühen organisationalen Anpassungsprozess zuträglich, wenn neue Beschäftigte vor Stellenantritt akkurate und realistische Informationen erhalten (z. B. Kammeyer-Mueller & Wanberg, 2003). So fanden sich in einer Meta-Analyse von Phillips (1998) positive Zusammenhänge mit Arbeitsleistung und Verbleib. Insbesondere dann, wenn Organisationen üblicherweise eine Verbleibensquote im mittleren Bereich haben, finden sich die erwünschten positiven Effekte. Earnest et al. (2011) gingen im Rahmen einer Meta-Analyse der Frage nach, über welchen vermittelnden Mechanismus die realistische Tätigkeitsvorschau ihre positive Wirkung auf den organisationalen Verbleib entfaltet. Dabei kristallisierte sich heraus, dass der Eindruck einer großen Ehrlichkeit eine wesentliche Rolle spielte. Ein passendes Format sowie ein passender Moment für eine realistische Tätigkeitsschau stellt das Einstellungsinterview dar. So ist die realistische Tätigkeitsvorschau eine etablierte Komponente des Multimodalen Interviews (MMI), wie es von Schuler (1992) konzipiert wurde. Zudem darf die realistische Tätigkeitsvorschau im Mindesten als ein vorteilhafter Nebeneffekt aufgaben- bzw. positionsspezifischer Simulationsübungen in Assessment Centern gelten. Wilhelmy und Kleinmann (2019) schlagen daneben auch Videobotschaften von Mitarbeitern bzw. Mitarbeiterinnen der Organisation vor, da diese eine hohe Glaubwürdigkeit besäßen. In jedem Fall gilt es, die realistische Tätigkeitsvorschau der Entscheidung der Kandidaten bzw. Kandidatinnen über die Annahme einer Stelle im Unternehmen möglichst vorzuschalten.

Trainingsmaßnahmen

In einigen Evaluationsstudien stellten spezifisch für Organisationsneulinge entwickelte gruppenbezogene Onboardingmaßnahmen in Form von Trainings und Schulungen ihre Wirksamkeit unter Beweis. Bspw. schlagen Klein und Weaver (2000) ein dreistündiges Orientierungstraining vor, das Elemente wie die Übermittlung von textbasiertem Informationsmaterial, Videobotschaften der Unternehmensleitung, spielerische Übungen zur organisationsspezifischen Sprache und zu Traditionen sowie Diskussionsrunden und Vorträge zu organisationalen Strukturen und Zielen umfasst. Eine Wirksamkeitsanalyse zeigte, dass dieses Programm das organisationsbezogene Wissen erweiterte (u. a. Kenntnisse der Werte und Ziele). Dieses Wissen vermochte seinerseits das organisationale Commitment zu stärken. Wesson und Gogus (2005) verglichen die Wirksamkeit eines Live-Trainings (eine Woche am Standort der Firmenzentrale, zu der die Teilnehmer bzw. Teilnehmerinnen zu diesem Zweck reisten) mit einer computerbasierten Schulung (in zwei bis drei Tagen ortsunabhängig bearbeitbar). Sie fanden eine deutliche Unterlegenheit des zweitgenannten Formats, u. a. im Hinblick auf das von den Trainees berichtete affektive organisationale Commitment sowie die von der jeweiligen Führungskraft eingeschätzte Rollenklarheit und Identifikation mit unternehmensinternen Werten und Zielen. Findet eine Trainingsmaßnahme außerhalb der späteren Wirkungsstätte statt, spricht man auch von Offsite-Trainings, zu deren spezieller Wirksamkeit im Kontext der organisationalen Sozialisation ebenfalls empirische Befunde vorliegen. In einer Studie von Tannenbaum et al. (1991) mit Rekruten bzw. Rekrutinnen bei der Marine zeigte sich ein positiver Zusammenhang zwischen dem Ausmaß, in dem ein solches mehrwöchiges Offsite-Training die Erwartungen der Teilnehmenden erfüllte, und dem affektiven organisationalen Commitment. Zu einer etwas skeptischeren Sicht auf die Wirksamkeit von Offsite-Trainings im Vergleich zu Trainings in der Betriebsstätte gelangten Louis et al. (1983) in einer Befragung, in der subjektive Nützlichkeitseinschätzungen erhoben wurden. Darüber hinaus fanden sie, dass die Befragten die Unterstützung durch Kollegen bzw. Kolleginnen sowie mit etwas Abstand auch jene durch die Führungskraft als im Mittel hilfreicher für die Sozialisation erlebt hatten als die angebotenen Orientierungsprogramme.

Mentoring und Unterstützung beim Networking

Mentoringprogramme spielen als Maßnahme zur Unterstützung der organisationalen Sozialisation vor allem in größeren Unternehmen eine Rolle. Beim Mentoring unterstützt und fördert eine erfahrene Person (Mentor bzw. Mentorin) eine weniger erfahrene Person (Mentee) in ihrer beruflichen und persönlichen Entwicklung. Dabei lassen sich verschiedene Formen unterscheiden, insbesondere das informelle versus institutionalisierte und das interne versus externe Mentoring. Als betriebliche Maßnahme der Eingliederung neuer Beschäftigter ist insbesondere an die institutionalisierte, interne Variante zu denken.

Eine Meta-Analyse von Allen et al. (2004) ergab, dass Personen, die Mentoring erhalten hatten, im Vergleich zu solchen, auf die dies nicht zutraf, von größerem objektiven Berufserfolg (Einkommen, Beförderungen), von höherer Karriere- und Arbeitszufriedenheit, stärkeren Aufstiegserwartungen und einem höheren Karrierecommitment berichteten. Die Meta-Analyse von Allen et al. (2004) war jedoch nicht speziell auf Primärstudien gerichtet, die Organisationsneulinge und deren organisationale Sozialisation in den Blick genommen hatten. Eine solche Studie wurde von Heimann und Pittenger (1996) durchgeführt. Sie fanden im Zusammenhang mit einem institutionalisierten Mentoringprogramm (hier: neu berufenen Professoren bzw. Professorinnen wurden erfahrenere Kollegen bzw. Kolleginnen zur Seite gestellt) positive Zusammenhänge zwischen der Gelegenheit zur Interaktion mit dem Mentor bzw. der Mentorin und dem von den Mentees berichteten unmittelbaren Sozialisationsergebnissen (u.a. Rollenklarheit, soziale Integration, Kenntnis und Akzeptanz organisationaler Regeln und Werte) sowie dem affektiven organisationalen Commitment. Vermittelt wurde dieser Zusammenhang über die erlebte Nähe innerhalb der Beziehung.

Zwischen Mentoring und Networking gibt es durchaus (Wirk-)Zusammenhänge. Ein Mentor bzw. eine Mentorin kann als eine wichtige Person im eigenen Netzwerk betrachtet werden, die ihrerseits Anstöße zur weiteren Vernetzung gibt. Blickle et al. (2009) konnten zeigen, dass die Chance, durch das Engagement des Mentors bzw. der Mentorin einen leichteren Zugang zu einflussreichen professionellen Netzwerken zu gewinnen, einen zentralen Wirkmechanismus für den Mentoringeffekt auf den objektiven Karriereerfolg der Mentees darstellt. Aber auch ohne Mentoringprogramme können Organisationen neue Beschäftigte zum Networking motivieren bzw. unterstützende Strukturen etablieren, so z.B. über abteilungsübergreifende Kennenlernveranstaltungen.

Engagement von Vorgesetzten

Verschiedene bereits oben genannte Studien zu Nützlichkeitsbeurteilungen durch die Beschäftigten verweisen darauf, dass diese den Kontakt und die Zeit mit der Führungskraft als hilfreich beschreiben (z. B. Louis et al., 1983; Klein et al., 2015). Vorgesetzte nehmen ganz konkret eine wichtige Funktion als Feedbackgebende ein. Auch wenn Feedback in allen Phasen der Betriebszugehörigkeit einen Wert hat, so kommt ihm doch in der Anfangsphase noch einmal eine besondere Bedeutung zu. Li et al. (2011) befragten Organisationsneulinge und deren Vorgesetzte. Die neuen Beschäftigten machten u. a. Angaben zu dem durch die Vorgesetzten sowie Kollegen bzw. Kolleginnen übermittelten Feedback. Rund einen Monat später schätzten die Vorgesetzten ein, inwiefern die Organisationsneulinge ihre Arbeitsaufgaben adäquat bewältigten sowie im Sinne eines Extrarollenverhaltens anderen in der Organisation halfen. Bei bivariater Betrachtung erwies sich entwicklungsbezogenes Feedback durch Vorgesetzte als prädiktiv für beide Outcomes, entwicklungsbezogenes Feedback im Kollegenkreis lediglich für das Hilfeverhalten. Insgesamt traten die Effekte des Vorgesetztenverhaltens deutlicher hervor. Zusätzlich fanden Li et al. (2011) allerdings, dass die positiven Wirkungen des Feedbacks durch die Führungskraft sich vor allem dann zeigten, wenn zugleich Feedback durch Kollegen bzw. Kolleginnen erfolgte. Möglicherweise weisen die Vorgesetzten auf die Bereiche hin, die weiterentwickelt werden sollten, während die Kollegen bzw. Kolleginnen Hinweise darauf geben, wie Entwicklungsschritte im Arbeitsalltag vollzogen werden können.

Ein zugewandter und unterstützender Kontakt sowie die Bereitschaft, Feedback zu geben, dürfen allerdings nicht mit Kontrolle verwechselt werden. Vielmehr hat eine Studie von Jokisaari und Vuori (2018) gezeigt, dass es gerade die Übertragung eigener Befugnisse ist, die bei neuen Beschäftigten mit erhöhter Rollenklarheit, organisationalem Wissen und Arbeitszufriedenheit einhergeht.

6.3 Fazit und Ausblick

Für eine erfolgreiche organisationale Sozialisation tragen sowohl Organisationen als auch die neu eintretenden Beschäftigten eine Verantwortung. Doch obgleich die organisationale Sozialisationsforschung ein seit vielen Jahren etabliertes Forschungsfeld ist, bringt die Veränderung kontextueller Rahmenbedingungen sowohl für Forschung und Praxis neue Herausforderungen mit sich. Dies hat sich besonders deutlich in der Corona-Pandemie gezeigt, die in vielen Unternehmen die Notwendigkeit der (zumindest partiellen) Überführung von Präsenzarbeit in Homeoffice-Arrangements erforderte. Wir benötigen mehr Wissen darüber, wie (un-)problematisch sich das Onboarding in einer solchen Situation vollzieht und welche alternativen Strategien zum sozialisationsrelevanten Beziehungsaufbau unter Bedingungen reduzierten persönlichen Kontakts hilfreich sind.

Teil III Gestaltung von Laufbahnen: Ausgewählte Herausforderungen

7 Karrieren von Nachwuchswissenschaftlern und Nachwuchswissenschaftlerinnen

Mit einem Hochschulabschluss eröffnen sich in der Regel vielfältige berufliche Optionen[3]. Wie in ▶ Kap. 5.5 ausgeführt, besteht eine Entwicklungsaufgabe gegen Ende des Studiums darin, sich zu entscheiden, welcher Karrierepfad im nächsten Schritt eingeschlagen werden soll. Eine Möglichkeit ist der Verbleib im akademischen System mit dem Qualifikationsziel der Promotion.[4] Damit gehört man zum sogenannten wissenschaftlichen Nachwuchs. Der wissenschaftliche Nachwuchs an deutschen Hochschulen und außeruniversitären Forschungseinrichtungen ist typischerweise befristet beschäftigt. Rechtlich ist dies im Wissenschaftszeitvertragsgesetz (WissZeitVG) geregelt. Damit sehen sich jene, die diesen Weg einschlagen, in der Regel einem hohen Maß an Beschäftigungsunsicherheit gegenüber; und nicht alle, die sich einmal dafür entschieden haben, verbleiben im Wissenschaftssystem. Tatsächlich zeigt sich im OECD-Vergleich, dass es in Deutschland zwar einen hohen Anteil an Promovierenden gibt, aber eine eher niedrige Verbleibensquote im Wissenschaftssystem nach Abschluss der Promotion (Konsortium Bundesbericht Wissenschaftlicher Nachwuchs, 2013). Dies ist in Teilen dadurch bedingt, dass das Wissenschaftssystem strukturell nicht darauf angelegt ist, eine der hohen Promotionsquote entsprechende Zahl von Positionen für erfahrene Wissenschaftler bzw. Wissenschaftlerinnen vorzuhalten. Darüber hinaus entspricht es auch den Wünschen vieler Promovierender und Promovierter, Positionen außerhalb des Wissenschaftssystems einzunehmen (z. B. Noppeney et al., 2022). Allerdings kann nicht ausgeschlossen werden, dass einige Promovierende ihre ursprünglichen Wünsche verändern, wenn sie sich eingeschränkten Möglichkeiten der Realisierung ihrer ursprünglichen Karriereziele gegenübersehen. Fest steht in jedem Fall, dass nicht ausschließlich mit dem Fernziel der Professur promoviert wird. Zu bedenken ist hierbei überdies, dass in Deutschland dem Doktortitel ein symbolischer Wert als gesellschaftliches Distinktionsmerkmal zukommt. So arbeitete Kreckel (2012) in

---

3   An verschiedenen Stellen nehmen wir in diesem Kapitel Bezug auf Befunde aus einem von Bettina S. Wiese und Christian L. Burk koordinierten Projekt mit Nachwuchswissenschaftlern und Nachwuchswissenschaftlerinnen aus dem MINT-Bereich, das im Rahmen der Förderlinie »Forschung zu den Karrierebedingungen und Karriereentwicklungen des Wissenschaftlichen Nachwuchses« (FoWiN) des Bundesministeriums für Forschung und Bildung durchgeführt wurde (u. a. Alisic & Wiese, 2020; Alisic & Wiese, 2021; Alisic et al., in Druck; Burk & Wiese, 2018a, Burk & Wiese, 2018b; Burk & Wiese, 2021; Burk et al., 2016; Noppeney et al., 2022; Wiese et al., 2020). Manche der berichteten Befunde beziehen sich ausschließlich auf Promovierende, manche auf Promovierte, manche auf beide Gruppen.
4   Weitestgehend unberücksichtigt bleiben in diesem Kapitel Promovierende in der Medizin, da hier vielfach Doktorarbeiten bereits im Studium geschrieben werden.

einem Vergleich zwischen Deutschland, Frankreich, Großbritannien und den USA heraus, dass der Doktorgrad in Deutschland eine deutlich höhere Relevanz für den sozialen Status hat.

7.1 Die Wissenschaftslaufbahn: Entgrenzt, proteisch und Ausdruck einer Berufung?

7.1.1 Bezüge zur entgrenzten Karriere (*Boundaryless Career*)

Es gehört zu den Kennzeichen einer entgrenzten Karriere (*Boundaryless Career*; Arthur, 1994; ▶ Kap. 1.1), dass sie eine Unabhängigkeit von organisationsinternen, karrierebezogenen Vereinbarungen beschreibt. Diese Unabhängigkeit schlägt sich beispielhaft nieder in Arbeitgeberwechseln (und einer damit ggf. verbundenen geografischen Mobilität), der erlebten Bestätigung des eigenen (Miss-)Erfolgs durch Stellen außerhalb der aktuell beschäftigenden Organisation, einer hohen Bedeutung externer Netzwerke, dem Fehlen festgelegter organisationaler Abfolgen von Beförderungen, dem freiwilligen Verzicht auf Beförderungen zugunsten anderer persönlicher oder familiärer Interessen sowie in einer persönlichen Vorstellung von einer entgrenzten beruflichen Zukunft (Arthur & Rousseau, 1996b).

Tatsächlich lassen sich einige dieser Kernmerkmale auf die wissenschaftliche Laufbahn anwenden. Diese ist in der Regel – wie Lebensläufe von Wissenschaftlern und Wissenschaftlerinnen zeigen – biografisch von Wechseln zwischen verschiedenen Universitäten und anderen Forschungseinrichtungen geprägt. Diese Wechsel können dem Wunsch nach persönlicher Weiterentwicklung und Vernetzung geschuldet sein, sind in Deutschland aber auch Ausdruck struktureller Vorgaben, die eine Erstberufung auf eine Professur an der Universität, an der die Person bisher als Mitarbeitende tätig ist, nur in Ausnahmefällen zulässt. Überdies sind Stellen von Promovierenden und kürzlich Promovierten in der Regel befristet, was Bewerbungen auf Anschlussstellen auch außerhalb der aktuell beschäftigenden Organisation notwendig macht. Auch nationale Grenzen werden von einigen überwunden. Ebenfalls lässt sich erkennen, dass die Indikatoren beruflichen Erfolges in der wissenschaftlichen Laufbahn meist weniger im Monetären finden lassen, sondern Kriterien betreffen, die von Personen, die sich außerhalb der eigenen Organisation befinden, mitbestimmt werden. Die Bezugsgruppe ist dabei die sogenannte *Scientific Community*. Dazu zählen u. a. Publikationen in den im eigenen Fachgebiet besonders anerkannten Formaten und Organen, die Anzahl der Zitationen der eigenen Arbeiten, Preise und Auszeichnungen sowie leitende Positionen in Wissenschaftsgremien (vgl. Kauffeld et al., 2019). Insgesamt gilt es als hoher Wert, in der *Scientific Community* mit der eigenen Forschung als maßgeblich und wegweisend anerkannt zu werden (Beaufaÿs, 2012). Die Ergebnisse einer qualitativen Interviewstudie von

Barthauer et al. (2016) mit Professoren bzw. Professorinnen und Postdoktoranden bzw. Postdoktorandinnen, die nach ihrer persönlichen Definition von Laufbahnerfolg gefragt wurden, ergaben: Über beide Gruppen hinweg betrachtet sind die Antworten am häufigsten den Erfolgskriterien Reputation (u. a. Anerkennung von anderen erfahren, in der eigenen Community wertgeschätzt werden) und Innehaben einer Leitungsposition (u. a. Personalverantwortung tragen, Entscheidungsbefugnisse haben) zuzuordnen. Für die Gruppe der Postdocs nimmt darüber hinaus das Erreichen von beruflicher Sicherheit (v. a. eine entfristete Position) einen hohen Stellenwert ein. Ganz klar bildet aber auch schon in dieser Gruppe die eigene Reputation eine individuell relevante Größe zur eigenen Erfolgsbestimmung; der Referenzpunkt liegt entsprechend außerhalb der Grenzen der eigenen Organisation.

7.1.2 Bezüge zur proteischen Karriere (*Protean Career*)

Kern des Konzepts der proteischen Karriere (*Protean Career*; Hall, 2004; ▶ Kap. 1.2) ist, dass Personen im Erwerbsleben danach streben und prinzipiell befähigt sind, die eigene Karriereentwicklung eigenverantwortlich zu gestalten, sich auf sich verändernde Umstände einzustellen sowie ihre Karriereziele und ihr karrierebezogenes Handeln an ihren individuellen Werten auszurichten. Ein wichtiger Mechanismus sind die sogenannten Lernzyklen, in denen sich Personen proaktiv neuen Arbeits- und Lerninhalten zuwenden, ein (gewisses) Expertentum entwickeln und sich dann weitere herausfordernde Ziele suchen. Weist eine Person ein Bestreben zu einer eigenverantwortlichen Karrieresteuerung auf und hat sie das Bedürfnis, ihre Karriereentscheidungen an ihren individuellen Werthaltungen zu orientieren, spricht man von einer proteischen Karriereorientierung (Hall, 2004). Zusammenfassend geht es um eine Handlungs- und Selbststeuerungsorientierung auf der Basis einer individuellen, wertekongruenten Schwerpunktsetzung (Briscoe et al., 2006). Zu den Kompetenzen, die für die Realisierung einer proteischen Laufbahn benötigt werden, zählen eine hohe Selbstkenntnis, Adaptabilität und eine proaktive Handlungssteuerung, die insbesondere die Fähigkeit zum Selbstmanagement umfasst (De Vos & Soens, 2008; Hall et al., 2018).

Nachwuchswissenschaftlern bzw. Nachwuchswissenschaftlerinnen wird eine hohe Verantwortung für die Gestaltung und den Verlauf ihrer Karrieren zugeschrieben. Der Anspruch konvergiert mit der Idee einer proteischen Karriere. Ob ein Großteil der Nachwuchswissenschaftler bzw. Nachwuchswissenschaftlerinnen dies positiv beurteilt oder nicht, also eine in Bezug auf diese Facette proteische Karriereorientierung aufweist, ist damit aber noch nicht gesagt. Unter der Unsicherheit des eigenen Karriereverlaufs scheinen jedenfalls viele zu leiden. Höge et al. (2012) fanden in einer Stichprobe von Nachwuchswissenschaftlern bzw. Nachwuchswissenschaftlerinnen, dass hohe Karriereunsicherheit mit geringerem Wohlbefinden einherging. Sie zeigten aber auch, dass dieser negative Effekt nach Berücksichtigung der proteischen Karriereorientierung der Befragten verschwand. Die proteische Karriereorientierung selbst war in positiver Weise mit dem Wohlbefinden und in negativer Weise mit der erlebten Karriereunsicherheit korreliert. Diese Zusammenhänge waren im Wesentlichen durch die proteische Facette des selbstgesteuerten Laufbahnmanagements und nicht durch die Facette der Orientierung an den eigenen Werten bestimmt. Angesichts der Bedeutung, die schon Nachwuchswissenschaftler und Nachwuchswissenschaftlerinnen der Reputation zuschreiben (s. o.), ist wohl keineswegs einfach davon auszugehen, dass sie ihren persönlichen Erfolg vorwiegend an internen Wertemaßstäben orientieren. Zugleich gibt es in der Wissenschaft ein eigenes Set an Normen (Universalismus, Kommunalismus, Uneigennützigkeit und organisierten Skeptizismus; Merton, 1942), das, wenn es in das eigene Wertesystem übernommen wird, deutlich positiv mit der Arbeitszufriedenheit von Wissenschaftlern und Wissenschaftlerinnen assoziiert ist (Burk & Wiese, 2021).

Was die von Hall et al. (2018) beschriebene Kompetenz der Adaptabilität betrifft, haben Spurk et al. (2015) in einer Studie mit Nachwuchswissenschaftlern und Nachwuchswissenschaftlerinnen aus dem MINT-Bereich gezeigt, dass die berufliche Anpassungsfähigkeit positiv mit der subjektiv wahrgenommenen internen und externen Marktfähigkeit zusammenhängt. Die Wahrnehmung der eigenen Marktfähigkeit ging ihrerseits mit geringerer Arbeitsplatz- bzw. karrierebezogener Unsicherheit einher. Allerdings geben Kauffeld et al. (2019) zu bedenken, dass eine Karriereanpassungsfähigkeit auf Seiten der Nachwuchswissenschaftler bzw. Nachwuchswissenschaftlerinnen zu einem Fokusverlust führen könne. Idealerweise wäre entsprechend ein Kompetenzaufbau bei Nachwuchswissenschaftlern bzw. Nachwuchswissenschaftlerinnen also auf jene Felder gerichtet, die gut in verschiedenen Karrierekontexten eingesetzt werden können.

In einer im Cross-lagged-Design konzipierten Längsschnittstudie mit Promovierenden und Promovierten aus den MINT-Fächern, die über vier Jahre zu acht Erhebungszeitpunkten im Abstand von jeweils sechs Monaten befragt wurden, rückten Alisic und Wiese (2020; vgl. auch Alisic & Wiese, 2021, Alisic et al., in Druck) weiterhin die von Hall et al. (2018) beschriebene Kompetenz der proaktiven Handlungssteuerung in den Vordergrund. Zentrale Annahme war, dass akademische Karriereunsicherheit für Nachwuchsforschende durch den Einsatz von Selbstmanagementstrategien besser zu bewältigen ist, da diese u. a. die Zuversicht in die eigene Handlungsfähigkeit im Umgang mit beruflichen Entwicklungsanforderungen stärken sollten. Tatsächlich zeigte sich, dass ein verstärkter Einsatz von Selbstmanagement und ein Zugewinn in Selbstwirksamkeitsüberzeugungen die Karriereunsicherheit nachfolgend reduzierte. Genauso führte allerdings eine ansteigende Karriereunsicherheit zu einer Verringerung des individuellen Selbstmanagements sowie zu sinkenden Selbstwirksamkeitsüberzeugungen. Die Autorinnen resümieren, dass Nachwuchswissenschaftler bzw. Nachwuchswissenschaftlerinnen durch proaktives Handeln einem lähmenden Grübeln über die Planungsunsicherheit der wissenschaftlichen Karriere zumindest teilweise entgegenwirken und zugleich eine zentrale individuelle Ressource stärken können, nämlich die Zuversicht in die eigene Fähigkeit, mit aktuellen und zukünftigen beruflichen Herausforderungen erfolgreich umzugehen.

7.1.3 Bezüge zum Konzept von Karriere als Berufung (*Calling*)

Vorneweg ist im Kontext des vorliegenden Kapitels anzumerken, dass das von Hall und Chandler (2005) in die psychologische Berufsentwicklungsliteratur eingeführte Konzept der Karriere als Berufung nicht mit dem Karriereschritt der Berufung auf eine Professur im Rahmen der akademischen Karriere zu verwechseln ist. Das Konzept der Berufung nach Hall und Chandler (2005) ist vielmehr verwandt mit der proteischen Karriere. Allerdings gelten die Kernelemente der proteischen Karriere, also die eigenverantwortliche Karrieregestaltung und die Orientierung an den eigenen Werten, nur als notwendige und nicht als hinreichende Bedingungen, um von einer Berufung zu sprechen. Was nach Hall und Chandler (2005) noch hinzukommen muss, ist ein Gefühl der Bestimmung, dass man einen Beruf gefunden hat, dem man unbedingt nachgehen möchte und den man sogar als seinen zentralen Lebenszweck wahrnimmt (»[...] we define a calling as work that a person perceives as his purpose in life.«, Hall & Chandler, 2005, S. 160). Wiederholt betont wird das Erleben der Sinnhaftigkeit des eigenen Tuns, das zumeist über die eigene Person hinausgeht und oftmals mit einem gesellschaftlichen Wert verknüpft ist. Nach Hall und Chandler (2005) wird sich eine Person, die ihre berufliche Laufbahn als Berufung ansieht, stark auf jene beruflichen Ziele konzentrieren, die ihre Bestimmung widerspiegeln. Infolge dieser Zielklarheit werde sie die erforderlichen Anstrengungen zur Zielerreichung unternehmen. Zur Anstrengungsbereitschaft trüge maßgeblich auch das kompetenzbezogene Selbstvertrauen einer Person bei, das seinerseits durch erfolgreiche Zielverfolgung gestärkt werde. Gleichzeitig bekräftige das Kompetenzerleben auch das Gefühl der Berufung. Die Verwendung des Begriffs des Selbstvertrauens erfolgt bei Hall und Chandler (2005) analog zu dem Begriff der Selbstwirksamkeitsüberzeugungen bei Bandura (1991); auch die sich selbst verstärkenden Lernzyklen, wie sie bereits Gegenstand der Konzeptualisierung der proteischen Karriere sind (▶ Kap. 1.2.1), lassen sich im Sinne von Banduras (1997) Selbstregulationsmodell verstehen bzw. in der Berufsentwicklungstheorie von Lent et al. (1994) verorten (▶ Kap. 3).

Dass Selbstbestimmtheit, Selbstmanagement und Selbstvertrauen wichtige motivationale und agentische Komponenten in den Karrieren von Nachwuchswissenschaftlern bzw. Nachwuchswissenschaftlerinnen sind, wurde bereits oben im Zusammenhang mit der proteischen Karriere ausgeführt. Der Bezug zu wissenschaftlichen Werten mag überdies als Indikator eines besonderen Zweckes der eigenen Tätigkeit gewertet werden. Es bleibt die Frage nach dem Erleben, dass die Wissenschaft der einzige Beruf ist, dem man nachgehen möchte. Was auf den ersten Blick dafür spricht, ist die deutliche Betonung von intrinsischen Motiven für die Entscheidung, eine wissenschaftliche Karriere einzuschlagen (z. B. Abele & Krüsken, 2003) und eine Professur anzustreben (Burk & Wiese, 2018a) bzw. innezuhaben (Deemer et al., 2012). Was dagegen spricht, ist das Ausmaß, in dem Nachwuchswissenschaftler bzw. Nachwuchswissenschaftlerinnen für sich selbst zeitgleich verschiedene Karriereziele als aktuelle Bestrebungen angeben (vgl. Noppeney et al., 2022). Im Hinblick auf intraindividuell abbildbare Muster von Zielen lässt sich aber zumindest feststellen, dass es neben Gruppen (a) von Unentschlossenen, (b) von solchen mit einem dezidierten Interesse an einer Leitungstätigkeit in der Industrie und keinem Interesse am Fortsetzen der Laufbahn in Academia und (c) von solchen mit Interesse an einer Tätigkeit ohne große Führungsspanne (z. B. in der Hochschulverwaltung oder einem Arbeitgeber außerhalb des Hochschulbereichs), auch eine Gruppe (d) von Personen mit deutlichem Forschungsfokus gibt. Letztgenannte sind jene, die eindeutig eine Forschungstätigkeit anstreben – sei es auf der Ebene einer Professur oder im Mittelbau – und ein nur unterdurchschnittliches Interesse an einer Leitungstätigkeit in der Industrie haben. Inwiefern die Gruppe mit klarer inhaltlicher Ausrichtung in Richtung Wissenschaftslaufbahn gleichzeitig auch ein Gefühl der Berufung erlebt und ob dies subjektiven und objektiven Erfolg vorhersagt, bleibt noch zu bestimmen. Ob man die in der Wissenschaft zu beobachtenden langen Arbeitszeiten als Ausdruck einer berufungsbedingten Hingabe deuten kann, ist ebenfalls noch unklar. Diese könnten auch schlicht der Notwendigkeit geschuldet sein, den eigenen Arbeitsaufgaben gerecht zu werden. Bemerkenswert sind allerdings die besonders langen Arbeitszeiten der etablierten und unbefristet beschäftigten Professoren bzw. Professorinnen (Jacob & Teichler, 2011). Ein weiterer Befund aus dem Projekt von Wiese et al. (2020) ist, dass insbesondere Nachwuchswissenschaftler und Nachwuchswissenschaftlerinnen, die weniger Wert daraufegen, Arbeit und Privatleben zu trennen, eher eine Professur anstreben und erreichen. Ob das nahtlose Ineinandergreifen von beruflichem und privatem Lebensbereich tatsächlich als ein Indikator für ein stärkeres Berufungserleben zu betrachten ist, müssen zukünftige Forschungsarbeiten zeigen.

7.2 Die Promotion

7.2.1 Wer entscheidet sich für eine Promotion?

Es ist bekannt, dass die Promotionswahrscheinlichkeit stark disziplinär geprägt ist. Berechnungen des Statistischen Bundesamtes, die einer in der Hochschulstatistik üblichen Aufteilung in acht Fächergruppen folgen, lassen den höchsten Anteil in der Human- und der Veterinärmedizin sowie in der Fächergruppe Mathematik und Naturwissenschaften erkennen (jeweils in Relation gesetzt zu den Absolventenquoten auf Masterniveau bzw. äquivalenten Abschlüssen). Deutlich darunter liegen die Promotionsquoten in den Agrar-, Forst- und Ernährungswissenschaften, den Sprach- und Kulturwissenschaften, den Ingenieurwissenschaften und den Rechts-, Wirtschafts- und Sozialwissenschaften sowie in der Gruppe der Studierenden aus Kunst, Kunstwissenschaften und Sport (vgl. Heineck & Matthes, 2012). Innerhalb einzelner Fächergruppen liegt jedoch ein nochmals heterogenes Bild vor. Dies lassen Daten erkennen, die das Centrum für Hochschulentwicklung publiziert hat (Hachmeister, 2019). Betrachtet man den MINT-Bereich, so finden sich relativiert an den Abschlüssen auf Masterniveau in der Biologie, Chemie und Physik Spitzenwerte in den Promotionsraten, nämlich 86, 79 bzw. 64 %. Die Promotionsquote in der Mathematik liegt diesen Berechnungen folgend bei 40 %. In der Informatik und den ingenieurwissenschaftlichen Fächern bewegen sich die Promotionsquoten deutlich unter 30 %. Mit Blick auf andere Fächer zeigen sich Promotionsquoten unter 20 %, etwa in den Wirtschaftswissenschaften (16 %), der Psychologie (15 %) und der Rechtswissenschaft (13 %). Die niedrigste Quote weist laut CHE-Auswertung die Architektur (6 %) auf. Bei den relativ hohen Promotionsquoten in der Humanmedizin (lt. CHE: 63 %; vgl. Hachmeister, 2019) ist zu bedenken, dass die dortigen Promotionen laut Einschätzung des Wissenschaftsrats häufig eher dem Niveau einer Studienabschlussarbeit entsprechen (Wissenschaftsrat, 2004).

Während die Promotion (von künstlerischen Fächern abgesehen) eine unverzichtbare Voraussetzung für die wissenschaftliche Karriere mit dem Ziel der Professur ist, kommt ihr mit Blick auf nicht-wissenschaftliche Laufbahnen in den jeweiligen Fächern eine unterschiedliche Relevanz zu. Entsprechend haben die fachspezifischen Promotionsquoten insbesondere etwas mit den Unterschieden in der Funktion der Promotion im Rahmen der nicht-wissenschaftlichen Laufbahnen zu tun. So gilt in der Chemie und der Biologie die Promotion als bedeutsam für den Eintritt in alle möglichen Karrierepfade, was in der Mathematik, den technischen Fächern und den Sozial- und Kulturwissenschaften so nicht der Fall ist. Das heißt aber nicht, dass sich ein Doktortitel nicht auch dort im Sinne monetärer oder nicht-monetärer Weise als Vorteil erweisen kann. Darauf werden wir in ▶ Kap. 7.2.2 näher zu sprechen kommen.

Da es aber auch innerhalb der meisten Fächer deutliche Unterschiede in der Promotionsneigung der einzelnen Absolventinnen und Absolventen gibt, stellt sich die Frage, welche weiteren Prädiktoren hier zur Vorhersage der Promotionsneigung wirksam sind. In einer Studie mit Absolventinnen und Absolventen mit Hauptfach Mathematik (unter Ausschluss des Lehramts) fanden Abele und Krüsken (2003), dass all jene, die angaben, eine langfristige wissenschaftliche Laufbahn in Erwägung zu ziehen, auch promovieren wollten. Unter jenen, die keine wissenschaftliche Laufbahn anstrebten, zogen lediglich 16 % eine Promotion ernsthaft in Erwägung. Weiterhin prädiktiv für die Promotionsabsicht waren u. a. studiumsbezogene Aspekte – darunter insbesondere die Examensnote (vgl. ähnliche Befunde für andere Fächer u. a. Enders & Bornmann, 2001), eine vergleichsweise kürzere Studiendauer, ein positives Erleben des Studiums und das Vorhandensein von Mentoren bzw. Mentorinnen – sowie eine spezifische Qualität beruflicher Ziele, die Abele und Krüsken (2003) zumindest nicht explizit mit den angestrebten Karrierewegen (wissenschaftliche versus nicht-wissenschaftliche Laufbahn) gleichsetzen. Bei den beruflichen Zielen gingen solche, die inhaltlich auf geistiges Wachstum ausgerichtet waren, mit einer hohen Promotionsabsicht einher, während solche, die traditionelle Erfolgsmaßstäbe bzw. Zweckanreize fokussierten (z. B. Einkommen, statushohe Position), mit einer gering ausgeprägten Promotionsabsicht assoziiert waren. Tatsächlich weist diese Konzeptualisierung beruflicher Ziele eine starke Ähnlichkeit mit expliziten beruflichen Motiven auf (vgl. Burk & Wiese, 2018a). Geschlechterunterschiede in Richtung einer stärkeren Promotionsabsicht bei den männlichen Befragten waren ebenfalls vorhanden. Eine negative Korrelation fand sich zwischen Lebensalter und Promotionsabsicht. Das akademische Niveau im Elternhaus hatte zwar für sich genommen den erwarteten positiven Effekt auf die Promotionsabsicht, dieser verschwand jedoch ebenso wie der Effekt der Abiturnote, sobald die oben genannten Faktoren mit in die Betrachtung aufgenommen wurden. Zu einer etwas anderen Einschätzung gelangen Bargel und Bargel (2010) in einer fächerübergreifenden sowie fächervergleichenden Betrachtung. Sie resümieren, dass die soziale Herkunft eine substantielle Bedeutung für die Promotionsabsicht habe.

Abele und Krüsken (2003) fanden keine direkte Beziehung zwischen den beruflichen Selbstwirksamkeitsüberzeugungen und der Promotionsabsicht. Wohl aber fanden sie, dass bei ausgeprägten Selbstwirksamkeitsüberzeugungen eher davon ausgegangen wurde, dass der eigene Berufswunsch realisierbar ist, unabhängig davon, ob dieser den wissenschaftlichen oder nicht-wissenschaftlichen Bereich betrifft. Hier hätte man für die Vorhersage der Promotionsabsicht möglicherweise eine spezifischere, nämlich forschungsbezogene Operationalisierung von Selbstwirksamkeitsüberzeugung benötigt. Solch ein Instrument wurde von Lachmann et al. (2018) vorgelegt, allerdings (noch) nicht in einer für Studierende geeigneten Form, sondern zugeschnitten auf Promovierte (vgl. auch Epstein & Fischer, 2017). Bedenkt man die hohen Selbstmanagementanforderungen der Promotionsphase, könnte das Zutrauen in die eigenen selbstregulativen Kompetenzen eine weitere, hier relevante bereichsspezifische Selbstwirksamkeitsüberzeugung darstellen.

Bei den tatsächlich als Promovierende registrierten Personen findet sich in Deutschland laut aktueller Promovierendenstatistik bei fachübergreifender Betrachtung mit 54% (bezogen auf das Jahr 2017) eine leichte Dominanz der Männer (Vollmar, 2019). Der Anteil der Frauen von 46% liegt leicht unter dem ihres Anteils an den Studierenden in den vorausgehenden Jahren (z.B. im Wintersemester 2012/2013: 47%, im Wintersemester 2016/2017: 48%; Statista, 2021). Zusehends deutlichere Geschlechterdiskrepanzen treten allerdings in den höheren Positionen der akademischen Laufbahn zutage, wie wir in ▶ Kap. 7.3.2 darlegen werden.

7.2.2 Erfolgreicher Abschluss einer Promotion

Was begünstigt bzw. gefährdet den Promotionsabschluss?

Mit der Entscheidung, eine Promotion anzustreben und dem Start einer Doktorarbeit, ist ein erfolgreicher Abschluss des Qualifikationsziels keineswegs garantiert. Bisher lässt die deutsche Hochschulstatistik noch keine verlässlichen, repräsentativen Aussagen zu den Promotionsabbruchquoten zu. Allerdings dürften sie von einer Größe sein, die es rechtfertigt, sich näher mit ihnen zu befassen. Promotionsabbrüche sind problematisch, sowohl für die Hochschulen als auch für die unmittelbar involvierten Einzelpersonen. In Interviews berichteten Personen, die ihre Promotion nicht abgeschlossen haben, von Gefühlen der Scham und Reue, vereinzelt aber auch von Erleichterung (z.B. Willis & Carmichael, 2011). Hinsichtlich der beruflichen Folgen ermittelte Brandt (2012) für Deutschland auf Basis des *Absolventenpanels des* Hochschul-Informations-Systems (HIS), dass Personen, die ihre Promotion abbrachen, weniger erfolgreich waren als solche mit abgeschlossener

Promotion (z. B. hinsichtlich ihres Einkommens), sich aber nicht signifikant von jenen unterschieden, die zu keiner Zeit an einer Promotion gearbeitet hatten.

Ebenfalls unter Nutzung des *HIS-Absolventenpanels* mit 10-Jahres-Längsschnittdaten von mehr als 1200 Doktorandinnen und Doktoranden untersuchten Jakszat et al. (2021) Prädiktoren des Abbruchs eines Promotionsstudiums. Ihren Ergebnissen folgend brechen Frauen häufiger ab als Männer, auch die Elternschaft erhöht das Abbruchrisiko. Protektiv wirken hingegen sehr gute Examensnoten. Vorteile im Sinne vergleichsweise geringerer Abbruchquoten hatte auch die Teilnahme an einem Stipendienprogramm. Jakszat et al. (2021) vermuten, dass die Stipendiatinnen und Stipendiaten eine positiv selektive Gruppe in Bezug auf ihre Fähigkeiten und Motivation sind, und dass Stipendienprogramme eine verbindlichere Betreuungssituation sowie wichtige Vernetzungsmöglichkeiten schaffen. Dies alles kann auch im Sinne einer stärkeren *akademischen Integration* gewertet werden. Im Gegensatz dazu konnten Hauss und Kaulisch (2012) mit Rekurs auf das Promovierendenpanel ProFile nicht feststellen, dass Promovierende in strukturierten Promotionsprogrammen eine intensivere Betreuung erleben oder eine größere Betreuungszufriedenheit berichten als solche ohne eine derartige Programmeinbindung. Die Abbruchwahrscheinlichkeit hängt den Resultaten von Jakszat et al. (2021) folgend weiterhin von der Disziplin ab. Hier wird im Sinne eines rationalen Entscheidungsprozesses argumentiert (Breen & Goldthorpe, 1997). Es sei u. a. davon auszugehen, dass dort, wo die Arbeitsbedingungen ungünstig wahrgenommen würden und hohe Promotionsrenditen nicht zu erwarten seien, eher abgebrochen werde. Tatsächlich fanden Jakszat et al. (2021) in den Geistes- und Sozialwissenschaften vergleichsweise höhere Abbruchquoten als in den Natur- und Technikwissenschaften. Allerdings waren die Abbruchquoten in der Rechtswissenschaft nicht viel niedriger als in den Geisteswissenschaften, was angesichts der günstigen monetären Renditesituation für einen Doktorgrad im erstgenannten Gebiet überrascht (siehe auch im Folgenden). In Übereinstimmung mit Tintos (1993) theoretischen Überlegungen zur Rolle der sozialen Integration für Studienverbleib bzw. -abbruch (▶ Kap. 5.4) ergab sich, dass ein enger Kontakt mit dem Betreuer bzw. der Betreuerin und die Integration in die Gruppe der Doktoranden bzw. Doktorandinnen mit einer geringen Abbruchwahrscheinlichkeit einhergingen. Insbesondere die förderliche Rolle eines engen Kontakts mit der Betreuerin bzw. dem Betreuer für den Promotionsabschluss bzw. für die Senkung der Abbruchwahrscheinlichkeit deckt sich mit den Befunden anderer Studien (z. B. Golde, 2005; Ampaw & Jaeger, 2012). Auch für die abbruchpräventive Rolle der Einbindung in die Gruppe der Mitdoktorierenden gibt es in der Literatur weitere Evidenz (vgl. Bair & Haworth, 2004).

Bezogen auf das US-amerikanische System der Graduiertenschulen und stärker auf individualpsychologische Prädiktoren ausgerichtet fanden Cooke et al. (1995) u. a., dass das persönliche Leistungsmotiv, das affektive Commitment gegenüber der betreffenden Universität und das Ausmaß, in dem das Programm die eigenen Erwartungen erfüllt hatte, den 18 Monate später erhobenen Verbleib vorherzusagen vermochten. Dass die erlebte soziale Unterstützung keinen signifikanten Beitrag leistete, mag damit zusammenhängen, dass diese auf einer allgemeinen Ebene erfasst wurde und nicht speziell mit Fokus auf Betreuungspersonen oder den Kreis der anderen Promovierenden.

Litalien und Guay (2015) verfolgten einen zweigleisigen Untersuchungsansatz, in dem sie einerseits einen retrospektiven Vergleich von Personen, die ihre Promotion abgeschlossen hatten, mit solchen, die abgebrochen hatten, vornahmen und andererseits Promovierende über zwei Trimester baten, ihre Abbrucherwägungen anzugeben. Zusammenfassend ergab sich, dass insbesondere die wahrgenommene Kompetenz entscheidend war sowohl für Abbruchgedanken als auch tatsächliche Abbrüche. Indirekt, vermittelt über die wahrgenommene Kompetenz, leisteten auch die intrinsische Promotionsmotivation (aber auch eine durch Zweckanreize gespeiste Motivation) sowie die erlebte Unterstützung durch den Betreuer bzw. die Betreuerin Vorhersagebeiträge. Für Promovierende in den MINT-Fächern ermittelten Wiese et al. (2020), dass jene, die angaben, ernsthaft darüber nachzudenken, die Promotion abzubrechen, als Gründe hierfür insbesondere Probleme im Zusammenhang mit der Betreuung, gefolgt von Selbstzweifeln an der eigenen Eignung sowie eine promotionsfremde Arbeitsbelastung sahen (geschlossenes Antwortformat; ▶ Abb. 7.1).

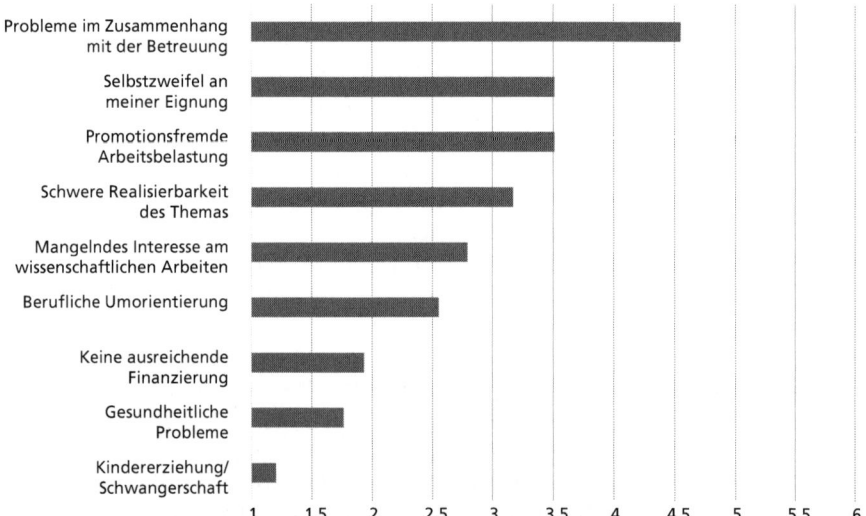

Abb. 7.1: Gründe, die Anlass geben, ernsthaft über einen Promotionsabbruch nachzudenken (Mittelwerte auf einer sechsstufigen Zustimmungsskala; aus Wiese et al., 2020, S. 72).

Es kann davon ausgegangen werden, dass der endgültige Rückzug aus der Promotion keine spontane Entscheidung ist. Vermutlich schwanken Doktorierende eine ganze Weile zwischen dem weiteren Durchhalten und dem Aufgeben des Promotionsziels und geraten so ggf. in eine zusehends schwerere Handlungskrise (Brandstätter et al., 2013). Noch ist zu wenig darüber bekannt, was Promovierende tun können, um solche Handlungskrisen erfolgreich zu bewältigen. Längsschnittliche Cross-lagged-Analysen weisen allerdings darauf hin, dass Personen, die eine Zunahme von karrierebezogenem Selbstmanagement sowie sozialer Unterstützung berichten, nachfolgend weniger über einen Promotionsabbruch nachdenken (Alisic et al., in Druck). Insgesamt ist zu vermuten, dass insbesondere die Zuversicht, dass sich die eigenen Anstrengungen auszahlen und zum (Karriere-)Erfolg führen, das persistente Zielstreben stärken und der Entwicklung einer überdauernden Handlungskrise im Hinblick auf den Abschluss der Promotion entgegenwirken. Wiese et al. (2020) zeigten, dass Selbstmanagement statistisch bedeutsam zur längsschnittlichen Vorhersage des Promotionsabschlusses beiträgt.

Monetäre und nicht-monetäre Renditen eines Promotionsabschlusses

Heineck und Matthes (2012) nutzten das HIS-Absolventenpanel, um zu analysieren, wie sich eine Promotion in unterschiedlichen Fächergruppen auf Verdienst (Bruttoeinkommen ca. 5 Jahre nach Abschluss; sog. monetäre Rendite) sowie die Adäquatheit der Beschäftigung (berufliche Position, Niveau der Aufgaben, Passung zur fachlichen Qualifikation) und die Zufriedenheit (sog. nicht-monetäre Renditen) auswirkt. Ihre Berechnungen zeigen, dass Promovierte im Vergleich zu nicht promovierten Absolventen bzw. Absolventinnen im Durchschnitt ein (etwas) höheres Einkommen erzielen (sofern in der Privatwirtschaft tätig), viel seltener inadäquat beschäftigt und subjektiv zufriedener mit ihrer aktuellen Arbeitssituation und ihren Karriereperspektiven sind. Im Vergleich zu Personen des gleichen Geschlechts, die nicht promoviert haben, profitieren Frauen etwas stärker vom Doktortitel als Männer (vgl. auch Enders & Bormann, 2001). Darüber hinaus haben Heineck und Matthes (2012) bemerkenswerte fachspezifische Unterschiede hinsichtlich der monetären Renditen herausgearbeitet. Der mittlere Verdienstaufschlag beträgt etwa 6%, schwankt aber fachspezifisch beträchtlich. Heineck und Matthes (2012) ermittelten für promovierte Rechtswissenschaftler bzw. Rechtswissenschaftlerinnen eine Spitzenposition mit einem Verdienstaufschlag von nahezu 27%. Für promovierte Ingenieure bzw. Ingenieurinnen werden Aufschläge von 16%, für Naturwissenschaftler bzw. Naturwissenschaftlerinnen von 14%, für Wirtschaftswissenschaftler bzw. Wirtschaftswissenschaftlerinnen von 12% und für Mediziner bzw. Medizinerinnen von 10% berichtet. Bei promovierten Psychologen bzw. Psychologinnen, Mathematikern bzw. Mathematikerinnen und Informatikern bzw. Informatikerinnen ergaben sich keine Verdienstvorteile; für promovierte Absolventen bzw. Absolventinnen der Sprach- und Kulturwissenschaften fanden sich sogar Verdienstabschläge.

Als Bildungsinvestition sind humankapitaltheoretisch monetäre Renditen der Promotion zu erwarten (Becker, 1962). Gleichzeitig, so argumentieren Heineck und Matthes (2012), signalisiere die abgeschlossene Promotion einem Arbeitgeber bzw. einer Arbeitsgeberin, dass die betreffende Person nicht nur über besondere fachliche Expertise verfügt, sondern sich auch durch ein hohes Maß an Leistungsbereitschaft und Ausdauer auszeichnet. Es geht also nicht allein um ein fachspezifisches, sondern auch um ein generelleres Humankapital. Damit werde die Promotion auch für Karrieren außerhalb der Wissenschaft signaltheoretisch (Spence, 1973) bedeutsam: »Der Doktortitel gilt also als Indikator für überlegenes Talent und breites Humankapital, und daher häufig als Eintrittskarte in das Segment höherer Leitungs- bzw. Managementpositionen in der Privatwirtschaft oder im öffentlichen Dienst.« (Heineck & Matthes, 2012; S. 88). Fächerspezifische Unterschiede seien segmentationstheoretisch (Blossfeld & Mayer, 1988) zu erklären, da Promovierte nur eingeschränkt Fächergrenzen überschreiten könnten (vgl. Heineck & Matthes, 2012). Wer in einem auf dem Arbeitsmarkt nachgefragten Fach promoviert habe, dürfe relativ höhere Renditen erwarten.

Es gibt weiterhin Hinweise darauf, dass Promotionen auch in der Spitzenliga der Leitungspositionen in der Privatwirtschaft relevant sind. In der deutschen Wirtschaftselite sind Doktortitel verbreitet: Im Jahr 2011 waren 66% der Vorstandsvorsitzenden der DAX-30 Unternehmen promoviert (Buß, 2012). Allerdings merken Hartmann und Kopp (2001) in diesem Zusammenhang an, dass Lebensläufe von Promovierten aus den Ingenieur-, Rechts- und Wirtschaftswissen erkennen lassen, dass auch in dieser Gruppe der Höchstqualifizierten die soziale Herkunft die ausschlaggebendere Rolle spiele.

7.3 Karriereziele und -wege für die Zeit nach der Promotion

Der Abschluss einer Promotion ermöglicht es, unterschiedliche Karrierewege innerhalb und außerhalb von Wissenschaftsorganisationen einzuschlagen. Im privatwirtschaftlich-industriellen Umfeld kann u. a. in Forschung und Entwicklung oder im Managementbereich gearbeitet werden. Auch die Gründung eines eigenen Unternehmens ist eine Option. Der Verbleib in der Wissenschaft kann eine Postdoc-Phase hin zur Professur führen oder hin zur unbefristeten Stelle im wissenschaftlichen Mittelbau mit Daueraufgaben im Bereich der Lehre und/oder Forschung. Weiterhin ist auch ein Karriereweg ins Wissenschaftsmanagement mit Aufgabenschwerpunkten in der Projektverwaltung und Organisationsentwicklung eine Option. Das Interesse an diesen Karrierewegen ist unter Nachwuchswissenschaftlern und Nachwuchswissenschaftlerinnen unterschiedlich stark ausgeprägt. Im MINT-Bereich dominiert das Interesse an der Übernahme einer Managementposition in der Industrie (gefolgt von der Universitätsprofessur und dem Unternehmertum; Noppeney et al., 2022). Außerdem gibt es deutliche Geschlechterunterschiede derart, dass Frauen im Vergleich zu Männern ein stärkeres Commitment gegenüber Karrierezielen äußern, die Positionen betreffen, die keine Führungsverantwortung umfassen.

Nachstehend möchten wir aus dem oben skizzierten Spektrum der beruflichen Entwicklungspfade für eine nähere motivationale sowie anforderungsorientierte Betrachtung zwei Möglichkeiten einander kontrastierend gegenüberstellen, nämlich die wissenschaftliche Karriere mit dem Ziel der Professur und die privatwirtschaftliche Karriere mit dem Ziel der der Übernahme einer Managementfunktion. Daran schließt sich eine Betrachtung der konkreten Schritte zur Professur an.

7.3.1 Professur oder eine leitende Position in der Privatwirtschaft?

Zur umfassenden Ermittlung der beruflichen Motive von Nachwuchswissenschaftlern bzw. Nachwuchswissenschaftlerinnen haben Burk und Wiese (2018a) das in ▶ Abb. 2.2 (▶ Kap. 2.2.3) dargestellte Motivmodell theoriegeleitet entwickelt und faktorenanalytisch validiert.

Dieses Modell nutzten Burk und Wiese (2018a), um zu ermitteln, welche inhaltlichen Motivkomponenten zur Vorhersage des Karriereziels der Professur auf der einen und des Karriereziels einer leitenden Position in der Industrie (kurz: Management) auf der anderen Seite besonders geeignet sind. Regressionsanalytisch kristallisierten sich für das Karriereziel *Professur* insbesondere das Streben nach Autonomie, Kompetenzerleben, Kreativität sowie Macht und Einfluss als förderliche motivationale Prädiktoren heraus. Einen auf das Ziel der Professur abträglichen Einfluss hatten eine monetäre Orientierung und ein sehr hohes Streben danach, Beruf und Familie möglichst gut zu vereinbaren. Für das Karriereziel *Management* erwiesen sich das Streben nach Macht und Einfluss generell sowie nach Führungsaufgaben im Speziellen, die Orientierung an einem hohen Verdienst sowie – wenn auch in etwas geringerem Maße – das Interesse, an herausfordernden Aufgaben zu arbeiten, als prädiktiv. Konvergierend findet sich also für beide Karriereziele eine Prädiktionskraft des Machtmotivs, wenn auch mit relativ geringerem Gewicht für die wissenschaftliche Zielausrichtung. Konträr stellt sich die Rolle der monetären Orientierung dar, befördert sie doch den Wunsch nach einer Managementposition und hält zugleich vom Anstreben einer Professur ab. Ein spezifisches leistungsbezogenes Motiv, das für das Karriereziel der Professur auffallend hervortritt, ist die Kreativität (vgl. auch Erez & Shneorson, 1980). Autonomie als eigenständiger Motivfaktor spielt ebenfalls allein für das Karriereziel der Professur eine bedeutsame Rolle. Dass dies ein für Professoren und Professorinnen charakteristisches Motiv ist, zeigte auch Lindholm (2004) in einer qualitativen Interviewstudie mit dieser Personengruppe. Ein jüngerer Assistenzprofessor aus den Geisteswissenschaften führte hierzu aus: »I love the discretionary time that's built into the academic profession. I've got tons of work to do, but my work day is shaped by my own predilections of when I will do what to an extraordinary degree. And that's what I love about [this type of work] in addition to just liking the subject matter. « (Lindholm, 2004; S. 611). Und ein älterer unbefristet beschäftigter Professor aus den Sozialwissenschaften erklärte: »The urge for autonomy within this setting was cherished and, as I've gotten into the business and stayed with it over the years, I've really come to realize more and more what autonomy means. Not only does it mean that you don't have people looking too closely over your shoulder, it also means that you have an enormous amount of freedom to kind of reinvent the job on a day to day or week to week basis, particularly if you're tenured, but even if you're not. That keeps me fresh in my work.« (Lindholm, 2004, S. 612).

Decken sich nun die individuellen beruflichen Motive mit dem, was von Beschäftigten in Arbeitskontexten in der Wissenschaft und der Industrie geboten wird bzw. mit dem, was dort von ihnen auf der Kompetenzseite gefordert wird? Promovierte aus den Ingenieur- und Naturwissenschaften (inkl. Mathematik) schreiben der Privatwirtschaft erwartungskonform deutlich höhere Verdienstmöglichkeiten sowie eine höhere Beschäftigungssicherheit zu als der Wissenschaft (Burk et al., 2016). Vergleicht man überdies das Vorliegen weiterer Anreizfaktoren, die als der eigentlichen Tätigkeit immanent betrachtet werden können – herausfordernde Lern- und Leistungsmöglichkeiten, Autonomie, soziale Beziehungen und Anwendungsrelevanz – so ergeben sich weitere Unterschiede. In der Wissenschaft beschäftigte Promovierte geben höhere Autonomie und mehr herausfordernde Lern- und Leistungsmöglichkeiten an, aber weniger Gelegenheit zum anwendungsbezogenen Arbeiten als die in der Privatwirtschaft beschäftigten Promovierten. Hinsichtlich der Möglichkeit, soziale Beziehungen zu pflegen, ergaben sich in den Analysen von Burk et al. (2016) keine Gruppenunterschiede. Zusätzlich ließen Wiese et al. (2020) von MINT-Promovierenden und Promovierten einschätzen, welche Kompetenzen von ihnen gefordert sind. ▶ Abb. 7.2 gibt die Ergebnisse aus der Wissenschaftssubstichprobe wieder. Auffällig ist große Bedeutung von Selbstmanagementkompetenzen, von denen angenommen werden darf, dass sie in allen Arbeitssituationen, die von Autonomie gekennzeichnet sind, besonders wichtig sind. Die eingeschätzte Relevanz fiel hier deutlich höher aus als in einer Vergleichsgruppe von in der Privatwirtschaft Beschäftigten. Dies gilt ebenso für die Fähigkeit, kreativ zu sein. Hier gibt es also durchaus eine Konvergenz zwischen beruflichen Motiven und den organisational gebotenen Strukturen bzw. Anforderungen.

7.3.2 Postdoc-Phase und die Übernahme einer Professur

Für das Erreichen einer unbefristeten Professur ist die Promotion eine i. d. R. notwendige, aber keine hinreichende Bedingung. Traditionell ist im deutschsprachigen Raum eine Habilitation nachzuweisen bzw. äquivalente Leistungen, welche die Eignung zur selbstständigen Forschung und Lehre anzeigen. Dazu zählt in Deutschland auch eine positive Evaluation als Juniorprofessor oder Juniorprofessorin. In den Technikwissenschaften können als relevant erachtete Erfahrungen auch in der Industrie gesammelt werden. Außeruniversitäre Berufspraxis anstelle einer Habilitation sind außerdem auch bei Berufungen auf Fachhochschulprofessuren üblich (vgl. Kauffeld et al., 2019).

Im Rahmen der Postdoc-Phase sollen ein eigenes Forschungsprofil entwickelt sowie Erfahrungen in der Lehre und bei Drittmitteleinwerbungen gesammelt werden. Es soll publiziert werden – möglichst so, dass andere die eigene Forschung zitieren – und eine Vernetzung in die relevante Scientific Community stattfinden. Die Art der relevanten Publikationen unterscheidet sich fachdisziplinär, vor allem in den Naturwissenschaften (inkl. Mathematik), aber auch in Teilen der Sozialwissenschaften spielen insbesondere Publikationen in internationalen peer-reviewten Zeitschriften eine zentrale Rolle. In den Technikwissenschaften zählen in besonderer Weise Beiträge auf hochrangigen Konferenzen, die in Form sogenannter

7 Karrieren von Nachwuchswissenschaftlern und Nachwuchswissenschaftlerinnen

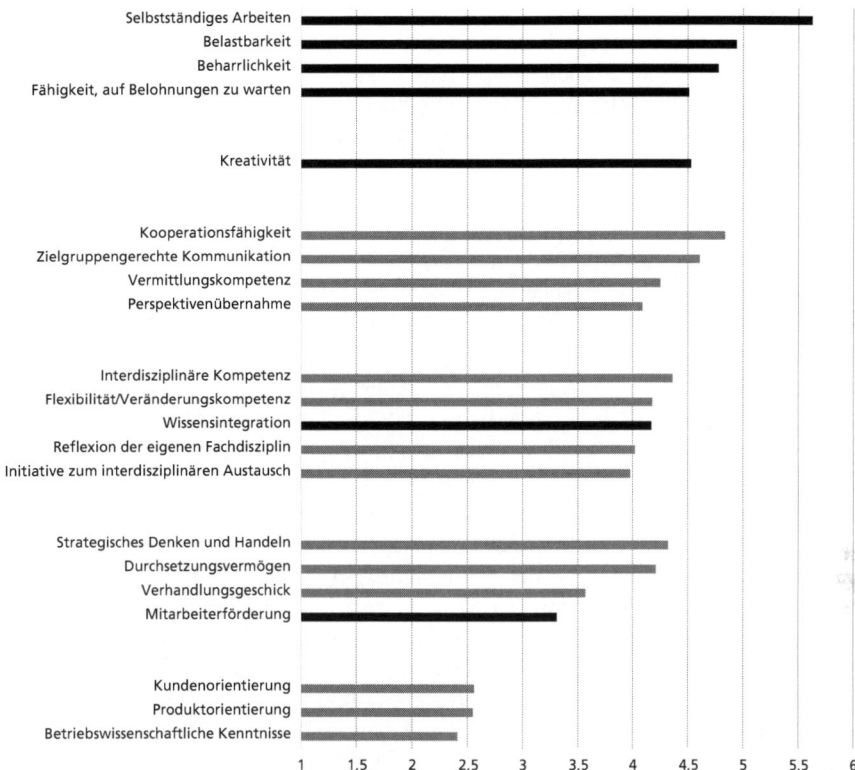

Abb. 7.2: Ausmaß, in dem in der Wissenschaft beschäftigte Promovierende und Promovierte erleben, dass bestimmte Kompetenzen für ihre Tätigkeit erforderlich sind (nach Wiese et al., 2020; S. 29).
Anmerkung: schwarz = Kompetenzen, die in der Wissenschaft stärker gefordert sind als in der Privatwirtschaft.

Proceedings publiziert werden. Im Prinzip gelten dort auch Patente als Produktivitätsmerkmale; Verlaufsdaten zeigen allerdings, dass sie das Verlassen des akademischen Systems eher befördern (Balsmeier & Pellens, 2014). In den Geisteswissenschaften spielen Monographien und Buchbeiträge eine besonders gewichtige Rolle.

Die oben genannten Leistungen sind relevant, um bei Berufungsverfahren auf Professuren erfolgreich zu sein (vgl. Kauffeld et al., 2019). In diesen Verfahren werden die von einer Berufungskommission (zusammengesetzt aus Vertretern bzw. Vertreterinnen verschiedener Statusgruppen einer Hochschule sowie mindestens einem externen Experten bzw. einer externen Expertin) als besonders vielversprechend identifizierten Kandidaten und Kandidatinnen zu Forschungsvorträgen (teilweise auch Lehrproben) und Gesprächen eingeladen. Bei der Einladung können weiterhin universitätsspezifische Referenzpunkte zum Tragen kommen, wie die thematische Passung zu einem Fakultäts- oder Universitätsprofil (z. B. hohes Maß an Interdisziplinarität). Insbesondere im Rahmen der persönlichen Vorstellung werden durchaus auch Einschätzungen hinsichtlich überfachlicher Kompetenzen (z. B. Kooperations- und Kommunikationsfähigkeit,) vorgenommen (vgl. Kauffeld et al., 2019). Von den Eingeladenen wird wiederum eine kleinere Zahl von Personen (i. d. R. drei) ausgewählt, deren Eignung vergleichend und versehen mit einer Rangordnung von i. d. R. zwei auswärtigen Fachgutachtern bzw. Fachgutachterinnen ergänzend eingeschätzt wird. Auf Basis aller gesammelten Informationen und Eindrücke erstellt die Berufungskommission dann einen Listenvorschlag, der, sofern er von der Universitätsleitung befürwortet wird, dazu führt, dass zunächst dem oder der Erstplatzierten ein Ruf erteilt und ein konkretes Angebot unterbreitet wird. In wenigen Fällen gibt es auch geschlossene Berufungsverfahren, die auf einen bestimmten Kandidaten bzw. eine bestimmte Kandidatin hin ausgerichtet sind und bei der keine öffentliche Ausschreibung erfolgt.

Anders als bei den Promotionen, bei denen mittlerweile Männer die Frauen anteilsmäßig nur noch leicht überbieten (▶ Kap. 7.2), treten Geschlechterdiskrepanzen auf den höheren Positionen der akademischen Laufbahn deutlicher hervor. Im Jahr 2018 betrug der Anteil der Frauen bei den Neuberufungen auf W1-Professuren (Juniorprofessuren) 43 %, auf W2-Professuren 34 % und auf W3-Professuren 27 % (Konsortium Bundesbericht Wissenschaftlicher Nachwuchs, 2021). Dabei gibt es Hinweise darauf, dass der Schereneffekt in frauendominierten Studienfächern etwa aus dem Spektrum der Sprach- und Kulturwissenschaften besonders deutlich ist, während der Anteil von weiblichen Studierenden und die Berufungen von Frauen auf Professuren in den Ingenieurwissenschaften näher beieinanderliegen (Lind & Löther, 2007). Ein Interpretationsansatz ist, dass Fächer mit hohem Frauenanteil eine eher geringe Reputation haben und Männern hier Abwertungen durch das soziale Umfeld drohen, denen sie durch eine statussichernden Profilierung als Hochschullehrer entgegenzuwirken versuchen (vgl. Lind & Löther, 2007).

Grundsätzlich ist die wissenschaftliche Literatur, die sich mit der Frage nach den Gründen der Geschlechterdisparitäten befasst, umfangreich und ihre detaillierte Darstellung übersteigt den Rahmen des vorliegenden Kapitels. Es werden sowohl Selbstselektionsprozesse (z. B. defensive Selbstdarstellung der Frauen) als auch Fremdselektionsprozesse (z. B. ein Bias in Richtung Gleichgeschlechtlichkeit und damit eine Bevorzugung von Männern in männerdominierten Wissenschaftsbereichen) diskutiert (vgl. Kauffeld et al., 2019). Wir beschränken uns hier auf einige Aspekte, bei denen den Daten von Wiese et al. (2020) folgend auf Seiten der Frauen ein Reflexionsbedarf besteht bzw. für die sich auf individuelle Ressourcen ausgerichtete Fördermaßnahmen anbieten. Frauen scheinen sich weniger als Männer an Karriereziele mit Führungsverantwortung, zu denen in Deutschland auch die Professur mit dem charakteristischen Lehrstuhlprinzip mit fest zugeordneten Mitarbeiterstellen gehört, zu binden (Burk & Wiese, 2018a; Noppeney et al., 2022). Promovierende und promovierte Frauen geben überdies, wie von Alisic und Wiese (2020) herausgearbeitet, im Durchschnitt geringere berufliche Selbstwirksamkeitsüberzeugungen an als ihre männlichen Kollegen (vgl. Epstein & Fischer, 2017; dort in Bezug auf forschungsbezogene Selbstwirksamkeitsüberzeugungen). Diese sind aber ein wichtiger Prädiktor für anspruchsvolle Zielsetzungen und konsequente Zielverfolgung. Auch priorisieren Frauen (und insbesondere Mütter) eher die Karriere des Partners als ihre eigene. Gerade Mütter senken dann das eigene Arbeitspensum eher, was aber proximalen Erfolgsindikatoren des Wissenschaftssystems wie dem Publikationsoutput entgegensteht. Auch war es den befragten Frauen im Mittel wichtiger, Berufs- und Privatleben klar zu trennen, was mit einer verringerten Wahrscheinlichkeit einherging, eine Professur anzustreben und zu erreichen (Wiese et al., 2020).

Eine besondere Herausforderung für Nachwuchswissenschaftler bzw. Nachwuchswissenschaftlerinnen besteht darin, im akademischen System einer strukturell gegebenen Situation gegenüberzustehen, die es nicht ermöglicht, dass alle, die es möchten, eine Professur erhalten oder eine unbefristete Stelle im Mittelbau bekleiden werden. Fabian und Briedis (2009) berichten, dass von jenen Promovierten, die zunächst ihre Laufbahn in der Wissenschaft fortgesetzt hatten, etwa ein Drittel das Wissenschaftssystem innerhalb der ersten fünf Jahre verlässt. Im Zusammenhang mit der Stellenknappheit im Wissenschaftssystem stellt sich die Frage, welche (fachspezifischen) Wechselmöglichkeiten auch längerfristig vorhanden sind bzw. als subjektiv verfügbar betrachtet werden. Burk et al. (2016) befragten jüngere Promovierte aus den Ingenieur- und Naturwissenschaften (inkl. Mathematik) an Universitäten und in der Privatwirtschaft u. a. zu den Wechselmöglichkeiten von der Wissenschaft in die Wirtschaft, aber auch zurück. Die Wechselmöglichkeit von der Wissenschaft in die Wirtschaft wurde als insgesamt hoch wahrgenommen, die von der Wirtschaft in die Wissenschaft hingegen als eher schwierig. Dabei gab es fachdisziplinäre Unterschiede. Zum einen wurde die Durchlässigkeit in den Naturwissenschaften in beide Richtungen niedriger eingeschätzt. Zum anderen war die Durchlässigkeit innerhalb der Ingenieurwissenschaften weniger stark von der Richtung eines Wechsels bestimmt als in den Naturwissenschaften. Burk et al. (2016) führen dies auf den größeren Anwendungsbezug der Forschung in den Ingenieurwissenschaften zurück, der für eine größere Übertragbarkeit der erworbenen Fachkenntnisse und des Wissens im Sinne des Humankapitals sorge. Die grundlagenforschungsorientierte Prägung der Naturwissenschaften führe hingegen zu einem sehr viel universitätsspezifischerem Humankapital. Möchte man auch in den Naturwissenschaften neben der fachwissenschaftlichen Spezialisierung in der Postdoktorandenzeit ein breiter verwendbares Humankapital erwerben, scheint dies auf den ersten Blick in den Ratschlag münden zu müssen, zusätzlich an der eigenen Praxisqualifikation zu arbeiten (und von Seiten der Hochschule entsprechende Angebote vorzuhalten). Auf den zweiten Blick birgt es aber auch Risiken für den Wettbewerb innerhalb des Wissenschaftssystems, knappe zeitliche Ressourcen nicht klar auf diesen Bereich zu konzentrieren (Burk et al., 2016). Umso wichtiger wäre es, im Rahmen der universitären Personalentwicklung diagnostische Maßnahmen (z. B. in Form von Entwicklungs-Assessment-Centern) vorzuschalten und anschließend zielgruppenspezifische Angebote zu machen (z. B. zum Thema Unternehmensgründung, für jene, die eine entsprechende Neigung haben).

Was bisher in der hochschulbezogenen Berufsentwicklungsforschung noch relativ wenig Beachtung gefunden hat, ist die Frage nach den beruflichen Wünschen von etablierten Professoren bzw. Professorinnen. Eine Ausnahme bildet eine Studie von Jacob und Teichler (2011). Sie fragten diese Personengruppe danach, ob diese während der letzten fünf Jahre Änderungen in ihrer Berufstätigkeit erwogen hatten. Während 41 % dies verneinten, gab es zu den folgenden Entwicklungswünschen in unterschiedlichem Umfang Zustimmungen: Übernahme einer Leitungsposition an einer Hochschule oder Forschungsinstitution (28 %), Wechsel zu Forschung/Lehre an eine andere Hochschule oder Forschungsinstitution im Inland (40 %) oder Ausland (26 %), Wechsel zu einer Tätigkeit außerhalb der Hochschule (15 %). Konkrete Schritte in diese Richtungen hatten allerdings vergleichsweise weniger Personen unternommen, wobei unklar ist, woran dies liegt (z. B. Kosten-Nutzen-Abwägungen). Es wird oft thematisiert, dass die erste Berufung auf eine unbefristete Professur in Deutschland im Durchschnitt erst im mittleren Lebensalter erfolgt, auf eine W2-Professur z. B. mit 41,7 Jahren (Konsortium Bundesbericht Wissenschaftlicher Nachwuchs, 2021). Nichtsdestotrotz haben diese Personen im Durchschnitt noch ein aktives Erwerbsleben von mehr als 25 Jahren vor sich. Überdies scheinen sich Professoren bzw. Professorinnen auch nach dem Übertritt in den offiziellen Ruhestand noch forschend und beratend der Wissenschaft zu widmen. Ergebnisse aus qualitativen Interviews von Reuter und Berli (2018) verweisen darauf, dass es hier tatsächlich Personen mit starkem und überdauerndem Berufungserleben gibt (▶ Kap. 7.1.3).

7.4 Fazit

Promovierte können prinzipiell verschiedene Karrierewege beschreiten. Dabei steht der Überlegenheit extrinsischer Anreize (Verdienst, Sicherheit) in der Privatwirtschaft eine gewisse Überlegenheit intrinsischer Motivationspotenziale in der Wissenschaft gegenüber, insbesondere ein hoher Grad an Autonomie und die Möglichkeit zum kreativen Arbeiten. Der Umgang mit Autonomie ist Anreiz (jedenfalls für jene, die ein hohes Autonomiebedürfnis haben) und Anforderung zugleich. Sowohl für den Umgang mit der für Wissenschaftslaufbahnen charakteristischen lang andauernden Karriereunsicherheit als auch für den Umgang mit Gestaltungsspielräumen im Alltag werden selbstregulative Kompetenzen benötigt. Diese stärken das Zutrauen in die eigenen Bewältigungskompetenzen und das Kontrollgefühl in Anbetracht eines unsicheren Karrierepfads. Hier sollte die Personalentwicklung an Hochschulen ressourcenorientierte Angebote in Form von Coachings und Trainings machen. Ermutigung zu mehr Selbstvertrauen ist jedoch nicht mit einer unrealistischen Tätigkeitsvorschau zu verwechseln, etwa indem suggeriert wird, dass eine wissenschaftliche Karriere ohne hohes Zeitinvestment möglich wäre. Ganz sicher würden Nachwuchswissenschaftler bzw. Nachwuchswissenschaftlerinnen auch davon profitieren, institutionell noch stärker in der Bestimmung der für sie optimal passenden Karrierepfade unterstützt zu werden. Hier könnte eine handlungsnahe Erfahrung und Reflexion im Rahmen von Entwicklungs-Assessment-Centern eine passende Methode sein (vgl. Wiese et al., 2020).

8 Strukturierte Laufbahnmodelle als Mittel organisationalen Karrieremanagements

Organisationales Karrieremanagement lässt sich als eine Sammlung von Maßnahmen verstehen, die Organisationen zur Gestaltung der Karriereentwicklung ihrer Mitarbeiter und Mitarbeiterinnen ergreifen (Baruch & Peiperl, 2000). Die Zusammensetzung dieser Sammlung wird durchaus unterschiedlich beschrieben, als Orientierung sei in ▶ Textbox 8.1 eine Übersicht gegeben, die sich an Veröffentlichungen von Bagdadli und Gianecchini (2019), Gutteridge et al. (1993) sowie Baruch und Peiperl (2000) orientiert. Im vorliegenden Abschnitt möchten wir einen tieferen Einblick in eine dieser Maßnahmen bieten, nämlich in die Etablierung strukturierter Laufbahnmodelle. In ▶ Textbox 8.1 haben wir diese dem Struktur-/Planungsfokus zugeordnet. Wie im weiteren Verlauf deutlich werden wird, bildet die Etablierung alternativer Laufbahnmodelle zudem Schnittstellen zu weiteren Maßnahmen mit jedem der anderen Fokusse. Von besonderem Interesse ist diese Maßnahme unseres Ermessens vor allem, weil sie besondere Aktualität besitzt (zahlreiche namhafte Organisationen haben in den vergangenen Jahren solche Laufbahnen neu eingeführt oder beschäftigen sich gegenwärtig mit deren Konzeption) und einen Einblick in einen weitreichenden, interdisziplinär geprägten Organisationsprozess bietet. Mit Blick auf die existierende Literatur zum Thema alternativer Laufbahnmodelle lässt sich feststellen, dass diese von einer betriebswirtschaftlichen Perspektive geprägt ist, die zudem in eher praxisorientierten Veröffentlichungen ihr Podium findet. Umso mehr stecken wir uns mit dem vorliegenden Kapitel das Ziel, Anknüpfungspunkte für die personal- und organisationspsychologische Forschung und Anwendung sichtbar werden zu lassen.

Wir möchten in diesem Kapitel den Schwerpunkt auf Erläuterungen zur Fach-/Expertenlaufbahn legen. Zur anwendungsbezogenen Anreicherung dieser Ausführungen freuen wir uns, einen näheren Einblick in die Fachexpertenkarriere der Deutschen Bahn AG bieten zu können. Dieser 2023 ausgerollte Karrierepfad soll Expertinnen und Experten gleichwertige Karrieremöglichkeiten gegenüber den bereits zuvor etablierten Führungs- und Projektleiterkarrieren bieten. Expertinnen und Experten erhalten hiermit bei der Deutschen Bahn AG gesteigerte Verantwortung in den Bereichen Unternehmenssteuerung, Strategie und Konzeption sowie als fachliche Unterstützer und Unterstützerinnen in den Geschäftsfeldern. Wir werden auf dieses Praxisbeispiel jeweils zurückkommen, wenn wir uns näher der Darstellung von Beweggründen für die Einführung von Fach-/Expertenlaufbahnen, möglichen Gestaltungsmerkmalen sowie der Einbindung der Personal- und Organisationspsychologie in den Prozess zuwenden werden.

Textbox 8.1: Auswahl von Praktiken des organisationalen Karrieremanagements, in Anlehnung an Bagdadli und Gianecchini (2019), Gutteridge et al. (1993) sowie Baruch und Peiperl (2000)

Entwicklungs-/Kompetenzerweiterungsfokus:

- Karriereplanungsworkshops
- Karriereberatung (durch Vorgesetzte, Personalwesen)
- Seitwärtsbewegungen zur Herausbildung überfunktionaler Erfahrungen, befristete Abordnungen (in andere Abteilungen oder assoziierte Organisationen, Auslandsentsendungen)
- formale Aus-/Weiterbildungsprogramme
- Development Center
- Spezialprogramme (z. B. für ethnische Minderheiten, Frauen, Behinderte, Dual-Career-Couples, Expatriates, High-Potentials)
- Outplacement
- Ruhestandsvorbereitung

Informationsfokus:

- Assessment Center/Potenzialanalysen/Self-Assessments
- Leistungsbeurteilung als Grundlage der Karriereplanung (auch 360°-Appraisal)
- Interner Arbeitsmarkt (interne Ausschreibungen, interne Recruitment-Plattformen)
- formale Karriereinformation (z. B. Broschüren)

Struktur-/Planungsfokus:

- strukturierte Laufbahnmodelle, »Dual-Ladder«-Hierarchien
- strukturierte Karrierepfade für das Management (inkl. Rotation durch Abteilungen, Länder)
- verschriftlichte Karrierepläne
- Nachfolgeplanung

Beziehungsfokus:

- Mentoringprogramme
- Networkingmaßnahmen
- Onboarding-/Sozialisationsprogramme
- Etablierung psychologischer Kontrakte

8.1 Beweggründe für die Gestaltung alternativer Laufbahnmodelle

Im *Annual Global CEO Survey* von PricewaterhouseCoopers aus dem Jahr 2019 (PwC, 2019) wurden Unternehmensleitungen nach den größten Hemmnissen in Hinblick auf ihre Wachstumsaussichten befragt. Nicht effektiv auf Innovationserfordernisse reagieren zu können, stellte sich dabei als die größte Besorgnis heraus. Dementsprechend wurde in der Literatur der letzten Jahrzehnte zunehmend die Bedeutung der intellektuellen Arbeit in einer Wissensgesellschaft herausgestellt (Collins, 1997; Cuvillier, 1974; Despres & Hiltrop, 1995; Whicker & Andrews, 2004). Aus psychologischer Perspektive beinahe als Binsenweisheit anmutend, setzt sich auch in der betriebswirtschaftlich geprägten Literatur zum Innovationsmanagement zunehmend die These durch, dass Menschen mit ihren individuellen Innovationskompetenzen und -bereitschaften die eigentlichen Treiber darstellen (Salter et al., 2015). Demzufolge wird es als eine erfolgskritische Aufgabe der Personalentwicklungsabteilungen verstanden, ihre Praktiken auf die Innovationsfähigkeit der Organisation auszurichten. Für gezielte, auf die Innovationsfähigkeit abzielende Entwicklungsmaßnahmen (u. a. Anreizsysteme, Weiterbildungen) wurde dementsprechend deren positive Auswirkung auf die funktionsübergreifende Kooperationsfähigkeit in Forschung und Entwicklung und, als Folge daraus, die Neuartigkeit und Bedeutsamkeit von Produktinnovationen nachgewiesen (Stock et al., 2014).

Personalentwicklerische Maßnahmen im engeren Sinne allein würden aber zu kurz greifen, wenn auf die Erhöhung der Innovationsfähigkeit und eine nachhaltige Wissensarbeit abgezielt wird. Es gilt, organisationale Strukturen zu schaffen, die auf Spezialistinnen und Spezialisten anziehend wirken, innovatives Arbeiten fördern sowie die handelnden Personen und ihr Wissen an die Organisation binden. Vor dem Hintergrund eines Fachkräftemangels – manch einer würde hierbei zum Begriff des »War for Talents« greifen (Beechler & Woodward, 2009) – ergeben sich Herausforderungen in Hinblick auf die Gewinnung neuer Spezialistinnen und Spezialisten, insbesondere Hochqualifizierter aus technischen Fachdisziplinen (Auriol et al., 2013). Diese bringen mitunter ein durchaus ausgeprägtes Interesse an Aufstiegsmöglichkeiten sowie dem Ausbau ihrer Gestaltungsspielräume mit, ohne dass sie auf einen Entwicklungspfad wechseln möchten, der von Führungs- und administrativer Verantwortung geprägt wäre (Allen & Katz, 1986; Hourquet & Roger, 2005; Katz et al., 1995). Neben den zu befürchtenden motivationalen Einbußen für Beschäftigte bei einem etwaigen Übergang in die Linienverantwortung, wäre eine Abkehr vom Pfad des fortgesetzten Ausbaus der fachlichen Expertise auch mit wenig wünschenswerten Konsequenzen für die Innovationsfähigkeit der Organisation verbunden, wie Shepard bereits in den 1950er Jahren feststellte: »Wenn man aus einem guten Wissenschaftler einen Manager macht, hat man einen guten Wissenschaftler verloren« (übersetzt nach Shepard, 1958, S. 179). Diese Auffassung steht im direkten Widerspruch zu der – teilweise noch heute weit verbreiteten – Annahme, *Karriere zu machen* sei gleichbedeutend mit der Zugehörigkeit zu einer

Führungslaufbahn, recht treffend in Worte gefasst durch den Ausspruch: »Ein Ingenieur, der mit vierzig Jahren noch immer einen Rechenschieber oder eine Logarithmentabelle zu benutzen und eine Reinzeichnung anzufertigen vermag, ist ein Versager« (übersetzt nach Hughes, 1958, S. 137).

Damit wird es zur Aufgabe des organisationalen Karrieremanagements, geeignete Alternativen zur klassischen Führungs-/Managementlaufbahn zu schaffen. Dies gilt in zunehmendem Ausmaß, seit Organisationshierarchien sich zu verschlanken begonnen haben (Rajan & Wulf, 2006). Damit reduzieren sich die Möglichkeiten zusätzlich, zu dem ohnehin fragwürdigen Mittel zu greifen, Expertinnen und Experten in eine Führungs-/Managementlaufbahn übergehen zu lassen, um Fluktuationen zu vermeiden. Auch mit Blick auf die sich gegenwärtig und v. a. zukünftig verändernden Belegschaften verstärkt sich das Erfordernis, althergebrachte Karrieremodelle zu überdenken. Der demografische Wandel zieht zum einen eine größer werdende Herausforderung nach sich, das Fachwissen einer alternden Belegschaft zu konservieren, zum anderen erwarten Unternehmen ein Nachrücken von Generationen, die mit Werten und Bedürfnissen ausgestattet sind, die mutmaßlich weniger gut zu einer Führungslaufbahn im traditionellen Sinne passen (Domsch & Ladwig, 2015). Ähnliches gilt für die Bewältigung der Herausforderung, hochspezialisierten Frauen geeignete Karriereoptionen anzubieten (Ladwig et al., 2014).

Auf den ersten Blick stellt die Ermöglichung horizontaler Mobilität, d. h. des Verantwortungszuwachses ohne vertikalen Aufstieg in der Unternehmenshierarchie, eine Alternative zum klassischen Aufstieg in der Linie dar (Sullivan et al., 1998). Gerade mit dem Ziel der Gleichstellung alternativer Laufbahnpfade gegenüber der Führungs-/Managementlaufbahn, wurde aber mit gutem Grund seit etwa der 1950er Jahre damit begonnen, Parallelhierarchien zu etablieren, die in der englischsprachigen Literatur mit Begriffen wie »Dual Hierarchy« (Shepard, 1958), »Parallel Progression« (McMarlin, 1957) oder »Dual Ladder« (Allen & Katz, 1986) versehen wurden. Im idealtypischen Fall weisen solche Laufbahnen Aufstiegsmöglichkeiten mit dem damit verbundenen Ausbau von u. a. Verdienstmöglichkeiten, Macht und Autonomie auf, die parallel zu jenen einer Führungs-/Managementlaufbahn verlaufen. Als am weitesten verbreitete Vertreter alternativer Laufbahnen sind die Fach-/Expertenlaufbahn sowie die Projektlaufbahn zu nennen, die im Folgenden näher vorgestellt werden.

8.2 Formen alternativer Laufbahnen

Bevor wir einen Überblick über die Wesenszüge einzelner Formen von Laufbahnen geben, möchten wir strukturierte Laufbahnmodelle im Allgemeinen erstens definiert wissen als solche, bei denen Entwicklungspfade mit hierarchisch angeordneten Stufen vorgezeichnet sind. Zweitens gehen Aufstiege in strukturierten Laufbahnmodellen mit zunehmenden Anforderungen und Verantwortlichkeiten sowie einer festgeschriebenen Ausstattung, i. d. R. zudem mit zusätzlichen Anreizen bzw. Privilegien einher. Drittens ist der Zugang zu einem strukturierten Laufbahnpfad für gewöhnlich auf einen relativ kleinen Anteil hochqualifizierter Mitarbeiterinnen und Mitarbeiter beschränkt.

In der Verbreitung bereits eingeführter alternativer Laufbahnen dominiert die Fach-/Expertenlaufbahn, gefolgt von der Projektlaufbahn und selteneren Misch- sowie anderen Formen, z. B. der Gremienlaufbahn (Wohlfahrt et al., 2011). Es sei darauf hingewiesen, dass die Beschränkung auf eine Betrachtung von Fach-/Experten- sowie Projektlaufbahnen eine an der gegenwärtigen Umsetzungspraxis orientierte Vereinfachung darstellt, wir in Zukunft aber durchaus noch differenziertere Formen von Laufbahnen zu diskutieren haben werden (vgl. Bailyn, 1999; Watson & Meiksins, 1991).

8.2.1 Fach-/Expertenlaufbahnen

Stehen der Ausbau von Expertenwissen und der fachlichen Verantwortung bei der Gestaltung strukturierter Karriereschritte im Vordergrund, wird von einer Fach- oder Expertenlaufbahn (z. T. Spezialistenlaufbahn, Fachkarriere, Expert Career genannt) gesprochen. Als wesentliches Charakteristikum von Fachlaufbahnen ist die geringe, wenn nicht sogar ausbleibende Einbindung in Management- und administrative Aufgaben im Zuge eines hierarchischen Aufstiegs zu nennen. Seit den Ursprüngen ist die Fach-/Expertenlaufbahn sehr eng mit dem Bereich der Forschung und Entwicklung, mit entsprechend starkem Bezug zu Wissenschaft und Technik, verknüpft (z. B. Shepard, 1958). Der nach wie vor gültige Grundgedanke, Strukturen zu etablieren, die eine Aufwärtsentwicklung ermöglichen, ohne Vertreterinnen und Vertreter der Forschung und Entwicklung aus ihrem technischen Interessensgebiet zu entfernen, war dementsprechend Ausgangspunkt für die Schöpfung des »Dual-Ladder«-Ansatzes (Allen & Katz, 1986). Die erhöhte Aufmerksamkeit für Vertreterinnen und Vertreter der technischen und naturwissenschaftlichen Fachgebiete ging seit jeher auf die besonderen Schwierigkeiten bei deren Gewinnung und Bindung zurück, ein Umstand, der bis heute wenig an Prägnanz verloren hat (vgl. MINT-Frühjahrsreport des Instituts der Deutschen Wirtschaft; Anger et al., 2021). Aus diesem Fokus erklärt sich auch der im englischen Sprachraum verbreitete Begriff der »Technical Career« (z. B. Floyd & Spencer, 2014), der durchaus aber auf die ganze fachliche Bandbreite der Fach-/Expertenlaufbahn angewendet wird. In der Tat waren bei der Implementierung des Modells zunächst v. a. Organisationseinheiten wie Forschung und Entwicklung, IT sowie das Consulting im Blick (Domsch & Ladwig, 2011), prinzipiell ist aber die Ausweitung auf viele andere Fachbereiche denkbar. In der Zwischenzeit finden sich zusehends auch Fachlaufbahnmodelle in den Bereichen Produktion, HR, Vertrieb, Beschaffung/Logistik, Marketing und Controlling (DGFP e.V., 2013).

Beweggründe für die Einführung einer Fachlaufbahn können sich, wie bereits weiter oben beschrieben, im Schwerpunkt auf unternehmensstrategische oder personenzentrierte Ziele beziehen. In einer Unternehmensbefragung der Deutschen Gesellschaft für Personalführung e.V. (DGFP e.V., 2012) erwiesen sich beide Ansätze als wichtig, gleichzeitig werden Prioritäten sichtbar: gut ein Drittel der befragten

Unternehmensverantwortlichen gaben an, dass sich die Notwendigkeit zur Einführung einer Fach-/Expertenlaufbahn direkt aus der Unternehmensstrategie abgeleitet habe, etwa zwei Drittel führten hingegen den Beweggrund an, ohne eine Fach-/Expertenlaufbahn fehlten in der Organisation Karriereoptionen für Mitarbeiterinnen und Mitarbeiter, für die eine Führungs-/Managementlaufbahn nicht in Frage gekommen sei. Die Vielfältigkeit der Beweggründe für die Einführung einer Fach-/Expertenlaufbahn sei an unserem Anwendungsbeispiel der Deutschen Bahn AG in ▶ Textbox 8.2 illustriert, das erkennen lässt, dass sowohl Faktoren internen als auch externen Handlungsdrucks vor der Einführung eines solchen Karrierepfades festzustellen waren. Auch anhand dieses Beispiels wird deutlich, dass ein Hauptbeweggrund die Schaffung von Karriereoptionen mit einer entsprechenden Verbesserung von Konditionen für Expertinnen und Experten war, ohne, dass ein Wechsel in die bestehende Führungskarriere notwendig wäre. Hiermit verbinden sich zudem die Ziele, die Wertschätzung für und die Sichtbarkeit von Expertinnen und Experten in der Organisation sowie die Attraktivität als Arbeitgeberin zu erhöhen.

Textbox 8.2: Hauptbeweggründe für die Einführung einer Fachexpertenkarriere bei der Deutschen Bahn AG

»Wir sind eigentlich schon eine Expertenorganisation. Eine starke Schiene zeichnet sich durch massive Investitionen in Netz, Infrastruktur, Flotte und entsprechend komplexe Fachprojekte aus – die starke Schiene braucht starkes Expertentum. Wir haben es nur noch nicht so ausgeflaggt. Es ist dramatisch, wenn unsere hochqualifizierten Experten das Unternehmen verlassen, weil sie für sich keine Karriereperspektive sehen oder nur in die Führungslaufbahn wechseln, weil sie sich sonst nicht weiterentwickeln können und dann mittelmäßige Führungskräfte werden.«
(Leiter Grundsätze Führungskräfte- und Mitarbeiterentwicklung, Karriere- und Talentmanagement der Deutschen Bahn AG: Dr. Olaf Petersen)

Interner Handlungsdruck:

- Aufbau einer starken Regelorganisation durch den Abbau von Kleinteiligkeiten. Konkret werden Hierarchieebenen abgebaut und größere Teams für Management- und Expertenaufgaben aufgebaut. Anteilig wird es also mehr Experten und weniger Führungskräfte geben, die gemeinsam Verantwortung übernehmen.
- Stärkung der erkennbaren Wertschätzung der Expertinnen und Experten und des damit verbundenen Engagements und/oder der Bindung
- strukturierte Befriedigung persönlicher und fachlicher Weiterentwicklungsbedürfnisse von Expertinnen und Experten
- Schaffung von Transparenz bei der DB und in den Gesellschaften

> **Externer Handlungsdruck:**
>
> - anpassungsfähige, im Umgang mit Komplexität geübte Expertinnen und Experten sind in der Arbeitswelt heute und morgen sehr gefragt – Unternehmen stehen im zunehmenden Wettbewerb um diese Fachexpertinnen und -experten
> - andere Großkonzerne bieten die Fachexpertenkarriere als gleichwertigen Karrierepfad an und haben dadurch einen Wettbewerbsvorteil
> - durch Vernetzung und neue Arbeitsweisen treffen diese Expertinnen und Experten – allein oder im Team – Entscheidungen unabhängig von Führungskräften – dies resultiert in schnellen Entscheidungen nah am Markt
> - Know-How-Träger, die dieses Profil erfüllen, sind sich ihres Marktwerts bewusst und wählen seltener klassische Angestelltenverhältnisse mit langjähriger Bindung

8.2.2 Projektlaufbahnen

Mit einem zweigleisigen System aus Führungs-/Managementlaufbahn und Fach-/Expertenlaufbahn ist der Bedarf an Entwicklungspfaden jedoch noch nicht gedeckt, wie bereits Katz und Allen (1986) anmerkten. Eine gleichermaßen für einen Teil von Organisationen maßgebliche Ressource wie auch mit besonderen Kompetenzen und Bedürfnissen ausgestattete Personengruppe existiert in Projektexpertinnen und -experten, die bevorzugt von Projekt zu Projekt arbeiten. Dies führt zunehmend zur Einführung dedizierter Projektlaufbahnen (auch Projektmanagement-, Projektleiterlaufbahn oder Projektkarriere genannt). Zur Relevanz dieser Form von Laufbahnen ist zu beachten, dass eine zunehmende *Projektifizierung* in weiten Teilen der Wirtschaftsorganisationen zu verzeichnen ist, sich Arbeit also immer häufiger innerhalb »temporärer Organisationen« abspielt (Bakker, 2010). Die Arbeit in Projekten erfordert dabei besondere Fähigkeiten, insbesondere in Hinblick auf deren Komplexität, Neuartigkeit, Mobilität, Interdisziplinarität und zeitlicher Begrenzung (Bredin & Söderlund, 2013). Der Aufstieg in einer Projektlaufbahn ist mit der Ausweitung der Projektverantwortung sowie der Komplexität und Tragweite der Projekte verbunden. In mancherlei Hinsicht gestaltet sich die Projektlaufbahn als ein hybrides Modell, so kommen Projektverantwortlichen neben fachdisziplinären durchaus auch temporäre, mindestens fachliche Führungsaufgaben zu. Insofern wird die Projektlaufbahn von einigen Organisationen als Möglichkeit angesehen, sich für einen späteren Übertritt in eine Führungsposition zu qualifizieren (Wohlfahrt et al., 2011).

8.3 Gestaltungsmerkmale alternativer Laufbahnen

Der Gestaltungsprozess alternativer Laufbahnmodelle von der Konzeption, über eine eventuelle Pilotierung bis hin zur Umsetzung, ist in aller Regel ein hochgradig interdisziplinärer Vorgang. Zudem ist zu empfehlen, ein solches Modell sehr sorgfältig in die Gesamtunternehmensstruktur einzupassen und dementsprechend Stakeholder auf allen Ebenen einzubinden. Von besonderer Bedeutung ist hierbei zunächst der Abgleich mit der bestehenden hierarchischen Struktur, vormals und weiterhin existierenden Karriereentwicklungsstrukturen abseits eines strukturierten Stufenmodells sowie Instrumenten der Personalentwicklung. Ganz maßgeblich hebt ein solcher Einführungsprozess aber auch auf die Unternehmensstrategie und -vision ab. Hieraus leitet sich ab, dass Vertreterinnen und Vertreter der Personal- und Organisationspsychologie zweifelsohne einen lohnenden Beitrag zum Gestaltungsprozess leisten können, ein Erfolg aber ganz maßgeblich auch von der Expertise anderer, gerade betriebswirtschaftlicher, Fachdisziplinen abhängt. Insofern verstehen wir den vorliegenden Beitrag nicht als umfassenden Leitfaden durch den Gestaltungsprozess, möchten gleichzeitig aber einen Überblick vermitteln, welche Fragen sich an die für den Konzeptions- und Umsetzungsprozess Verantwortlichen stellen.

Weitaus ausführlichere Beschreibungen der Gestaltungsmerkmale sowie Zahlen zur Verbreitung von Umsetzungsvarianten in der Unternehmensrealität hierzulande bieten u. a. die Veröffentlichungen von Berberich (2014), der DGFP e.V. (2012, 2013) und Wohlfahrt et al. (2011). Festzuhalten bleibt dabei, dass sich strukturierte Laufbahnmodelle stets von Organisation zu Organisation unterscheiden werden und sich an den spezifischen Unternehmenszielen und Rahmenbedingungen ausrichten.

Unserer Auffassung nach wichtige Fragestellungen bei der Gestaltung von Fach-/Expertenlaufbahnen haben wir in ▶ Tab 8.1 zusammengetragen sowie mit dem Praxisbeispiel der Deutschen Bahn AG verbunden. Die brennendsten Fragestellungen bei der Gestaltung alternativer Laufbahnen lassen sich recht gut aus den Erkenntnissen des »Forum Expertenlaufbahnen« ableiten, zu dem die Autoren dieses Bandes im Jahr 2015 Personalverantwortliche aus sieben mittleren und Großunternehmen eingeladen hatten. Eine viel diskutierte Frage war, wie man Experten im Unternehmen aufstellt (bspw. gegenüber der Linie und bestehenden Jobfamilien), so dass sie ihre Wirkung ins Unternehmen entfalten, deren Bindung gestärkt ist und ein neu eingeführtes Modell Akzeptanz bei allen Beteiligten findet. Dabei spielt bereits die Anzahl der hierarchischen Stufen sowie deren Parallelität zur bestehenden Führungs-/Managementlaufbahn eine maßgebliche Rolle. Eine Entscheidung gegen eine strikte Parallelität kann durchaus nachvollziehbare Gründe haben – schließlich kann es sinnvoll sein, weite Teile der Ergebnisverantwortung in den oberen Ebenen der Führungs-/Managementlaufbahn zu belassen. Je weiter die oberste Stufe des alternativen Laufbahnmodells unterhalb der Spitzenpositionen in der Organisation angesiedelt ist, desto größer ist freilich das Risiko, dass die alternativen Karriereoptionen nach wie vor nicht als gleichwertig wahrgenommen werden. Bei der Deutschen Bahn AG hat man sich dementsprechend der Herausforderung gestellt, eine analoge Wertigkeit der Fachexpertenkarriere mit ihren drei Stufen zur bestehenden Führungskarriere zu installieren. Fachexperten (Stufe 1) befinden sich dabei i.d.R. im oberen Tarifbereich, während die weiteren Stufen 2 (Experte) und 3 (Chefexperte) ihre Entsprechungen im außertariflichen Bereich der oberen Führungskräfte haben. Die Gleichwertigkeit der Karrierestufen über die Wege der Führungs-, Projekt- und Expertenkarriere bei der Deutschen Bahn AG bietet die Grundlage für eine hohe Durchlässigkeit, Vertreterinnen und Vertreter können demzufolge einen recht einfachen Wechsel zwischen den Pfaden vollziehen.

Besondere Aufmerksamkeit widmeten Unternehmensvertreterinnen und -vertreter im »Forum Expertenlaufbahnen« zudem der Einführung passender Anreize bei Eintritt in eine Fach-/Expertenlaufbahn. Besonders wichtig erscheint die Identifikation *intrinsischer* Anreize, also solcher, die direkt aus der Ausführung der Expertenarbeit heraus die besonderen Bedürfnisse von Expertinnen und Experten zu befriedigen vermögen. Diesem Aspekt wird in ▶ Kap. 8.4 noch näher nachzugehen sein. In Hinblick auf die Akzeptanz alternativer Laufbahnwege im Unternehmen erschien v.a. auch die Frage wichtig, wie sich Kosten-Nutzen-Abwägungen vollziehen lassen. Konkret heißt das, dass Kriterien für den Erfolg alternativer Laufbahnen identifiziert sowie entsprechende Kennzahlen an die Stakeholder im Unternehmen kommuniziert werden sollten. Ein weiteres, abermals eng mit der Expertise der Psychologie verbundenes Diskussionsthema des »Forum Expertenlaufbahnen« bezog sich auf die Auswahl von Kandidatinnen und Kandidaten für alternative Laufbahnen. Hier besteht Bedarf an wirkungsvollen diagnostischen Mitteln, um eine bestmögliche Passung zwischen den Motiven und Fähigkeiten der Mitarbeiterinnen und Mitarbeiter auf der einen und den mit der Zugehörigkeit zu einer Fach-/Expertenlaufbahn verbundenen Anforderungen und Anreizen auf der anderen Seite zu schaffen.

Tab. 8.1: Gestaltungsmerkmale von Fach-/Expertenlaufbahnen und deren Umsetzung am Beispiel der Deutschen Bahn AG.

Varianten, Abwägung von Chancen und Risiken	Ausgestaltung am Beispiel der DB
Auswahl von betroffenen Organisationseinheiten, Fachgebieten, Zielgruppen	
• seit jeher am weitesten verbreitet ist die Berücksichtigung der Einheiten Forschung und Entwicklung, IT sowie des Consultings • zunehmend Ausweitung auf andere Bereiche wie Produktion, HR, Vertrieb, Beschaffung/Logistik, Marketing und Controlling • eine Eingrenzung der Zielgruppe (z.B. auf bestimmte Altersgruppen oder Frauen) ist selten	Einbezug aller Jobfamilien und Geschäftsfelder in den Regionen und/oder Zentralen und in der Konzernleitung

Tab. 8.1: Gestaltungsmerkmale von Fach-/Expertenlaufbahnen und deren Umsetzung am Beispiel der Deutschen Bahn AG. – Fortsetzung

Varianten, Abwägung von Chancen und Risiken	Ausgestaltung am Beispiel der DB
Anzahl/Anteil von Expertenpositionen im Unternehmen	
• d. R. gemessen am Verhältnis zwischen Experten- und Führungspositionen in der Organisation • große Bandbreite von Breiten- bis hin zu Elitenmodellen • Auswirkungen auf das Ausmaß der Einbindung in die Organisationsstruktur, Zuweisung von Entscheidungsrechten, Exklusivität	• kein definiertes Mengengerüst: am Ende wird es so viele Fachexpertenpositionen geben, wie identifiziert wurden • Exklusivität nimmt vergleichbar mit den Leveln zu – wie in der Führungskarriere • innerhalb des Tarifbereichs können Fachexpertenpositionen i. d. R. in den obersten zwei Entgeltgruppen identifiziert werden und darüber hinaus im außertariflichen und top-außertariflichen Bereich • besonders wichtig: Sichtbarmachung in Organigrammen und die Abbildung des Expertenstatus
Hierarchie: Anzahl, Benennung und Anordnung der Stufen	
• recht große Variabilität der Stufenanzahl (im Mittel vier bis fünf; Burk & Wiese, 2018b) und der Benennung • Enge des Abgleichs mit den Stufen der Führungs-/Managementlaufbahn (zw. kompletter Parallelität und kompletter Unabhängigkeit) • z.T. fehlende Hierarchiestufen am oberen, z.T. zusätzliche Stufen am unteren Ende im Vergleich zur Führungs-/Managementlaufbahn	Die DB Fachexpertenkarriere ist in drei Stufen konzipiert: • Fachexperte (Tarifbereich) • Experte (außertariflicher Bereich) • Chief Expert/Chefexperte (top-außertariflicher Bereich) Dadurch ist die DB Fachexpertenkarriere als gleichwertiger Karriereweg zur Führungskarriere etabliert.
Einbettung in die Linienstruktur und Reportingstrukturen	
• Festlegung, wem die Expertin/der Experte berichtet • Gestaltung eines (direkten) Zugangs zur Unternehmensführung • Ausstattung mit Entscheidungsrechten	• Positionen innerhalb der DB Fachexpertenkarriere berichten i. d. R. einem Leiter einer Organisationseinheit (= disziplinarische Führungskraft) • können eine (Mit-)Entscheidungsbefugnis in Fachthemen sowie eine Beratungsfunktion zu aktuellen oder zukünftigen Themen im Fachgebiet beinhalten • auf Ebene der Chief Experts: die fachliche Autorität im Konzern, die hierarchiefrei berät und inhaltlich steuert
Definition von Anforderungen und Ausdifferenzierung auf den Stufen	
• Ankopplung an ein bestehendes Kompetenzmodell, Anforderungsprofile • Differenzierung der Stufen nach erforderlichen Kompetenzen sowie in Hinblick auf ein steigendes Ausmaß an Verant-	• Tiefe der Expertise in einem spezifischen Themengebiet • zunehmende Verantwortung für die Konzernstrategie • überfachliche Anforderungen basieren auf dem DB Rollenmodell, das auch die

Tab. 8.1: Gestaltungsmerkmale von Fach-/Expertenlaufbahnen und deren Umsetzung am Beispiel der Deutschen Bahn AG. – Fortsetzung

Varianten, Abwägung von Chancen und Risiken	Ausgestaltung am Beispiel der DB
wortungsspielraum, Einfluss und Komplexität	Grundlage für Besetzungs- und Diagnostikprozesse über alle Führungsebenen hinweg bildet • für die Überprüfung der überfachlichen Anforderungen gelten auf allen Ebenen die zwei Rollen »Einfachmacher*in« und »Vernetzer*in« als verpflichtend • für die Ebene Experte/Chefexperte werden bis zu vier weitere Rollen in das Anforderungsprofil integriert
Zugang zu Karrierepfaden • Nominierungsverfahren und beteiligte Entscheidungsträger variieren stark • Auswahlverfahren unter Berücksichtigung hochspezialisierter Fachkompetenzen (ggf. Einbezug externer Begutachtung) und besonderer überfachlicher Anforderungen (ggf. Assessment Center) • Abwägung bzgl. der Berücksichtigung des Senioritätsprinzips (zwischen Planbarkeit und Leistungsbezug)	• die Besetzung einer Fachexperten-Stelle erfolgt nach dem Ausschreibungsprinzip der DB: jede vakante Stelle wird im internen Stellenmarkt veröffentlicht; Interessenten können sich regulär bewerben und werden dann in einem mehrstufigen Auswahlprozess ausgewählt • die Auswahldiagnostik greift nur bei Neubesetzung – Bestandsmitarbeitende, die im Rahmen der Umsetzung der DB Fachexpertenkarriere zugeordnet werden (identifiziert werden), sind hiervon nicht betroffen • Kernelement des Verfahrens ist ein teilstrukturiertes Interview mit sowohl fachlichen als auch überfachlichen Themen • für die Überprüfung der fachlichen Anforderungen wurden zwei eigene Präsentationsaufgaben konzipiert • die Durchführung der Verfahren erfolgt dezentral in der einstellenden Organisationseinheit und im »Mehr-Augen-Prinzip« durch geschulte Interviewer seitens des Personalrekruitments und/oder des zuständigen HR Business Partners und/oder der Führungskräftebetreuung
Aufstiegsentscheidung, Performance Management Auswahl geeigneter Leistungskriterien (Ankopplung an Unternehmenskennzahlen, Erreichung vereinbarter Ziele, Feedbacksysteme, Innovationsrate und -qualität)	Performance Management: • konzernweites Performance-Management-System (»meine Leistung«) bietet allen Mitarbeitern und Führungskräften einen integrierten Ansatz, der systematisch die Ziele des Geschäftes in individuelle Verantwortung übersetzt • sowohl über Leistungskennzahlen als auch Leistungsbeiträge

Tab. 8.1: Gestaltungsmerkmale von Fach-/Expertenlaufbahnen und deren Umsetzung am Beispiel der Deutschen Bahn AG. – Fortsetzung

Varianten, Abwägung von Chancen und Risiken	Ausgestaltung am Beispiel der DB
	• zusätzlich kann jeder Mitarbeiter jährlich 360-Grad-Feedback im Rahmen des »Leistungskompasses« aus relevanten Perspektiven einholen • zusätzlich gibt es ein kontinuierliches Feedback-System (»Impuls Feedback«) für unstrukturiertes und spontanes Feedback Nachfolgeplanung: • für einen ausgewählten Bereich von sowohl Führungs- als auch Fach- und Projektfunktionen wird eine systematische Nachfolgeplanung durchgeführt
Einbettung in ein Netzwerk von Experten/eine Peer-Group	
innerhalb und über die Organisationsgrenzen hinweg	• es besteht bereits eine aktive Landschaft von strategisch-fachlichen Communities, die Innovationen und Wissenstiefe in regelmäßigen Austausch- und Trainingsformaten fördern; diese sind künftig über den »Community Finder« zentral und gesamthaft auffindbar • Einbezug von Experten als Sprecherinnen und Sprecher in bereits bestehende Formate (z. B. Format »Woche der neuen Arbeit«) • jährliches Event-Format »Expert Summit« für die DB Fachexpertenkarriere
Belohnungssystem/Anreize	
• Ausmaß der Parallelität des Vergütungssystems sowie der Privilegien und Arbeitsmittel zur Führungs-/Managementlaufbahn • zusätzliche (v. a. intrinsische, auf die Arbeitsaufgabe bezogene) Anreize • Individualisierung von Anreizen (z. B. Modul-/Cafeteriasysteme)	• die Beschäftigungsbedingungen zwischen der DB Fachexpertenkarriere und der Führungskarriere sind bei der DB analog (Managementlevel für Fachexperten erreichbar, analoge Vergütung, variable Gehaltsbestandteile, Nebenleistungen, betriebliche Altersvorsorge) • immaterielle Anreize: Chief Experts und Experts werden gleichwertig zu Führungskräften z. B. bei Einladungen zum Konzerntreff oder der Bekanntgabe von Wechseln im oberen Management ebenso berücksichtigt
Laufbahnwechsel, Austritt, zeitliche Begrenzung der Mitgliedschaft	
• Umstiegsoptionen in andere Laufbahnpfade und aus anderen Pfaden • Risiken einer Degradierung bei Austritt/zeitlicher Begrenzung	• die Karrierepfade bei der DB (DB Fachexpertenkarriere, Führungskarriere und Projektleiterkarriere) sind gleichwertig und durchlässig

Tab. 8.1: Gestaltungsmerkmale von Fach-/Expertenlaufbahnen und deren Umsetzung am Beispiel der Deutschen Bahn AG. – Fortsetzung

Varianten, Abwägung von Chancen und Risiken	Ausgestaltung am Beispiel der DB
• Gefahr der Inflation und Verstopfung des Systems bei unbefristeter Mitgliedschaft, Steuerung des frischen Zuflusses von Wissen • Abgleich mit den Festlegungen in der Führungs-/Managementlaufbahn	• ein Wechsel zwischen den Pfaden ist möglich und gewünscht (symbolisiert durch eine »Boulderwand«)
Führungsaufgaben von Experten	
Ausmaß der fachlichen und/oder disziplinarischen Führungsverantwortung im Abgleich mit organisationalen und individuell-motivationalen Belangen	• disziplinarische Führung findet in der DB Fachexpertenkarriere nicht statt • Positionen innerhalb der DB Fachexpertenkarriere können fachliche Steuerungsaufgaben mit Weisungsbefugnis innehaben
Vorhalten spezieller Weiterbildungsprogramme und -formen	
z. B. Job Rotation, Lernprojekte, zugesicherte Ressourcen in Zeit und Geld für Kongressreisen etc., Expertennetzwerke, Coaching, Lernen durch eigene Lehre	• Startermodul: Das Einstiegsprogramm »Stark als... (Fachexperte/Experte/Chefexperte)« unterstützt künftig den rollenspezifischen Onboardingprozess und gibt Orientierung und Befähigung zur Rollenerwartung • Zugang und gleichwertige Nutzung des DB-Akademie-Portfolios (Trainingsanbieter für Führungskräfte) • überfachliches Qualifizierungsangebot: Basierend auf dem DB Rollenmodell wurde ein überfachliches Qualifizierungsangebot für die DB Fachexpertenkarriere zusammengestellt
Maßnahmen zur Herstellung von Transparenz und Akzeptanz	
• Maßnahmen zur Sichtbarkeit von Expertinnen und Experten • Wertschätzung und Implementierung von Expertenwissen in die organisationalen Prozesse • Zugang zu internen (auch strategischen) Netzwerken • Kennziffern zur Erfolgskontrolle (unter Kosten-Nutzen-Abwägung) eines Fach-/Expertenlaufbahnmodells (z. B. Ein- und Austrittsraten, Bindungsrate/-dauer, Karrierezufriedenheit, ROI)	• einheitliche, verbindliche Titelpolitik, welche auch in den Personalsystemen für Sichtbarkeit und Monitoring gekennzeichnet ist • auffindbar und hervorgehoben als Experten in der internen Wissensträgersuche • Fachexpertenlogo in der internen Personensuche (analog zu Führungskräften) • in der OE-Strukturübersicht werden die Positionen der Chief Experts klar gekennzeichnet • zum Konzerntreff wird analog zur Führungskarriere eingeladen

8.4 Förderung der Person-Karriere-Passung durch alternative Laufbahnen

Auch über das spezielle Feld strukturierter Laufbahnmodelle hinaus, stellt die Perspektive der *Person-Umwelt-Passung* (Person-Environment-Fit; z. B. Kristof-Brown et al., 2005) eine der wesentlichsten theoretischen Grundlagen des Karrieremanagements dar (für eine ausführlichere Erläuterung des Passungskonzepts ▶ Kap. 2.1). Im Mittelpunkt bei der Betrachtung von Laufbahnentscheidungen steht der Aspekt der *Person-Arbeitstätigkeit-Passung* (Person-Job Fit), der sich wiederum aus den Passungen zwischen Fähigkeiten und Arbeitsanforderungen (Abilities-Demands-Fit) sowie zwischen Bedürfnissen und Gelegenheiten, diese zu befriedigen (Needs-Supplies-Fit), zusammensetzt (vgl. Cable & DeRue, 2002). Übertragen auf eine etwas höhere Ebene der Steuerung von Karriereentscheidungen und -verläufen würden wir vorschlagen, von einem *Person-Career-Fit* zu sprechen. Der Passungsgedanke erlaubt diverse Querverweise zu Karrieremodellen, die bereits an anderen Stellen dieses Bandes Erwähnung fanden. Mit dem Schwerpunkt auf Interessen entwickelte Holland (1973) das RIASEC-System (▶ Abb. 4.1 im Zusammenhang mit der Berufswahl im Jugendalter, ▶ Kap. 4.2.1), das einen Abgleich von Interessensgebieten auf der einen und Arbeitsinhalten auf der anderen Seite ermöglicht. Aufbauend auf dem Fit-Gedanken zwischen individuellen Interessen, Werten und Fähigkeiten sowie den Anforderungen einer Arbeit, entwickelten Dawis und Lofquist (1984) die *Theorie der Arbeitsangepasstheit* (Theory of Work Adjustment; ausführlicher beschrieben in ▶ Kap. 2.1.2). Diese nimmt zusätzlich Anpassungsmechanismen in den Blick, die das Ausmaß der Passung herzustellen und aufrechtzuerhalten vermögen. Hierzu gehören an einer Maximierung der Passung ausgerichtete Karriereentscheidungen der Erwerbstätigen selbst sowie deren Bestrebungen, die Arbeit an die individuellen Fähigkeiten und Bedürfnisse anzupassen (*Job Crafting*; Wrzesniewski & Dutton, 2001). Darüber hinaus greifen an dieser Stelle Selektionsprozesse vonseiten des Arbeitgebers sowie Maßnahmen des betrieblichen Karrieremanagements ins Geschehen ein, die auf eine Erfüllung der Anforderungen mit einer gezielten Verstärkung und Fortentwicklung auf dem Karriereweg reagieren. Auch das Modell der beruflichen Entwicklung von Super (1957, 1980; ▶ Kap. 4.2.2) nimmt, unter dem Aspekt der Bildung einer beruflichen Identität, den Abgleich zwischen persönlichen Werten und der Berufstätigkeit in den Blick.

Eine der in ▶ Tab. 8.1 zusammengefassten Herausforderungen bei der Gestaltung von alternativen Laufbahnen stellt die Festlegung auf bestimmte Anreize dar, die mit dem Eintritt in ein Laufbahnmodell sowie einem Aufstieg innerhalb dessen verbunden sind. Hierbei ist nicht lediglich von Bedeutung, inwieweit eine Gleichstellung in der Zuweisung von Vergütung, Privilegien und Arbeitsmitteln von Führungskräften und Mitgliedern des alternativen Laufbahnpfades hergestellt wird. Vielmehr möchten wir die Aufmerksamkeit auf potenzielle Unterschiede zwischen Personen richten in Bezug darauf, auf welche Anreize sie in welchem Ausmaß reagieren. Möglicherweise besteht nämlich für Mitglieder alternativer Laufbahnen der Bedarf an einer grundsätzlich anderen Anreizstruktur als jener, die in den

Führungs-/Managementlaufbahnen bereits etabliert worden ist. Dass sich auch die Verantwortlichen für die Gestaltung von Laufbahnen solcher motivationaler Unterschiede in den betreffenden Zielgruppen bewusst sind, deutet sich in einer Umfrage unter Vertreterinnen und Vertretern dieser Gruppe des Fraunhofer IAO an (Wohlfahrt et al., 2011; siehe auch DGFP e.V., 2013). Hieraus entstand eine Zusammenschau von potenziellen Anreizen, die in den in der Umsetzung befindlichen Führungs-, Fach- und Projektlaufbahnen Anwendung finden. Als ein Ergebnis dieser Befragung konnte festgestellt werden, dass die meisten Anreize in stärkerem Ausmaß mit einem Aufstieg in einer Führungslaufbahn – verglichen mit den beiden anderen Laufbahnen – verbunden waren (z. B. Zusatzvergütung, Statusmerkmale oder besserer Zugang zu Entscheidungsgremien). Im Unterschied hierzu aber sahen Personalverantwortliche mit dem Aufstieg in alternativen Laufbahnen v. a. einen Zugewinn an *interessanten Arbeitsinhalten* assoziiert. Hier eröffnet sich aus Perspektive der Personal- und Organisationspsychologie ein interessantes Forschungsfeld zur Beantwortung der Frage, was aus Sicht von Laufbahnangehörigen einen Arbeitsinhalt interessant macht und welche motivationalen Mechanismen sich bei differenzierter Betrachtung aufdecken lassen. Währenddessen böte sich der Brückenschlag zur Selbstbestimmungstheorie (Deci & Ryan, 2000; Ryan & Deci, 2000) sowie der Motivtheorie McClellands (1965, 1988) an, die in ▶ Kap. 2.2 ausführlicher erläutert wurden.

In der bisherigen Literatur verhältnismäßig gut elaboriert ist die Bedeutung des Bedürfnisses nach Kompetenzerleben im Sinne der Selbstbestimmungstheorie bzw. des Leistungsmotivs im Sinne McClellands in Hinblick auf die motivationale Ausgangslage bei potenziellen Anwärterinnen und Anwärtern auf eine Fach-/Expertenlaufbahn. Dies gilt insbesondere, solange man sich hierunter die prototypischen, wissenschaftlich arbeitenden Vertreterinnen und Vertreter der Forschungs- und Entwicklungsabteilungen, v. a. solche mit hochspezialisiertem Technikbezug, vorstellt. So benennen Studien, die sich mit der Motivationslage von Vertreterinnen und Vertretern natur- und ingenieurwissenschaftlicher Fächer beschäftigen, wiederholt das Streben zum Aufbau, zur Erweiterung und Weitergabe des Expertenwissens durch kontinuierliches Lernen und wissenschaftliches Arbeiten, Kreation und praktische Umsetzung sowie Lehre und fachliche Anleitung anderer (Brousseau et al., 1996; Cuvillier, 1974; Katz et al., 1995). Ganz im Sinne der Kompetenzerweiterung innerhalb der Selbstbestimmungstheorie, verbindet sich dies mit dem Wunsch, intellektuell herausgefordert zu sein, neue Ideen, Ansätze, Lösungen und Empfehlungen zu produzieren und den eigenen technischen Interessen in voller Tiefe nachgehen zu können. Eine herausragende Vorhersagekraft für die Arbeitszufriedenheit von Spezialistinnen und Spezialisten wiesen in einer Studie von Watson und Meiksins (1991) demzufolge hohe intellektuelle Herausforderungen (inkl. der Möglichkeit, die eigenen Fähigkeiten zu erweitern) und das intrinsische Interesse an der Arbeitsaufgabe (v. a. die Lösung interessanter technischer Probleme) auf.

In einer groß angelegten Befragung von Nachwuchswissenschaftlerinnen und Nachwuchswissenschaftlern aus den MINT-Fächern (▶ Kap. 2.2.3 und ▶ Kap. 7) haben Wiese et al. (2020) das Ausmaß der Bestrebungen erfragt, in eine (1) Führungs-/Management-, (2) Fach-/Experten- bzw. (3) Projektlaufbahn eintreten zu wollen bzw. in der entsprechenden Laufbahn aufzusteigen. Daten von mehr als 2.000 Befragungsteilnehmerinnen und -teilnehmern wurden auf die Assoziation dieser Bestrebungen mit den zuvor festgestellten, berufsbezogenen Motivausprägungen hin untersucht. Die Inhalte dieser Motive leiten sich aus den oben angeführten Theorien von Deci und Ryan (2000) sowie McClelland (1988) ab (das Modell berufsbezogener motivationaler Orientierungen von Burk & Wiese, 2018a, ist in ▶ Abb. 2.2, ▶ Kap. 2.2.3, dargestellt). Insgesamt bestätigte sich hierbei die Annahme, dass Personen mit einem stärker ausgeprägten Motiv für Kompetenzerleben/Leistung von einem stärkeren Wunsch berichteten, in eine Fach-/Expertenlaufbahn einzutreten bzw. darin aufzusteigen. Differenzierter betrachtet scheint insbesondere die Neigung zum kreativen Arbeiten für ein Streben nach einer Fach-/Expertenlaufbahn eine Rolle zu spielen. Keine Vorhersagekraft des Motivs für Kompetenzerleben/Leistung ergab sich für die Attraktivität der beiden anderen Laufbahnpfade (Führungs-/Managementlaufbahn, Projektlaufbahn). Die Suche nach Herausforderungen ist in vergleichsweise starker Ausprägung freilich auch bei solchen Personen vorzufinden, die eine Führungs-/Managementlaufbahn anstreben (Brousseau et al., 1996; Watson & Meiksins, 1991). Es liegt nahe, dass das Leistungsmotiv in solchen Karrieren andere Inhalte (z. B. Streben nach wirtschaftlichem Erfolg, Komplexität und Tragweite eigener Entscheidungen, Umstellungsbereitschaft auf schwierige, neue Herausforderungen) adressiert als dies bei Fachexpertinnen und -experten der Fall ist (vgl. auch Burk & Wiese, 2018b). Diesbezüglich sind in Zukunft noch weitere Ausdifferenzierungen aus der Forschung zu erwarten.

Ein in seiner Wichtigkeit möglicherweise nachrangiger, aber nichtsdestotrotz relevanter motivationaler Aspekt bei der Betrachtung von Fach-/Expertenlaufbahnen ist jener der Selbstbestimmung in Sinne von Deci und Ryan (2000) bzw. der Autonomie. Der Studie von Watson und Meiksins (1991) zufolge, hat insbesondere die auf Arbeitsprozesse bezogene Autonomie einen hohen Vorhersagewert für die Arbeitszufriedenheit von Spezialistinnen und Spezialisten. Hiermit sind v. a. Gestaltungsspielräume gemeint, die den Beschäftigten zugestanden werden in Bezug auf die Art und Weise, wie sie ihre Arbeit erledigen und weniger in Bezug auf eine etwaige freie Wahl des Arbeitsinhalts. In der oben genannten Studie von Wiese et al. (2020) zeigte sich hingegen kein systematischer Zusammenhang zwischen dem Streben nach Autonomie und der Attraktivität der genannten Laufbahnen.

Sowohl assoziiert mit dem intellektuellen Leistungsstreben als auch mit einer Gestaltungsverantwortung im Sinne der Autonomie und der Macht lässt sich zudem das Bestreben von Spezialistinnen und Spezialisten verstehen, technische Sachverhalte beurteilen und entsprechende Entscheidungen maßgeblich bestimmen zu können (Katz et al., 1995). Darüberhinausgehende Aspekte des Machtmotivs, insbesondere in Hinblick auf Status und Ansehen sowie den Einfluss auf andere Personen, sind hingegen stärker mit dem Streben nach einer Führungs-/Managementlaufbahn verbunden (Brousseau et al., 1996; Burk & Wiese, 2018b). In der Befragung von Wiese et al. (2020) war die Vorhersagekraft eines hohen Macht-/Einflussmotivs für den Wunsch, in eine Führungs-/Managementlaufbahn einzutreten bzw. darin aufzusteigen, der stärkste Effekt von allen untersuchten. Ist dieses Motiv niedrig ausgeprägt, sagt es zudem die Affinität für eine Fach-/Expertenlaufbahn voraus. Keine Zusammenhänge waren für die Projektlaufbahn zu finden. Bei genauerer Betrachtung lässt sich die Bedeutsamkeit machtbezogener Motive insbesondere auf das Führungsmotiv zurückführen. Man kann demzufolge sagen, dass in den Köpfen der potenziellen Kandidatinnen und Kandidaten für strukturierte Laufbahnen genau jene Assoziation besteht, die bereits als eine wesentliche Zielsetzung bei der Einführung von Fach-/Expertenlaufbahnen definiert wurde, nämlich die Schaffung eines Karrierewegs, der weitgehender Führungsverantwortung entbehrt. In einer Analyse von Burk und Wiese (2018b) konnte darüber hinaus festgestellt werden, dass solche Personen, die bereits Mitglied in einer Fach-/Expertenlaufbahn waren, tatsächlich ein wesentlich geringeres Ausmaß an Führungsverantwortung im Vergleich zu jenen auf anderen Karrierewegen innehatten. Wenn Fachexpertinnen und -experten Führungsverantwortung besaßen, dann beschränkte sich diese zumeist auf fachliche, nicht disziplinarische, Führungsaufgaben und eine geringere Anzahl von Geführten.

Weitere Bedürfnisse, die Anwärterinnen und Anwärter auf alternativen Laufbahnwegen charakterisieren, sollten in Zukunft noch weiter ausgelotet werden. Bei Brousseau et al. (1996) findet sich u. a. der Hinweis auf ein erhöhtes Bedürfnis nach Sicherheit bei Fachexpertinnen und -experten. Gemeint ist hiermit v. a. auch ein Anspruch auf die Planbarkeit der Karriere unter dem Aspekt der nachhaltigen Festlegung auf eine bestimmte fachliche Spezialisierung. Dass das Bedürfnis nach Sicherheit – auch bezogen auf die Beschäftigungssicherheit – eine zusätzliche Rolle zu spielen scheint, deuten auch die Ergebnisse von Wiese et al. (2020) an. Personen, die sich durch ein hohes Bedürfnis nach Beschäftigungssicherheit auszeichneten, gaben häufiger an, eine Fach-/Expertenlaufbahn und seltener eine Führungs-/Managementlaufbahn anzustreben. Eine ähnliche Systematik offenbarte sich für das Bedürfnis nach Vereinbarkeit von Beruf und Privatleben.

Vergleichsweise wenig wissen wir nach wie vor über das Zusammenspiel zwischen Motiven und dem Zugang zu einer Projektlaufbahn. In Zukunft sind die von Brousseau et al. (1996) ebenfalls angeführten Bedürfnisse nach Abwechslung und Unabhängigkeit bei Projektmanagerinnen und -managern detailliert zu analysieren. Zu guter Letzt sollten wir nicht aus den Augen verlieren, dass die in diesem Abschnitt mit dem Fokus auf technisch-wissenschaftliche Sachverhalte vollzogene Engführung sich möglicherweise nicht vollständig auf Expertinnen und Experten innerhalb neu entstehender Laufbahnen in anderen Organisationseinheiten (z. B. HR, Marketing, Logistik) übertragen lässt. Hier stünde in Zukunft noch eine elaboriertere Analyse der relevanten motivationalen Treiber an.

8.5 Fazit und Ausblick

»The organizational career is dead«, verkündete Hall (1996, S. 8) reichlich provokativ vor dem Hintergrund der fortschreitenden Bedeutung des eigenverantwortlichen Karrieremanagements im Sinne entgrenzter und proteischer Karrieren (▶ Kap. 1). Das vorliegende Kapitel hält dieser These entgegen, dass organisational initiiertes

Karrieremanagement beileibe kein Auslaufmodell sein muss. Vielmehr können wir gegenwärtig ausgeprägte Bemühungen von Organisationen feststellen, ihre Strukturen auf neue Karriereoptionen auszurichten und damit letztlich den sich verändernden und individuellen karrierebezogenen Bedürfnissen ihrer Belegschaft entgegenzukommen. Der Fokus unserer Schilderungen lag hierbei auf Fach-/Expertenlaufbahnen, die wir aber gleichzeitig nur als ein Beispiel für alternative Laufbahnmodelle verstanden wissen möchten. Übertragen auf das Wissenschaftssystem wären gegenwärtig zunehmende Bestrebungen von Hochschulen zu nennen, die auf die Schaffung alternativer Karrierewege neben der Professur (Senior Scientists, Lecturer, Wissenschaftsmanagerinnen und -manager) abzielen. All diese Entwicklungen lassen eine Einbindung von Personal- und Organisationspsychologinnen und -psychologen sinnvoll erscheinen – sogar in einem stärkeren Maße als bislang üblich, wie wir meinen würden. Wie eingangs festgestellt, sind die Literatur sowie organisationale Praxis zum Thema strukturierter Laufbahnmodelle lange Zeit von einer betriebswirtschaftlichen Perspektive geprägt gewesen. Wir hoffen, in dem vorliegenden Kapitel Anknüpfungspunkte für personal- und organisationspsychologische Expertise aufgezeigt zu haben. Ganz konkret zählen beispielsweise die Verantwortlichen der Fachexpertenkarriere bei der Deutschen Bahn AG die folgenden Betätigungsfelder von Psychologinnen und Psychologen zu den maßgeblichen Beiträgen zur erfolgreichen Gestaltung alternativer Laufbahnen: Auswahldiagnostik, rollenspezifisches Onboarding, Karriereberatung und Coaching, Performance Management, Nachfolgeplanung, laufbahnspezifische Entwicklungsmaßnahmen. Hiermit wird deutlich, dass Einführung und Pflege alternativer Laufbahnen in etliche der eingangs in Textbox 8.1 angeführten Maßnahmen des organisationalen Karrieremanagements ausstrahlen sollte. Gerade in Hinblick auf die Förderung überfachlicher Kompetenzen ist festzustellen, dass die Klientel von Fachexpertinnen und -experten mit zunehmenden fachlichen Leitungsaufgaben in Zukunft noch stärker und spezifischer in den Blick genommen werden sollte als es bislang erfolgt ist. Hinsichtlich der karrierebezogenen Beratung sowie der Bindung und Arbeitgeberattraktivität ist zudem die Bedeutung individueller Motive als Expertisebereich der Psychologie in ▶ Kap. 2 hervorgehoben worden.

9 Familienbedingte berufliche Auszeiten

In Zeiten hoher Erwerbsbeteiligung von Männern und Frauen stellt sich die Frage, wie Phasen der Familienarbeit in die eigene Berufsbiographie integriert werden. Die meisten Mütter setzen nach der Geburt eines Kindes für eine Weile aus dem Erwerbsleben aus. Über die Länge einer Auszeit muss ebenso eine Entscheidung gefällt werden wie über mögliche Anpassungen des Arbeitspensums nach einem Wiedereintritt ins Erwerbsleben. Solche Auszeiten erzeugen mehr oder weniger schwerwiegende Brüche in weiblichen Erwerbsbiographien und sind entsprechend in einem umfassenden Verständnis beruflicher Entwicklung unbedingt zu berücksichtigen. Aber auch immer mehr Männer entscheiden sich für familienbedingte berufliche Auszeiten (Eurofound, 2015). Dies könnte Ausdruck eines modernen Vaterbildes sein, das insbesondere bei Vätern der Mittelschicht an Bedeutung zu gewinnen scheint (z. B. Gerson, 2010). Allerdings nehmen keineswegs alle Väter eine Elternzeit und ihre Auszeiten sind typischerweise sehr viel kürzer als jene der Frauen (Koslowski et al., 2021).

Wir verwenden den Begriff der Elternzeit, um jene Zeit zu bezeichnen, die ein Elternteil nach der Geburt eines Kindes aussetzt, zunächst einmal unabhängig davon, ob ein Rechtsanspruch auf Beurlaubung besteht. Tatsächlich sehen gesetzgeberische Regelungen in verschiedenen Ländern unterschiedlich aus (vgl. Ray et al., 2010). In Deutschland haben beide Elternteile einen Rechtsanspruch auf eine berufliche Auszeit nach der Geburt eines Kindes von bis zu drei Jahren. In dieser Zeit darf ihnen nicht gekündigt werden. Mit wenigen Ausnahmen besteht auch ein Anrecht auf Reduktion der Arbeitszeit, sofern gewünscht. Es besteht weiterhin ein Anspruch auf eine Lohnersatzleistung von 12 bis 14 Monaten (bei Teilzeitbeschäftigung während der Elternzeit bis zu 28 Monate; vgl. Bundesministerium für Familie, Senioren, Frauen und Jugend, 2021a). Im Vergleich dazu haben in der Schweiz lebende Eltern sehr viel geringere gesetzliche Ansprüche: Mütter können hier bis zu 16 Wochen (mit Lohnersatzleistung für 14 Wochen) aussetzen; der Anspruch der Väter ist auf eine zweiwöchige bezahlte Beurlaubung beschränkt (Bundesamt für Sozialversicherungen, 2021).

In diesem Kapitel betrachten wir elternzeitbezogene Entscheidungen von Frauen sowie den Prozess ihres beruflichen Wiedereinstiegs, ebenso blicken wir auf Elternzeitentscheidungen und -erleben von Vätern und nehmen schließlich die Paarperspektive als zusätzliche Betrachtungsebene ein. Wir beschränken uns dabei auf die traditionelle, heterosexuelle Paarkonstellation. Die Thematik wird aus einer systemischen Perspektive heraus bearbeitet. So sind bspw. in Bronfenbrenners (1989) sozioökologischem Modell Individuen Teil eines Umfeldes, das mehrere verschachtelte Systeme umfasst. Mikrosysteme wie Arbeit und Familie beziehen sich auf die unmittelbare Umgebung des Individuums (vgl. auch Voydanoff, 2007). Gleichzeitig stellen Arbeit und Familie ein wichtiges Mesosystem dar, in welchem die Mikrosysteme miteinander in Beziehung stehen. Eine mesosystemische Perspektive nehmen auch Greenhaus und Powell (2012) ein, die betonen, dass familiäre Situationen häufig bei Arbeitsentscheidungen berücksichtigt werden. Darüber hinaus sind im soziöokologischen Ansatz Exosysteme zu berücksichtigen. Damit werden Konstellationen von Mesosystemen bezeichnet, die Mikrosysteme einschließen, an denen das Individuum selbst nicht beteiligt ist (z. B. der Berufskontext des Partners bzw. der Partnerin). So könnten die Karriereperspektiven des Vaters die Entscheidung seiner Partnerin bezüglich der Länge ihrer Elternzeit oder der Anpassung ihrer Arbeitszeiten nach der Geburt des Kindes beeinflussen. Schließlich wird davon ausgegangen, dass Mikro-, Meso- und Exosysteme im Makrosystem des kulturellen Kontextes eingebettet sind, der durch spezifische Gelegenheitsstrukturen und Restriktionen gekennzeichnet ist (z. B. Rechtsansprüche auf Elternzeit). Zum Makrosystem gehören auch gesellschaftlich geprägte Rollenerwartungen in den Bereichen Arbeit und Familie. Indem diese kulturell verankerten Vorstellungen festlegen, was Männer und Frauen im Allgemeinen tun sollten, wie sie zu sein und sich zu verhalten haben, entfalten sie – mehr oder weniger stark verankert in den Geschlechterrolleneinstellungen der individuellen Akteure – eine maßgebliche Steuerungsfunktion (z. B. Eagly, 1987).

9.1 Familienbedingte berufliche Auszeiten bei Müttern

Die Transition heraus und wieder hinein ins Erwerbsleben stellt für Frauen eine geradezu normative Entwicklungsaufgabe des jüngeren und frühen mittleren Erwachsenenalters dar (Wiese & Ritter, 2012). Es handelt sich um einen Prozess, der verschiedene Teilaufgaben und Phasen umfasst. Für manche Frauen kann dieser Prozess schon vor der Schwangerschaft beginnen – z. B., wenn sie darüber nachdenken, wann sie im Laufe ihrer Karriere ein Kind bekommen möchten. Während der Schwangerschaft und nach der Geburt des Kindes wird der Zeitpunkt der Rückkehr in den Beruf zu einer wichtigen Entscheidungsaufgabe. Die Berufsrückkehr selbst ist nicht mit dem Tag des Wiedereinstiegs abgeschlossen, sondern umfasst die Zeit, bis Frauen sich (wieder) als vollständig (re-)integrierte Organisationsmitglieder betrachten und auch von anderen so gesehen werden.

Innerhalb der Organisationsforschung werden mütterliche Elternzeiten vor allem im Hinblick auf die nachfolgende berufliche Entwicklung der Frauen betrachtet. Wiederholt fanden sich Hinweise, dass der zeitweise Rückzug von Müttern aus dem Berufsleben und Teilzeitmodelle negative Auswirkungen auf die spätere Einkommensentwicklung und den beruflichen Aufstieg haben (z. B. Aisenbrey et al., 2009; Gangl & Ziefle, 2009; Judiesch & Lyness, 1999). Andere Forscher bzw. Forscherinnen beschäftigen sich eher mit den Gefahren sehr kurzer Auszeiten, etwa dann, wenn es um die Gesundheit der Mütter geht und die Zeit, die sie als Wöchnerinnen benötigen, um sich von der Geburt zu erholen (z. B. Gjerdingen et al., 1990; Hyde et al, 1995; Staehelin et al., 2007). Aus gesundheitlicher Sicht wurden die Auswirkungen der mütterlichen Erwerbstätigkeit auch in Bezug auf das Stillen untersucht (z. B. Hawkins et al., 2007; Lindberg, 1996). Weiterhin lassen sich die Auswirkungen von Elternzeit und externer Kinderbetreuung auf die emotionale, soziale und kognitive Entwicklung der Kinder untersuchen (z. B. Goldberg et al., 2008; Hill et al., 2005; Lucas-Thompson et al., 2010). Im Folgenden beschränken wir die Betrachtung auf die Vorhersage von mütterlichen Auszeiten und die konkrete Bewältigung des beruflichen Wiedereinstiegs.

9.1.1 Vorhersage familienbedingter beruflicher Auszeitentscheidungen bei Müttern

Mütterliche Auszeitentscheidungen lassen sich aus verschiedenen disziplinären Perspektiven untersuchen. Dazu zählen bspw. ökonomische Kosten-Nutzen-Erwägungen, soziokulturelle Analysen und eine psychologische Betrachtung von interindividuellen Unterschieden in Einstellungen zur Berufs- und Familienrolle.

In der ökonomischen Forschung zu Elternzeitentscheidungen ist eine humankapitaltheoretische Betrachtung verknüpft mit Kosten-Nutzen-Analysen das vorherrschende Paradigma. Der Begriff des Humankapitals bezeichnet die arbeitsrelevanten Ressourcen (Wissen, Fertigkeiten, Netzwerke etc.), die eine Person durch Ausbildung, Weiterbildung sowie unmittelbare Arbeitserfahrungen und -aktivitäten gewinnt (vgl. Becker, 1991). Zeiten der Nichtbeschäftigung verhindern ein weiteres Anwachsen des Humankapitals und können sogar zu Abnahmen führen (z. B. Abbau von Netzwerkbeziehungen). Daraus ergibt sich im Kontext der Elternzeitentscheidung die folgende Annahme: Wer bereits viel in den Aufbau seiner Karriere investiert hat und wem ein besonders starker Verlust an Humankapital droht, wird eher keine längere Auszeit nehmen. Empirische Belege für diese Annahme liegen vor. In Studien aus Deutschland (Drasch, 2013) und den Niederlanden (Cloïn et al., 2011) fand sich, dass Frauen mit hohem Bildungsniveau im Vergleich zu Frauen mit niedrigem Bildungsniveau früher nach der Geburt von Kindern ins Erwerbsleben zurückkehrten. Weiterhin ist anzunehmen, dass im Mikrosystem der Familie humankapitalbasierte Kosten-Nutzen-Analysen in spezifische Entscheidungsmuster münden. Im Sinne einer Theorie der rationalen Entscheidung sollte eine Nutzwertbetrachtung dazu führen, dass sowohl das Humankapital der Frau als auch das des Partners berücksichtigt wird, um gemeinsam den Haushaltsnutzen zu maximieren (Becker, 1991). Lohnunterschiede innerhalb des Paares, die häufig zugunsten des Mannes vorliegen, begünstigen so die kontinuierliche Erwerbstätigkeit des Mannes und das berufliche Aussetzen der Frau. Dies ist eine Erklärung dafür, dass selbst in Ländern mit egalitärer Elternzeitgesetzgebung, also mit gleichen Elternzeitansprüchen für Mütter und Väter, Frauen weitaus häufiger und länger aus dem Erwerbsleben aussetzen (OECD, 2012). Ebenfalls aus einer ökonomisch-nutzenmaximierenden Perspektive lässt sich erklären, warum bei hohen institutionellen

Kinderbetreuungskosten insbesondere Frauen mit niedrigem Einkommen von einer frühen Berufsrückkehr absehen könnten. Dies müsste zumindest zutreffen, solange das Haushaltseinkommen in ausreichendem Umfang durch den männlichen Partner abgesichert ist. In Übereinstimmung mit den voranstehenden Überlegungen findet sich in Ländern mit einer überwiegend öffentlich finanzierten Kinderbetreuungsinfrastruktur eine höhere mütterliche Erwerbsbeteiligung (z. B. Kangas & Rostgaard, 2007; Pettit & Hook, 2005).

Eine vertiefende soziologische Analyse nimmt darüber hinaus vorherrschende normative Vorstellungen zur Rolle von Mann und Frau im Familien- und Erwerbsleben mit in den Blick. Dazu zählt die Sichtweise, dass die Mutter in den ersten Jahren des Kindes die besser geeignete Hauptbezugsperson und ihre häusliche Verfügbarkeit für das Kindeswohl notwendig sei. Tatsächlich gibt es Hinweise darauf, dass Mütter in Ländern, in denen eine solche Sicht stärker verbreitet ist, weniger am Erwerbsleben teilnehmen (z. B. Pfau-Effinger, 2010). Um zu bestimmen, welche der ökonomischen und soziologischen Faktoren für die Erwerbsbeteiligung von Müttern am wichtigsten sind, haben Uunk et al. (2005) Daten aus 13 europäischen Ländern verglichen. Festgestellt wurde, dass Mütter in Ländern mit mehr öffentlichen Kinderbetreuungsangeboten seltener ihre Arbeitszeit nach der Geburt reduzieren als in Ländern mit weniger öffentlichen Kinderbetreuungsangeboten. Die simultan betrachtete vorherrschende nationale Geschlechterkultur hatte keinen zusätzlichen Einfluss auf die Vorhersage der Erwerbsbeteiligung von Müttern. Dabei ist allerdings zu beachten, dass die Korrelation zwischen der vorherrschenden Geschlechterkultur und der Verfügbarkeit öffentlicher Kinderbetreuung hoch war.

In eine ähnliche Richtung weisen auch die Ergebnisse von Steiber und Haas (2009). Neben institutionellen Gegebenheiten (z. B. Subventionierung von Betreuungskosten, Elternzeitregelungen) und kulturellen Faktoren (hier: vorherrschende Geschlechterkultur sowie gesellschaftliche Kinderbetreuungsideale) untersuchten sie in einem Multilevelansatz auch die Rolle individueller Geschlechterrolleneinstellungen sowie Betreuungsideale für die Erwerbsbeteiligung von Frauen mit Kindern im Vorschulalter. Geschlechterrolleneinstellungen bezeichnen individuelle Überzeugungen zu idealen Verhaltensweisen und Verantwortlichkeiten von Männern und Frauen, die von traditionell bis egalitär reichen (Eagly, 1987). Diese Überzeugungen sind eng mit Idealen über Mutterschaft verbunden. Frauen, die glauben, dass ihre Erwerbstätigkeit der Entwicklung des Kindes schadet, werden es für besonders wichtig erachten, sich persönlich zu kümmern. Wenn Mütter nicht glaubten, dass ihre Erwerbstätigkeit dem Wohlergehen kleiner Kinder schade und wenn mehr Kinderbetreuungsoptionen für unter Dreijährige auf der Länderebene vorhanden waren, ging dies den Analysen von Steiber und Haas (2009) zufolge mit einer höheren mütterlichen Erwerbsbeteiligung einher. Es war in ihrer Studie also nicht die gesellschaftlich vorherrschende Geschlechternorm, die entscheidend war, sondern interindividuelle Unterschiede in persönlichen Einstellungen. Damit kommt eine charakteristisch psychologische Betrachtungsebene ins Spiel.

Grundsätzlich stehen in der psychologischen Forschung die individuellen Einstellungen von Frauen zu Arbeit und Mutterschaft stark im Fokus. Tatsächlich zeigen verschiedene Studien, dass Frauen mit einer positiven Einstellung zur Arbeit vor der Geburt später als Mütter eine stärkere Erwerbsbeteiligung aufweisen (z. B. Glass

& Riley, 1998; Volling & Belsky, 1993). Werbel (1998) konnte jedoch keinen längsschnittlichen Zusammenhang zwischen der subjektiven Bedeutsamkeit der Arbeit und der Elternzeitlänge finden. Vielfach bestätigt fand sich hingegen, dass Frauen mit traditionellen Geschlechterrolleneinstellungen ihre Erwerbsbeteiligung nach der Geburt länger unterbrechen und ihre Arbeitszeiten in höherem Maße reduzieren als Frauen mit egalitäreren Rollenvorstellungen (z. B. Glass & Riley, 1998; Lyness et al., 1999; Sanchez & Thomson, 1997; Schober & Scott, 2012; Werbel, 1998). In Bezug auf normative Einflüsse auf mütterliche Beschäftigungsentscheidungen können neben dem eher distalen kulturellen Kontext (siehe oben) auch Erwartungen der beschäftigenden Organisation eine Rolle spielen. Lyness et al. (1999) zeigten, dass schwangere Frauen, die eine familienunterstützende Organisationskultur wahrnahmen, eine schnellere Rückkehr an den Arbeitsplatz planten. Auf einen weiteren systemischen Einfluss, nämlich die geschlechterrollenbezogenen Einstellungen des Partners, werden wir in ▶ Kap 9.3 näher eingehen.

Obgleich Intentionen aus psychologischer Sicht zweifellos ein zentraler Prädiktor für unser Handeln sind (Ajzen, 1991), zeigt eine Reihe von Studien, dass die in der Schwangerschaft artikulierten Pläne und das tatsächliche Rückkehrverhalten von Müttern nicht selten divergieren (z. B. Coulson et al., 2012; Houston & Marks, 2003; Volling & Belsky, 1993; Werbel, 1998). Dies hat vermutlich auch damit zu tun, dass die Geburt eines Kindes mit unerwarteten Anforderungen und Erfahrungen verbunden sein kann, die beeinflussen, ob eine Mutter an ihren Absichten festhält. Auf der einen Seite kann es sein, dass die Mutter erst in der realen Interaktion mit dem Kind erfährt, wie viel Freude und Erfüllung im alltäglichen Miteinander liegt. Dies mag dazu führen, dass sie nun länger zu Hause bleiben möchte als ursprünglich geplant. Auf der anderen Seite vermissen möglicherweise einige Mütter das soziale Miteinander und/oder Erfolgserlebnisse im Beruf, was den Wunsch nähren könnte, früher als geplant ins Erwerbsleben zurückzukehren. Auch Änderungen in der finanziellen Situation sollten beachtet werden. Bei einer Trennung vom Partner könnte ein früherer Wiedereinstieg schlicht ökonomisch notwendig sein. Planabweichungen könnten auch durch Merkmale des Kindes motiviert sein, über die zum Zeitpunkt der Schwangerschaft noch keine Kenntnis bestand. Schwere gesundheitliche Probleme des Kindes stehen einer Berufsrückkehr entgegen (z. B. Spiess & Dunkelberg, 2009). Eine Studie von Coulson et al. (2012) ergab zugleich, dass ein schwieriges Temperament des Kindes keineswegs zu einer Verzögerung der Berufsrückkehr führen muss. Verglichen wurden Mütter, die wie geplant innerhalb des ersten Jahres nach der Geburt ins Erwerbsleben zurückgekehrt waren, mit solchen, die sich entschieden hatten, ihre Elternzeit auszudehnen. Mütter, die das Temperament ihrer Kinder als schwieriger einschätzten, waren mit größerer Wahrscheinlichkeit innerhalb des ersten Jahres wieder ins Erwerbsleben eingestiegen. Die Autorinnen spekulieren, dass dies im Wunsch begründet sein könnte, einer anstrengenden häuslichen Situation zeitweise zu entfliehen. Arbeitgeber bzw. Arbeitgeberinnen haben Interesse an einer verlässlichen Personalplanung. Je genauer eine schwangere Mitarbeiterin ihren beruflichen Aus- und Wiedereinstieg plant bzw. kommuniziert und je getreuer ihrer Planung sie später agiert, desto besser wird die Organisation mit dieser Phase umgehen können. Tatsächlich gibt es erste Hinweise darauf, dass genaue Planung eine wichtige Rolle bei der späteren Umsetzung der vorgeburtlichen Wiedereinstiegsintentionen spielt (z. B. Coulson et al., 2012; Houston & Marks, 2003).

9.1.2 Die Bewältigung des beruflichen Wiedereinstiegs

Kehren Mütter nach einer Zeit als Hausfrau in den Beruf zurück, stehen sie verschiedenen Anforderungen gegenüber. Sie müssen das Familienleben neu organisieren (z. B. Kinderbetreuung, Haushalt, Freizeitaktivitäten) und sich, falls es ihre erste Elternzeit war, in der Rolle als berufstätige Mutter zurechtfinden (vgl. Wiese & Knecht, 2015). Darüber hinaus können Mütter, selbst dann, wenn sie zu ihrem früheren Arbeitgeber zurückkehren, mit verschiedenen Veränderungen konfrontiert werden. Entscheidet sich eine Mutter, ihre Arbeitsstunden zu reduzieren, kommt ihr so gegebenenfalls eine andere Rolle innerhalb ihres früheren Teams zu. Nach einer längeren Auszeit könnte sich überdies die Teamzusammensetzung geändert haben und fachlich müssen gegebenenfalls die neuesten Entwicklungen im eigenen Expertisebereich nachvollzogen werden. Insgesamt ist also von einem vielschichtigen Anpassungsprozess auszugehen.

Näheren Aufschluss über diesen Anpassungsprozess gibt ein Längsschnittprojekt, welches in der Schweiz, Deutschland und Österreich durchgeführt wurde (für eine nähere Darstellung vgl. Jaeckel et al., 2012; Seiger & Wiese, 2011; Stertz et al., 2017; Weiss et al, 2012; Wiese & Heidemeier, 2012; Wiese & Ritter, 2012). Das Gesamtprojektdesign umfasste vier Messzeitpunkte: Die erste Befragung fand zwei Wochen vor dem ersten Arbeitstag der Mütter statt, die folgenden Messzeitpunkte fünf Wochen, elf Wochen und sechs bis acht Monate nach dem beruflichen Wiedereinstieg. Zusätzlich nahm eine Substichprobe von Frauen an einer 14-tägigen Tagebuchstudie teil, die zwei Wochen nach dem Wiedereinstieg begann.

Wiese und Heidemeier (2012) untersuchten im Rahmen dieses Projekts die Rolle der Selbstregulation für die erfolgreiche organisationale Sozialisation (▶ Kap. 6) nach dem beruflichen Wiedereinstieg. Konkret betrachteten sie Selbstwirksamkeitsüberzeugungen und selbstregulativen Strategien der Zielsetzung und -verfolgung. Tatsächlich sagten sowohl Selbstwirksamkeitsüberzeugungen als auch Selbstregulationsstrategien eine erfolgreiche Arbeitsanpassung voraus. Weiterhin erwies sich die Selbstregulation als besonders wichtig für jene Mütter, die besonders hohen Anforderungen gegenüberstanden (hier: arbeitsbedingter Stress und eine größere Anzahl von Kindern). So war Arbeitsstress der Arbeitsanpassung weniger abträglich, wenn Frauen ein höheres Maß an Selbstregulation angaben. Eine größere Anzahl von Wochenarbeitsstunden sagte die Arbeitsanpassung positiv vorher. Es ist davon auszugehen, dass in einer Stichprobe von hauptsächlich Teilzeitbeschäftigten (94 %) die Anzahl der Arbeitsstunden als eine Ressource angesehen werden kann, die Müttern hilft, sich leichter an die Aufgaben und Anforderungen am Arbeitsplatz anzupassen. Zwei Querschnittsstudien, die in Israel und den USA durchgeführt wurden, fanden hingegen negative Assoziationen zwischen Arbeitszeiten und Arbeitsanpassung (Feldman et al., 2001; Feldman et al., 2004). Allerdings umfassten diese Stichproben einen viel größeren Prozentsatz an Vollzeitbeschäftigten, und das Anpassungsmaß enthielt Aussagen zu Konflikten zwischen Arbeit und Familie, von denen bekannt ist, dass sie steigen, je umfangreicher die Arbeitszeit ist (Buehler & O'Brien, 2011). Das Arbeitsanpassungsmaß von Wiese und Heidemeier (2012) umfasste dagegen ausschließlich Aussagen zu den Kernaspekten der organisatorischen Sozialisation, d. h. zur Kenntnis der eigenen Aufgaben und der Organisationskultur sowie zur sozialen Integration (▶ Kap. 6). Vor- und Nachteile von Teilzeitbeschäftigung müssen letztlich individuell abgewogen werden. Einerseits kann eine geringe Stundenzahl die Arbeitsanpassungsprozesse verlangsamen, andererseits steht eine hohe Anzahl von Arbeitsstunden in Zusammenhang mit beruflich-familiären Konflikten (s. o.).

Mittels Tagebuchdaten, die zu Beginn des (Wieder-)Einstiegs erhoben wurden, untersuchten Wiese und Ritter (2012) Gefühle des Bedauerns über die Rückkehr an den Arbeitsplatz als alternativen Anpassungsindikator. Sie fanden, dass tägliches Bedauern ein geringeres organisationales Commitment vorhersagte, ebenso wie die Absicht, das Arbeitsverhältnis zu beenden und die Arbeitsstunden zu reduzieren. Das Bedauern der Berufsrückkehr, welches als proximales Anpassungskriterium betrachtet werden kann, scheint also für nachfolgende Outcomes relevant zu sein, die als distalere Erfolgskriterien der organisatorischen Sozialisation gelten (▶ Kap. 6). Hinsichtlich der Vorhersage des täglichen Bedauerns identifizierten Wiese und Ritter (2012) sowohl tages- als auch personenspezifische Einflüsse. Wie vermutet, sagten tägliche familienbezogene Stresserfahrungen das Bedauern der Rückkehr vorher. Darüber hinaus erhöhten emotionale Labilität als überdauerndes Persönlichkeitsmerkmal und das Gefühl, nicht ausreichend auf die Rückkehr vorbereitet zu sein, das tägliche Bedauern. Tägliches Bedauern war auch ausgeprägter bei Frauen, die eine finanzielle Notwendigkeit als Grund für ihre Rückkehr zur Arbeit angegeben hatten. Es gilt zu beachten, dass frühe Rückkehrerinnen (< sieben Monate nach der Geburt des Kindes) mehr Bedauern über diesen Schritt berichteten, während späte Rückkehrerinnen nicht nur weniger Bedauern angaben, sondern auch belastbarer waren, wenn sie Familienstress erlebten: Während sich frühe und späte Rückkehrerinnen nicht in den mittleren Stressniveaus unterschieden, führten familiäre Stresserfahrungen nur bei frühen Rückkehrerinnen zu größerem Bedauern des Wiedereinstiegs. In Bezug auf das Bedauern über die Rückkehr an den Arbeitsplatz scheint also die Elternzeitlänge ein Risikofaktor zu sein. Dies ist wichtig zu beachten, da – wie oben angesprochen – aus der Perspektive der Karriereforschung zugleich eine längere Elternzeitdauer als Risiko für den nachfolgenden Berufserfolg gilt. Eine umfassendere Betrachtung von Entscheidungen zur adaptiven Elternzeitlänge erfordert also eine integrative Bewertung verschiedener Ergebniskriterien. Psychologisch gesehen besteht die Herausforderung darin, im Einzelfall zu erkennen, wann eine Mutter über die optimalen Ressourcen für eine erfolgreiche Rückkehr verfügt. Dabei sollten mehrere Faktoren berücksichtigt werden, so etwa der Gesundheitszustand von Mutter und Kind, finanzielle Bedarfe, die Verfügbarkeit unterstützender formaler und informeller Strukturen und die eigenen Stressbewältigungsstrategien.

9.2 Väter und familienbedingte berufliche Auszeiten

In einer Reihe von Ländern haben Väter einen Rechtsanspruch auf Beurlaubungen nach der Geburt von Kindern und zum Teil auch auf Lohnersatzleistungen (vgl. Koslowski et al., 2021). Aktuell nehmen in Deutschland 42% der Väter Elternzeit (Bundesministerium für Familien, Senioren, Frauen und Jugend, 2021b). Dies ist ein sehr viel größerer Anteil als vor der Einführung des sogenannten Basiselterngelds (bei einem Kind in Abhängigkeit von der Höhe des vorherigen Nettoeinkommens zwischen 300 bis maximal 1.800 Euro monatlich) und der Partnermonate (Ausweitung der Bezugsdauer des Basiselterngeldes von 12 auf 14 Monate Dauer, falls beide Elternteile eine Elternzeit beanspruchen, die beim zweiten Elternteil mindestens zwei Monate beträgt) im Jahr 2007. Andersherum bedeutet dies zugleich, dass eine große Zahl von Vätern nicht in Elternzeit geht. Auch beschränken über drei Viertel der Väter, die Elterngeld in Anspruch nehmen, die Elternzeit auf die für den verlängerten Elterngeldbezug geltende Mindestdauer von zwei Monaten.

9.2.1 Vorhersage familienbedingter beruflicher Auszeitentscheidungen bei Vätern

Bei der Prädiktion der Inanspruchnahme von familienbedingten Auszeiten durch Männer spielen Kontextfaktoren eine wichtige Rolle. In Übereinstimmung mit humankapitaltheoretischen und Kosten-Nutzen-Überlegungen geht ein relativ höheres Einkommen des Vaters im Vergleich zur Mutter mit einer geringeren Inanspruchnahme einher, während Väter länger in Elternzeit gehen, wenn die Frau mehr verdient (Sundström & Duvander, 2002; Vogt & Pull, 2010). Die Befunde zum Bildungsniveau sind hingegen uneinheitlich (Eurofound, 2015; Vogt & Pull, 2010; Wrohlich et al., 2012). Hier könnten sich entgegenstehende Mechanismen auswirken: Auf der einen Seite sollte humankapitaltheoretisch ein hohes Bildungsniveau Männer von Elternzeiten abhalten. Sofern ein hohes Bildungsniveau egalitärere Geschlechterrolleneinstellungen fördert, könnte es darüber vermittelt auf der anderen Seite zu einer stärkeren Inanspruchnahme von Elternzeiten kommen. Führungsverantwortung geht mit einer geringeren Wahrscheinlichkeit einer längeren Elternzeit einher (Horvath et al., 2018). Ebenfalls humankapitaltheoretisch interpretierbar sind Befunde, die zeigen, dass die Sorge vor Qualifikationsverlusten und negativen Karrierekonsequenzen die Väter von (längeren) Elternzeiten abhält (Haas & Hwang, 2019; Horvath et al., 2018; Vogt & Pull, 2010).

Ein als familienunterstützend wahrgenommenes organisationales Umfeld steht hingegen in positivem Zusammenhang zu Auszeiten von Vätern (z. B. Haas et al., 2002). Überdies gilt: Je mehr Väter in einem Unternehmen bereits Elternzeiten in Anspruch genommen haben, desto höher die Wahrscheinlichkeit, dass auch nachfolgende Väter sich beurlauben lassen (z. B. Bygren & Duvander, 2006; Dahl et al., 2014). Qualitative Daten weisen zugleich auf fehlende Rollenmodelle auf Ebene der Vorgesetzten hin (Haas & Hwang, 2019).

Mit Blick auf individuelle einstellungsbezogene Einflüsse zeigte sich, dass weniger traditionell eingestellte Väter häufiger Elternzeit in Anspruch nehmen (Vogt & Pull, 2010) und längere Zeit aussetzen (Duvander, 2014; Hyde et al., 1993). Darüber hinaus ist die Vaterschaft bei Männern mit egalitären Einstellungen mit einer Verringerung der Wochenarbeitszeit verbunden, während Männern mit traditionellen Einstellungen ihr Arbeitspensum eher erhöhen (Kaufman & Uhlenberg, 2000).

9.2.2 Erleben und Folgen familienbedingter beruflicher Auszeiten bei Vätern

Hinsichtlich der von Vätern befürchteten und erlebten beruflichen Konsequenzen von Elternzeiten lässt sich nicht nur humankapitaltheoretisch (s. o.), sondern auch signal- bzw. stigmatheoretisch (Spence, 1973; Goffman, 1963) argumentieren (vgl. Stertz et al., 2020). Väter in Elternzeit senden das Signal, dem Beruf keine Priorität zu geben und damit der sogenannten *Ideal Worker Norm* (z. B. Acker, 1992) nicht zu folgen, welche deutlich maskulin konnotiert ist. Diese Norm korrespondiert mit einer traditionellen männlichen Biographie mit kontinuierlicher Vollzeiterwerbstätigkeit bei gleichzeitiger Befreiung von häuslicher Care-Arbeit. Durch die Inanspruchnahme von Elternzeiten weicht ein Vater nicht nur von der oben genannten Norm ab, sondern ebenso von der Rolle des primären Brotverdieners (Stertz et al., 2020). Auch das Erfüllen dieser Rolle gilt über verschiedene Länder hinweg als ein Merkmal männlicher Lebensführung (vgl. Thébaud, 2010).

Hinweise darauf, dass sich durch Elternzeiten für Männer negative Karrierekonsequenzen in Form geringer Beförderungswahrscheinlichkeit und einer weniger positiven Gehaltsentwicklung ergeben, sind in verschiedenen Ländern vorhanden (z. B. Albrecht et al., 1999; Evertsson, 2016; Rege & Solli, 2013). Für Deutschland konnte ein solcher Negativeffekt der Elternzeit auf die nachfolgende Lohnentwicklung bei Männern jedoch nicht festgestellt werden, wohl aber ein entsprechender Effekt durch Phasen der Teilzeitarbeit (Bünning, 2016). Internationale Befunde, die auf stärkere negative Gehaltseffekte für Männer als für Frauen hinweisen (Albrecht et al., 1999), unterstützen die Vermutung von Mechanismen, die spezifisch normabweichendes Verhalten sanktionieren. Auch in der Selbstwahrnehmung von Vätern, die Elternzeit in Anspruch genommen hatten, findet sich der Eindruck, dass diese Entscheidung sich nachteilig auf die eigene Karriereentwicklung ausgewirkt habe (Tremblay & Genin, 2010). Explorative qualitative Studien weisen darauf hin, dass Männer durchaus Hindernisse oder Sanktionen erfahren, nachdem sie an ihren Arbeitsplatz zurückkehren (O'Brien & Wall, 2017). Darüber hinaus lässt sich feststellen, dass Männer, die relativ viel Zeit mit ihren Kindern verbringen, mit mehr unangemessener Behandlung und negativen männlichkeitsbezogenen Kommentaren am Arbeitsplatz konfrontiert werden, als Männer, die weniger in die Kinderbetreuung eingebunden sind (Berdahl & Moon, 2013). Man spricht hier von »Backlash«-Effekten eines Verhaltens, das geschlechterspezifischen normativen Erwartungen widerspricht (Rudman & Mescher, 2013; Rudman & Phelan, 2008).

Es überrascht entsprechend nicht, dass Väter als einen wichtigen Grund, sich gegen Elternzeiten zu entscheiden, befürchtete berufliche Nachteile nennen (Haas & Hwang, 2019). Ob es im Einzelfall tatsächlich zu negativen Folgen kommt, lässt sich im Vorfeld aber nicht mit Sicherheit sagen. Diese Situation könnte dazu führen, dass sich Väter während ihrer Elternzeit Sorgen über die möglichen negativen Auswirkungen machen (Stertz et al., 2020). Insbesondere könnten Väter besorgt sein, dass ihre Entscheidung, Elternzeit zu nehmen, von anderen als Signal geringer beruflicher Motivation wahrgenommen wird. In einer Tagebuchstudie mit Vätern, die sich aktuell in Elternzeit befanden, konnten Stertz et al. (2020) feststellen, dass die Wahrnehmung eines familienunterstützenden organisationalen Umfeldes Väter davor bewahrte, sich in der Zeit zu Hause Sorgen über ihre nachfolgende berufliche Entwicklung zu machen. Erwartungswidrig ergab sich allerdings, dass eine kürzere Auszeit im Alltag mit intensiveren beruflichen Sorgen einherging. Dies traf insbesondere bei Beurlaubung aus einem wenig familienunterstützenden Betrieb zu. Möglicherweise hatten Väter mit karrierebezogenen Bedenken von Vornherein eine kürzere (oder gar keine) Elternzeit geplant, während eine vergleichsweise längere Elternzeit nur von jenen in Anspruch genommen wurde, auf welche dies in geringerem Maße zutraf. Ebenfalls zunächst überraschend war der Befund, dass Väter an Tagen, an denen sie mit dem Betrieb in Kontakt standen, von mehr beruflichen Sorgen berichteten. Hier ist eine genauere Betrachtung der Einflussrichtung aufschlussreich: Stärkere Sorgen an einem Tag führten zu intensiveren Kontakten am nächsten Tag, nicht umgekehrt. Aus signal- bzw. stigmatheoretischer Sicht erscheint dieser Befund plausibel. Sorgen befördern möglicherweise das Bedürfnis, ein Signal zu senden, dass die Verbundenheit mit dem Arbeitsleben anzeigt. Zugleich könnte aber genau dieses Verhalten verhindern, sich auf die familiäre Rolle während der Auszeit vollends einzulassen. Bemerkenswert sind in diesem Zusammenhang Befunde aus einer Interviewstudie von Haas und Hwang (2019): Dort wurde herausgearbeitet, dass Männer erleben, dass von ihnen erwartet wird, auch während einer Elternzeit kontinuierlich für den Betrieb online erreichbar zu sein.

9.3 Die Paarperspektive

Das Alltagserleben, aber auch biographische Entscheidungen hinsichtlich Beruf und Familie gelten bei Paaren als miteinander verwoben (»Linked Lives«; Elder, 1994, S. 9). Es ist davon auszugehen, dass auch die individuellen, postpartalen Arbeitsentscheidungen beider Partner durch familiäre Überlegungen mitbeeinflusst werden. Sowohl die sozioökologische Systemtheorie von Bronfenbrenner (1989; s. o.) als auch die in der Arbeit-Familie-Forschung verankerte Crossover-Theorie (z. B. Westman, 2001) liefern einen nützlichen Rahmen, um gegenseitige Einflüsse zwischen Paaren zu erklären. Traditionell wurde Crossover als der Prozess definiert, durch den psychologischer Stress, den eine Person am Arbeitsplatz erfährt, das Stressniveau des Partners bzw. der Partnerin mitbeeinflusst (Bolger et al., 1989).

Crossover lässt sich aber auch auf andere Erlebens- sowie Entscheidungsphänomene anwenden.

Wie von Werbel (1998) in einer Stichprobe von werdenden Müttern demonstriert wurde, sind Beschäftigungsabsichten von Frauen vor der Geburt des Kindes mit den wahrgenommenen Partnerpräferenzen verbunden. Jene Frauen, die davon ausgingen, dass ihre Partner die mütterliche Erwerbstätigkeit schätzten, planten eine schnellere Rückkehr als die Frauen, die diesbezüglich Bedenken hatten. Die männlichen Partner wurden von Werbel (1998) allerdings nicht befragt. Paarstudien im Themenfeld wurden bspw. von Sanchez und Thomson (1997), Kaufman und Bernhardt (2014) und Stertz et al. (2017) durchgeführt.

Kaufman und Bernhardt (2014) stellten in einer Paarstudie fest, dass es wahrscheinlicher war, dass sowohl die Mutter als auch der Vater das eigene Arbeitsengagement an die Bedürfnisse der Familie anpassten, wenn beide egalitäre Einstellungen vertraten. Die Befragten wurden gebeten anzugeben, ob sie Veränderungen hinsichtlich vier vorgegebener Aspekte vorgenommen hatten (Arbeitszeitreduktion, Verzicht auf Überstunden, Vermeiden von Dienstreisen, möglichst keine ungewöhnliche Lage der Arbeitszeiten). Weiterhin hatten sie Gelegenheit, weitere Anpassungen anzugeben (darunter können auch Auszeiten gezählt werden). Allerdings ist die Ergebnisdarstellung von Kaufman und Bernhardt (2014) dadurch begrenzt, dass spezifische arbeitsbedingte Veränderungen nicht differenziert betrachtet wurden. In den statistischen Analysen wurde eine Dichotomisierung vorgenommen, die lediglich widerspiegelte, ob mindestens eine spezifische Anpassung vorgenommen wurde oder keine. Rückschlüsse auf konkrete Anpassungen – wie die von uns in diesem Kapitel fokussierten Elternzeiten – können daher nicht gezogen werden. In einer Längsschnittstudie mit Paaren, von denen Daten aus der Zeit vor und nach der Geburt von Kindern vorlagen, bestätigten Sanchez und Thomson (1997) zunächst den schon häufiger berichteten Befund, dass Frauen im Mittel ihre Arbeitszeit nach der Geburt reduzieren. Weiterhin arbeiteten sie heraus, dass die Mütter, die in Paarkonstellationen waren, in denen beide Partner traditionelle Einstellungen vertraten, besonders starke Reduktionen vornahmen. Wiederum fand keine spezifische Betrachtung von Auszeiten statt, obgleich das Verhältnis von Mittelwerten und Standardabweichungen der Arbeitszeiten bei den Müttern nach der Geburt des ersten und auch zweiten Kindes durchaus darauf schließen ließ, dass einige der Mütter gar nicht arbeiteten.

Stertz et al. (2017) nahmen an, dass sowohl die Dauer der Elternzeit als auch die (davon getrennt betrachteten) Änderungen der Arbeitszeit zum einen mit der individuellen Einstellung, zum anderen mit der Einstellung des Partners verbunden sind (▶ Abb. 9.1). Dyadische Daten aus zwei Längsschnittprojekten dienten als Datenbasis. Mit Blick auf Partnereffekte lassen die Ergebnisse beider Studien darauf schließen, dass die Einstellungen der Väter die Arbeitsentscheidungen der Frauen vorhersagten: Frauen mit egalitären Partnern nahmen kürzere Auszeiten und verringerten ihre Arbeitszeit in geringerem Umfang. Im Gegensatz dazu beeinflusste die Einstellung der Mütter das Verhalten ihrer Partner nicht.

Dies fügt sich in Ergebnisse früherer Untersuchungen ein, die zeigten, dass die Arbeitsentscheidungen von Frauen im Allgemeinen stärker von familiären Erwägungen beeinflusst werden als die Arbeitsentscheidungen von Männern (z. B. Po-

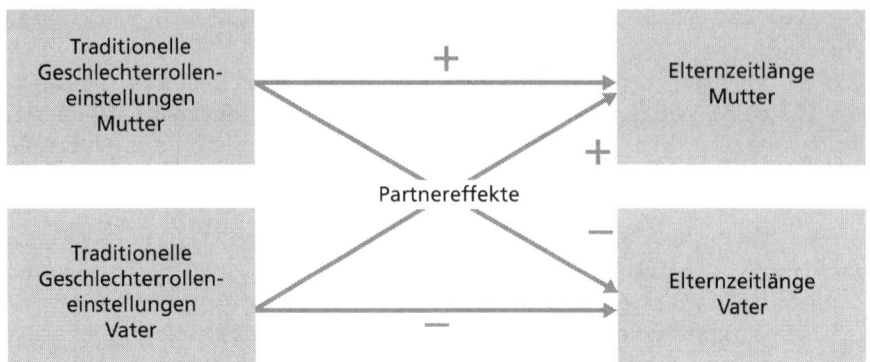

Abb. 9.1: Elternzeitlänge in Abhängigkeit von den eigenen Einstellungen und den Einstellungen des Partners bzw. der Partnerin (Modelldarstellung angelehnt an Stertz et al., 2017).

well & Greenhaus, 2010; Ullrich et al., 2015). Das heißt aber nicht, dass Frauen nicht auch auf das familienbezogene Verhalten von Männern Einfluss nehmen. Solch ein Einfluss muss keineswegs Engagement befördern, sondern kann sich auch als *mütterliches Gatekeeping* äußern. Dabei begrenzt die Mutter die kindbezogenen Aktivitäten des Vaters und kritisiert ihn dafür, wie er im Alltag mit dem Kind umgeht (z. B. Fischer et al., 2023; Schoppe-Sullivan et al., 2008).

Dyadische Einflüsse sind also nicht unbedingt beidseitig. Die Literatur zum Zusammenspiel zwischen Arbeits- und Familienleben bietet empirische Belege sowohl für unidirektionale (d. h. lediglich von einem Ehepartner zum anderen) als auch für bidirektionale (d. h. von einem Ehepartner zum anderen und umgekehrt) Einflüsse (vgl. Westman, 2001). Bei einseitigen Einflüssen des Mannes auf die Frau könnte man argumentieren, dass Frauen eher als Männer dahingehend sozialisiert sind, sensibel auf die Bedürfnisse ihrer Familienmitglieder zu reagieren (vgl. Stertz et al., 2017). Folglich könnten insbesondere Mütter die Bedürfnisse und Wünsche ihrer Partner berücksichtigen, wenn sie berufs- und familienbezogene Entscheidungen treffen. Männer hingegen werden eher dazu sozialisiert, agentisch zu sein (z. B. Abele, 2003b). Von ihnen wird entsprechend erwartet, dass sie sich durchsetzungsfähig und unabhängig verhalten. Dieses Unabhängigkeitsideal macht sie möglicherweise weniger empfänglich für Einflüsse der Partnerin (vgl. Stertz et al., 2017). Hier sollte auch die kulturelle Einbettung beachtet werden. Westman (2005) illustrierte dies im Vergleich von drei Crossover-Studien mit Doppelverdiener-Paaren, die in Finnland (Mauno & Kinnunen, 2002), den USA (Barnett et al., 1995) und Russland (Westman et al., 2004) durchgeführt wurden. Während die finnische und die US-amerikanische Stichprobe aus vorwiegend egalitären Paaren bestand, setzte sich die russische Stichprobe aus überwiegend traditionellen Paaren zusammen. Bei den Paaren aus Finnland und den USA wurden bidirektionale Crossover-Effekte von Einstellung und Erleben beider Partner festgestellt. Im Gegensatz dazu zeigte sich in der russischen Stichprobe ein einseitiger Crossover-Effekt von den Ehemännern zu den Ehefrauen.

9.4 Fazit

Berufs- und Familienleben sind zentrale Entwicklungsbereiche des jungen und mittleren Lebensalters. Mit der Geburt von Kindern stellt sich für Erwerbstätige die Frage, ob und wie lange sie beruflich pausieren wollen, um den Familienaufgaben gerecht zu werden. Derzeit scheinen in die Elternzeitentscheidungen von Frauen, etwas stärker als in jene der Männer, Sorgen und Überzeugungen hinsichtlich des Wohlergehens der Kinder sowie die vermuteten Erwartungen und Geschlechterrolleneinstellungen des Partners einzufließen. Sowohl für Männer als auch für Frauen sind humankapitaltheoretische Kosten-Nutzen-Abwägungen und eine familienunterstützende Organisationskultur mitentscheidend. Bei Vätern ist die Wahrnehmung eines familienunterstützenden betrieblichen Umfeldes weiterhin bedeutsam für ein sorgenfreies Erleben der Elternzeit. Auch wenn nicht alle befürchteten negativen Karrierekonsequenzen tatsächlich eintreten, so sind diesbezügliche Sorgen dennoch ernstzunehmende Beeinträchtigungen. Mit Blick auf die zukünftige Forschung ist idealerweise eine gleichzeitige Betrachtung verschiedener Ergebniskriterien von Elternzeitentscheidungen vorzunehmen. Dazu gehören nicht allein ökonomische und andere objektive karrierebezogene Kriterien (z. B. Gehaltsentwicklung, Beförderungen), sondern insbesondere auch jene des psychologischen Wohlergehens von Müttern, Vätern und Kindern sowie der retrospektiven Bewertung von Entscheidungen. Je länger die Auszeit ist, desto relevanter wird auch die Frage, wie eine erfolgreiche Wiedereingliederung gelingt. Ist dies bisher vor allem für Mütter eine bedeutsame Herausforderung gewesen, könnte dies mit zunehmender Beteiligung von Männern an Elternzeitprogrammen zukünftig auch für junge Väter an Relevanz gewinnen. Zusammenfassend lässt sich festhalten, dass Elternzeitforschung eine integrative Betrachtung von Prozessen der Entscheidungsfindung und deren Konsequenzen erfordert. Dabei gilt es, sowohl individuelle Einstellungen, Überzeugungen und Handlungsstrategien als auch mikro-, meso- und makrosystemische Einflüsse zu berücksichtigen.

10 Blick in die Zukunft: Karrieren in einer digitalisierten Welt

Allgegenwärtig ist die Aussage, wir stünden am Beginn einer vierten industriellen Revolution (Schwab, 2016), und nicht Wenige glauben zu erkennen, dass diese bereits in vollem Gange sei. Im Kern gemeint ist damit die Digitalisierung der Arbeit mit ihren wesentlichen Folgen der Vernetzung und Automatisierung (inkl. Robotik, Sensorik sowie den wachsenden Möglichkeiten autonomer Entscheidungen durch künstlich-intelligente Systeme, u. a. mit Rückgriff auf Big Data). Die Tragweite dieser Entwicklungen für die Arbeitswelt ist immens. Wie stark und in welcher Form werden sich im Zuge dessen auch Karrieren verändern? Befinden wir uns auf dem Weg in eine neue Form des Karrieremanagements 4.0?

10.1 Werden ganze Berufe und damit Karriereoptionen in der Zukunft verschwinden?

Es mangelt nicht an alarmierenden Meldungen die Zukunft der Arbeit betreffend. Verbunden sind diese mit der Befürchtung, dass viele Arbeitsstellen oder gar ganze Berufe innerhalb der nächsten Jahre infolge der fortschreitenden Automatisierung verschwinden werden. Besondere Aufmerksamkeit hat in diesem Zusammenhang eine Studie von Frey und Osborne (2013) zur Schätzung der Automatisierungswahrscheinlichkeit von Berufen erfahren. Die Autoren bezifferten die Wahrscheinlichkeit, der zukünftigen Automatisierung zum Opfer zu fallen, auf 47 % der Berufe. Sollten in der Karriereberatung Tätige die Erwartung haben, dass in naher Zukunft weite Bereiche beruflicher Optionen gar nicht mehr zur Debatte stehen mit der Konsequenz, dass es für viele Personen schlicht keine Beschäftigungsmöglichkeit mehr geben wird? Wir neigen dazu, diese Frage mit *nein* zu beantworten, steht doch ein Großteil der von Automatisierung betroffenen Erwerbstätigen gleichwohl Arbeitsanforderungen gegenüber, denen Menschen problemlos, Maschinen aber schwerlich genügen können. Zu denken ist bspw. an Tätigkeiten mit Schwerpunkten im Bereich der Kreativität, sozialen Interaktion und Fingerfertigkeit.

Zu bedenken ist zudem, dass sich die Zahlen von Frey und Osborne (2013) zunächst auf den amerikanischen Markt bezogen. Auch spekulierte diese Studie auf zukünftige technische Entwicklungen, die zum Zeitpunkt der Analyse noch gar keine Marktreife besaßen (und z. T. auch heute nicht besitzen). Solche Einschätzungen sind deshalb unseres Ermessens auf den jeweils aktuellen Stand der technischen Gegebenheiten zu beziehen und regelmäßig zu erneuern. Eine Übertragung auf deutsche Verhältnisse bei gleichzeitiger methodischer Verbesserung wurde vom Institut für Arbeitsmarkt- und Bildungsforschung (IAB) der Bundesagentur für Arbeit vollzogen. Ganz bewusst beziehen sich die vom IAB vorgelegten Zahlen auf das Substituierbarkeitspotenzial typischer Tätigkeiten (nicht ganzer Berufe), die aus den berufskundlichen Informationen des *BERUFENETs* (https://berufenet.arbeitsagentur.de) extrahiert werden (für eine ausführliche Darstellung der Methoden, siehe Dengler & Matthes, 2015). Zugrunde gelegt wurde eine Einordnung von Routine- (manuelle, kognitive) vs. Nicht-Routine-Tätigkeiten (analytische, interaktive, manuelle) in die Anforderungsmatrix des betreffenden Berufs. Nicht-Routine-Tätigkeiten sind in der Modellierung des IAB solche, die, bei reiflicher Recherche gegenwärtiger technischer Möglichkeiten, nicht durch Maschinen ersetzt werden können. Mit weiterem technischem Fortschritt (ein teil-autonomes Fahrzeug wird bspw. mit der Fähigkeit ausgestattet, automatisch auf Baustellensituationen zu reagieren) werden im Laufe der Zeit einige Nicht-Routine- dann zu Routine-Tätigkeiten. Inzwischen steht ein (auch für Beratungszwecke) hilfreiches Online-Tool, der IAB-Job-Futuromat (https://job-futuromat.iab.de/), zur Verfügung, mit dessen Hilfe sich individuelle Tätigkeitsschwerpunkte per Schieberegler einstellen lassen und so ein aktuelles Substituierbarkeitspotenzial ablesen lässt.

Die Quote derjenigen Berufe, in denen mehr als 70 % der Tätigkeiten durch die technischen Gegebenheiten auf dem Stand von 2013 potenziell durch Maschinen ersetzt werden könnten, belief sich auf 15 % (Dengler & Matthes, 2015). Gleichzeitig verhalf die Analyse zu der Erkenntnis, dass sich zum damaligen Stand kaum ein Beruf vollständig hätte automatisieren lassen. Hieraus kann man schlussfolgern, dass zu einem gewissen Teil zwar durchaus zukünftige Beschäftigungsrisiken bestehen, vor allem aber zu erwarten ist, dass viele Berufe sich bzgl. ihrer Tätigkeitsschwerpunkte verändern werden. Mit anderen Worten: Verschiedene Tätigkeiten besitzen Substituierbarkeitspotenzial, während andere exklusiv für die menschliche Ausführung erhalten bleiben dürften (Autor, 2015). Wir sollten demzufolge eher von einer Verschiebung der Tätigkeitsschwerpunkte ausgehen als vom Verschwinden ganzer Berufe.

Doch welche Berufe sind besonders stark betroffen? Der erste Gedanke im Zusammenhang mit der Automatisierung richtet sich bei den meisten von uns auf die Produktion und ähnliche Segmente, die von einem hohen Anteil manueller Routineaufgaben geprägt sind. Es ist ein naheliegender Gedanke, dass der Bedarf an menschlichen Arbeitskräften (z. B. Kraftfahrer bzw. Kraftfahrerinnen) sinken dürfte, sofern entsprechende technische Entwicklungen (z. B. autonome LKW) tatsächlich in der Praxis ankommen. Gleichzeitig ist ein gegenläufiger Trend zu beobachten, nämlich ein Zuwachs von Arbeitsstellen mit zumindest formal niedrigen Qualifikationsanforderungen, die kaum durch Maschinen zu ersetzen sind (insbes. in Service und Pflege). Im Zuge der fortschreitenden Entwicklung zunehmend autonom agierender IT-Systeme dürfte die Befürchtung auch administrative Tätigkeiten betreffen, jedenfalls sofern wir dabei v. a. deren Routineaufgaben in den Blick nehmen. Dementsprechend benannten jüngste Befragungsergebnisse unter 803 mittleren und großen Unternehmen weltweit für die folgenden Jahre bis 2027 Arbeitsstellen von Sachbearbeiterinnen und Sachbearbeitern als die am stärksten von einem Wegfall bedrohten (World Economic Forum, 2023). Hierzu zählten insbesondere Bankschalterbeschäftigte, Postbeamtinnen und -beamte, Kassiererinnen und Kassierer, Ticketverkäuferinnen und -verkäufer, Sachbearbeiterinnen und Sachbearbeiter zur Dateneingabe, Sekretärinnen und Sekretäre. Strukturell lässt sich seit einigen Jahren eine gewisse Polarisation des Beschäftigungsmarktes ausmachen (Autor & Dorn, 2013) mit einer beginnenden Aushöhlung im Segment von Berufen mit mittelhohen Qualifikationsanforderungen, während sowohl auf niedrigerem als auch höherem Niveau (z. B. Forschung und Entwicklung, Lehrkräfte) ein steigender Bedarf zu verzeichnen ist.

Eine Stärke des Vorgehens des IAB ist dessen hoher Differenzierungsgrad. So lassen sich nach Berufssegmenten und/oder Qualifikationsniveau getrennte Aussagen ableiten sowie zur obengenannten Polarisationshypothese erkenntnisreiche Ergebnisse gewinnen. Während etwa in den Fertigungsberufen sowohl Tätigkeiten auf Hilfs- als auch Fachkraft-Niveau ein ausgeprägtes Risiko aufweisen, durch Maschinen ersetzt zu werden, sind im Baugewerbe Fachkräfte und sogar Spezialistinnen und Spezialisten stärker betroffen als Helferinnen und Helfer am unteren sowie Expertinnen und Experten am oberen Ende des Anforderungsniveaus. Zudem zahlt sich eine regelmäßige Aktualisierung der Daten aus. Zum einen können sich verändernde technische Machbarkeiten Berücksichtigung finden. Bspw. wurden im neuesten Betrachtungszeitraum Technologien wie Blockchain, virtuelle Realität, automatisierte Entscheidungsverfahren und 3D-Druck hinzugefügt (Dengler & Matthes, 2021). Zum anderen lassen sich interessante Entwicklungsverläufe je nach Berufssegment/Qualifikationsniveau aufdecken. So war zuvor (von 2013 bis 2016) in Fertigungs- sowie Verkehrs- und Logistikberufen bereits ein deutlicher Anstieg des Substituierbarkeitspotenzials zu verzeichnen gewesen; jüngste Zahlen weisen diesen Bereichen aber eine Entschleunigung nach (Dengler & Matthes, 2021). So scheinen hier die Möglichkeiten der Automatisierung schon weitgehend ausgereizt zu sein, die Substitution weiterer Aufgaben wäre also kaum sinnvoll. Ebenso zeigen neuere Zahlen, dass zunehmend auch Tätigkeiten höher qualifizierter Spezialisten und Spezialistinnen betroffen sind. Dies dürfte mit der zunehmenden Transformation kognitiver in Routineaufgaben zusammenhängen. Im Übrigen dürfte das auch das Personalwesen betreffen: In ▶ Textbox 10.1 machen wir den Versuch, die digitale Transformation am Beispiel eines für Teile der Leserschaft dieses Bandes vermutlich vertrauten Berufsstandes aufzuzeigen, nämlich des Referenten bzw. der Referentin für Personalauswahl und -entwicklung.

Wenngleich einschneidende Veränderungen in der Beschäftigungsstruktur insgesamt (d. h. Wegfall großer Teile bestimmter Berufe) also eher unwahrscheinlich erscheinen, sollten wir eine Schwerpunktverschiebung menschlicher Aufgaben im Zusammenspiel mit maschineller Assistenz erwarten und in Maßnahmen zum Karrieremanagement einfließen lassen.

Textbox 10.1: Digitale Transformation des Tätigkeitsprofils am Beispiel eines Referenten bzw. einer Referentin für Personalauswahl und -entwicklung.

Verglichen mit anderen Funktionen in der betrieblichen Gegenwart (z. B. Marketing, Controlling) gehört (oder gehörte bis zuletzt) das Personalwesen noch zu den am geringsten durch digitale Daten getriebenen Segmenten (Cheng & Hackett, 2021). Man darf auch behaupten, dass die Aussicht, mit maßgeblicher Beteiligung digitaler Assistenz bspw. potenzielle Mitarbeiterinnen und Mitarbeiter zu suchen, analysieren und deren Eignung festzustellen, für die wenigsten gegenwärtigen Vertreterinnen und Vertreter ihrer Zunft zu den vordersten Beweggründen gehörte, diesen Karrierepfad einzuschlagen (Rasmussen & Ulrich, 2015). Dementsprechend verhalten bis irritiert reagieren Beschäftigte im Personalwesen, wenn der Ruf nach dem Einsatz digitaler People-Analytics-Tools lauter wird. Dazu zählt bspw. die Identifikation von Talentmärkten als Grundlage für Rekrutierungsprozesse durch digitales Talent-Mapping, Employer Branding mittels Big-Data-Analytics, Suche und Vorselektion potenzieller Bewerberinnen und Bewerber durch Profile-Mining in Karrierenetzwerken, Bewerberkommunikation mittels selbstlernender Chatbots, automatisiertes CV-Parsing, algorithmische Steuerung der Bewerber(vor)auswahl sowie künstliche Intelligenz in der Eignungsdiagnostik (inkl. automatisierter Gesprächsführung, Emotionserkennung). Bei der Vielzahl aufkommender digitaler Hilfsmittel verwundert es nicht, dass u. a. die Tätigkeitsbereiche der Personalbeschaffung, der Eignungsdiagnostik sowie der Bewerberauswahl im IAB-Job-Futuromat bereits als gegenwärtig automatisierbar deklariert werden. Man mag geneigt sein, in Zweifel zu ziehen, dass Unternehmen in absehbarer Zukunft diese Tätigkeiten tatsächlich vollends in die Hände von Maschinen legen werden. Nichtsdestotrotz deutet sich für eine prototypische Referentin für Personalauswahl und -entwicklung eine deutliche Disruption althergebrachter Arbeitsabläufe an sowie, damit verbunden, eine Veränderung des Anforderungsprofils für Karrieren in diesem Segment. Nicht nur transformieren sich ehemalige Kerntätigkeiten in Routineaufgaben, die vermeintlich von Maschinen ebenso gut (oder gar besser) ausgeführt werden können, und entweichen in der Folge nach und nach aus dem menschlichen Tätigkeitsprofil, während andere Nicht-Routinetätigkeiten an Bedeutung gewinnen. Auch erfordert die Arbeit an der Schnittstelle zu digitalen Werkzeugen neue Kompetenzen, nicht zuletzt, weil eine verstärkte interdisziplinäre Zusammenarbeit beispielsweise mit IT-Spezialisten und -Spezialistinnen erforderlich wird.

10.2 Neu entstehende Tätigkeitsschwerpunkte und Beschäftigungsformen

In den vergangenen Jahren ist bereits sichtbar geworden, dass für viele Berufe eine Aufwertung derjenigen Tätigkeitsbestandteile stattfand, die entweder auf die digitale Kompetenz der Beschäftigten angewiesen sind oder aber sich schwerlich durch Maschinen ersetzen ließen. So lässt die zunehmende Digitalisierung zum einen zusätzliche Tätigkeiten entstehen, in denen eine menschliche Beteiligung unabdingbar ist, etwa zum Aufbau von Datengrundlagen für algorithmische Entscheidungen. Das IAB verzeichnet jüngst neuentstandene Berufsbezeichnungen wie den des *Usability-Testers* oder des *Kaufmanns/der Kauffrau E-Commerce*. Zum anderen belegen die Forscherinnen und Forscher des IAB in ihren neuesten Zahlen bspw. Anstiege von Beschäftigtenzahlen in Segmenten, die ihre Schwerpunkte im Controlling, in der Kundenberatung oder im agilen Projektmanagement haben, gerade weil hier der Mensch der Maschine (noch) überlegen ist (Dengler & Matthes, 2021).

Weiterhin sind alternative Beschäftigungsverhältnisse in dem Sinne, dass diese sich auf die (mehr oder weniger kurzfristige) Ausführung einer isolierten Aufgabe beziehen (im englischen Sprachgebrauch häufig »contingent work« genannt), auf dem Vormarsch (Barley et al., 2017). Als Alternative zum traditionellen Beschäftigungsverhältnis (Austausch von Arbeitskraft gegen Beschäftigungssicherheit) nehmen diese Formen der Zeitarbeit, Selbständigkeit und/oder Arbeit in der *Gig-Economy* an. Gerade im Zuge der Digitalisierung neu entstehende Tätigkeiten kommen verstärkt im Gewand neuer Beschäftigungsstrukturen daher, erlauben sie doch häufig eine ortsunabhängige Ausführung (Stichwort: *remote work*) und/oder organisationsübergreifendes Arbeiten (Stichworte: *gig economy, work on demand*). Zu den Besonderheiten von Arbeit in der Gig-Economy zählt zudem die Tatsache, dass Aufträge i. d. R. über Online-Plattformen[5] vermittelt werden. Diese Aspekte machen, weitgehend unabhängig vom jeweiligen Tätigkeitsinhalt, die genauere Elaboration unterschiedlicher Beschäftigungsformen für die Karriereberatung relevant und rücken verstärkt Kompetenzen des Selbstmanagements und Unternehmertums ins Blickfeld. Allerdings darf hier nicht übersehen werden, dass große Teile der Gig-Economy eine nur geringe soziale Absicherung (z. B. gegenüber dem Risiko der Arbeitslosigkeit und der Altersvorsorge) und niedrige Verdienstmöglichkeiten aufweisen (vgl. Lent, 2018).

---

5 z. B. Upwork (https://www.upwork.com), Taskrabbit (https://www.taskrabbit.de/), **Mechanical Turk** (https://www.mturk.com/), Uber https://www.uber.com/de/de/), Airbnb (https://www.airbnb.de/)

10.3 Digitalisierung und ältere Beschäftigte

Die Digitalisierung der Arbeitswelt trifft zugleich auf eine demographische Entwicklung, die sich durch einen relativ höheren Anteil an älteren gegenüber jüngeren Menschen in der Bevölkerung auszeichnet. Unternehmen sind vermehrt auf ältere Beschäftigte angewiesen, um ihren Bedarf an Fachkräften zu decken. Zugleich haben unsere Ausführungen gezeigt, dass Fachkräfte zunehmend mit auf Digitalisierung bezogenen Tätigkeitsanforderungen konfrontiert sind.

Zunächst ist zu fragen, ob nicht auch gerade dort, wo typischerweise ein eher früher Rückzug aus dem Erwerbsleben (u. a. infolge von Erwerbsunfähigkeit) oder ein verhältnismäßig häufiger Wechsel in andere Tätigkeitsfelder stattfindet und in der Folge entsprechend wenige ältere Beschäftigte zu finden sind, die Digitalisierung von Teilbereichen der dort zu findenden Tätigkeiten zu einer Veränderung in der Alterszusammensetzung führen könnte. Zu den Berufen mit sogenannter begrenzter Tätigkeitsdauer werden solche gezählt, in denen deutlich mehr als die Hälfte der Erwerbstätigen nicht bis zum regulären Renteneintrittsalter verbleibt (vgl. Frerichs, 2019). Bestimmte Tätigkeitskennzeichen machen dies wahrscheinlicher, insbesondere schweres Heben und Tragen, Schicht- und Nachtarbeit sowie hohe Anforderungen an die Daueraufmerksamkeit (vgl. zusammenfassend Frerichs, 2019). Eine für begrenzte Tätigkeitsdauer typische Branche ist das Baugewerbe, das den niedrigsten Anteil von über 50-Jährigen unter den Beschäftigten aufweist (vgl. Brussig & Schwarzkopf, 2013). Hier kommt es zu relativ vielen Frühverrentungen, aber auch zu Wechseln in andere Beschäftigungsfelder, vor allem in baunahen Branchen (z. B. Bauhandel). Fluktuationen aus dem Beruf bzw. Berufswechsel finden sich überdies besonders häufig in der (Alten-)Pflege (Joost et al., 2009). Der Einsatz von bspw. Robotertechnik könnte sowohl im Baugewerbe als auch in der Pflege durchaus zu einem Abbau körperlicher Belastungen bei den Beschäftigten beitragen und sie somit länger im betreffenden Berufsfeld halten. Allerdings darf nicht übersehen werden, dass damit psychische Belastungen vermutlich nicht in gleichem Maße reduzierbar sind. Darüber hinaus werden Beschäftigte bei der Entscheidung, in andere Tätigkeitsfelder zu wechseln, selbstverständlich neben den jeweiligen psychischen und physischen Anforderungen auch noch andere Faktoren in Betracht ziehen (z. B. gegebenenfalls bessere Verdienstmöglichkeiten in anderen Branchen). Ein Belastungsabbau vermittels Digitalisierung wird also bestenfalls einen Teil der frühzeitigen Erwerbsausstiege oder Berufswechsel in den von besonders hohen körperlichen Anforderungen betroffenen Branchen verhindern.

In Zeiten der Digitalisierung der Arbeitsanforderungen ist weiterhin von Interesse, inwiefern ältere Beschäftigte einen solchen Weg der Transformation mitzugehen bereit sind, um ihre Leistungs- und Beschäftigungsfähigkeit zu erhalten. Gellert und Haller (2021) kommen hier zu einer sehr optimistischen Einschätzung, sofern der Nutzen dieser Transformation auch dieser Beschäftigtengruppe plausibel vermittelt werden könne. Uns erscheint diese Einschätzung mit dem spezifischen Fokus auf die Digitalisierung bisher nicht unbedingt empirisch untermauert, da entsprechende altersvergleichende Studien von Gellert und Haller (2021) nicht benannt werden. Was allerdings in der Tat Anlass zu einem diesbezüglichen Optimismus gibt, sind meta-analytische Befunde, die zeigen, dass sich ein verbreitetes Altersstereotyp, nämlich eine höhere Veränderungsresistenz älterer Beschäftigter, empirisch nicht belegen ließ (Ng & Feldman, 2012). Entgegen verbreiteter Vorurteile zeigte sich in der vielzitierten Meta-Analyse von Ng und Feldman (2012) weiterhin sogar ein positiver Zusammenhang des Alters der Beschäftigten mit der Arbeitsmotivation. Zugleich musste jedoch festgestellt werden, dass die Teilnahmebereitschaft an Trainingsmaßnahmen und Angeboten zur Laufbahngestaltung bei den älteren Beschäftigten im Mittel geringer ausfiel als bei jüngeren Beschäftigten. Sowohl die positiven Beziehungen des Alters zur Arbeitsmotivation als auch die negativen Beziehungen zur Teilnahme an Trainings und Weiterbildungen waren jedoch von geringer Höhe. Darauf, wie lohnend es aus betrieblicher Sicht ist, in die Weiterbildung von älteren Beschäftigten zu investieren, verweisen etwa Nagy und Hirschi (2019). Wer ältere Beschäftigte nicht zu Weiterbildungen schicke oder sie zur entsprechenden Teilnahme ermutige, übersähe möglicherweise, dass diese typischerweise länger im Unternehmen verblieben als jüngere Beschäftigte, so dass sich ein Investment gerade in die älteren Erwerbstätigen durchaus auch aus betriebswirtschaftlicher Sicht lohne. Dies sollte entsprechend auch für Weiterbildungsmaßnahmen gelten, die den Bereich der Digitalisierung betreffen.

Schließlich könnten für ältere Menschen, die sich bereits im Ruhestand befinden, aber gerne noch arbeiten möchten oder sich etwas zu ihrer Rente oder Pension dazu verdienen möchten (oder müssen), auch passagere Tätigkeiten über Aufträge, wie sie über Online-Plattformen vermittelt werden, eine Option sein. Hier sind sie möglicherweise durch eine gewisse Anonymität auch stärker vor altersbezogenen Vorurteilen geschützt.

10.4 Bezug zu Karrieremodellen und Beratungsansätzen

In dem Ausmaß, in dem sich Veränderungen im Spektrum der Arbeitstätigkeiten einstellen, werden unsere theoretischen Ansätze zum Karrieremanagement (siehe v. a. Kapitel 1 bis 3) sowie die daraus abgeleiteten Beratungsansätze eine Überarbeitung erfahren. Inspirierende Übersichtsartikel zu diesem Thema, die dies in größerer Ausführlichkeit schildern, legten Hirschi (2018) sowie Lent (2018) vor.

Als sicher können wir annehmen, dass die verstärkte Verzahnung zukünftiger Arbeit mit dynamischen technischen Neuentwicklungen diejenigen Personen bevorteilt, die zur flexiblen Anpassung ihrer Kenntnisse willens und imstande sind. Im Sinne der *proteischen Karriere* (► Kap. 1.2) ließe sich das als eine Beschleunigung der Lernzyklen verstehen, die eine Person in die Lage versetzt, sich innerhalb ihrer Karriere fortlaufend neu zu erfinden. Für die Karriereberatung gewinnen somit Einstellungen zum eigenverantwortlichen Karrieremanagement sowie Metakompetenzen (Identitätsbewusstsein, Adaptabilität) an Bedeutung.

Bezogen auf die *entgrenzte Karriere* (▶ Kap. 1.1) ist zunächst die Entwicklung hin zu organisationsübergreifenden Beschäftigungsformen augenscheinlich. *Work-On-Demand* in einer *Gig-Economy*, d. h. einzelne Arbeitsschritte für unterschiedliche Auftraggeber (möglicherweise simultan) auszuführen, kann man als eine prototypische Form physischer Mobilität verstehen. In gewisser Weise gehen diese Beschäftigungsformen sogar über das hinaus, was im Zusammenhang mit entgrenzten Karrieren bislang erläutert wurde, nämlich eine Sequenz von Wechseln der Arbeitsstelle innerhalb einer Organisation oder über deren Grenzen hinweg. Insofern werden für diese Teilgruppe von Beschäftigten zusätzliche unternehmerische Kompetenzen an Bedeutung gewinnen.

Zudem ist zu erwarten, dass zukünftige Arbeit die Befriedigungspotenziale bzgl. psychologischer Grundbedürfnisse (wie in ▶ Kap. 2 beschrieben) verändern wird. Denkt man an die Verschiebung der Tätigkeitsschwerpunkte in Richtung von Nicht-Routine-Aufgaben sowie an neue, selbständige Beschäftigungsformen, nähme in vielen Fällen das Potenzial für Selbstbestimmung zu. Dies kann im Beratungskontext zu einer vielversprechenden Triebfeder für die proaktive Erneuerung der eigenen Karriere werden. In diesem Zusammenhang dürfen auch die potenziellen Schattenseiten großer eigenverantwortlicher Gestaltungsanforderungen nicht übersehen werden (z. B. große Anforderungen an das Selbstmanagement). Bezogen auf motivationale Orientierungen aus dem Bereich Leistung/Kompetenzerleben sind Veränderungen in der Art von Leistungsfeedback zu bedenken, die eine Person erhält. In selbständigen Beschäftigungsverhältnissen überträgt sich bspw. die Verantwortung für die Steuerung hin zu informativen Herausforderungen mit optimalem Schwierigkeitsgrad stärker auf die Person selbst. Gelegenheiten zum Ausleben des Bedürfnisses nach sozialer Eingebundenheit können sowohl anwachsen (durch Anreicherung von Tätigkeiten mit Aufgaben, die kaum zu automatisieren wären, weil sie sozial intelligentes Handeln erfordern) als auch zurückgehen (durch Auflösung organisationaler Beschäftigungsverhältnisse und damit dem Wegfall kollegialer sozialer Unterstützung). Bezogen auf den zweiten Aspekt kann es von Bedeutung sein, neue überbetriebliche Netzwerke sowie nicht-arbeitsbezogene soziale Einbindung an diese Stelle treten zu lassen.

Der Passungsgedanke zwischen der Person und ihrer Arbeitstätigkeit wird voraussichtlich eine weitere Dynamisierung erfahren: In seinem Ursprung ging dieser Ansatz, wie in ▶ Kap. 2.1 erläutert, von einer relativ stabilen Ausgestaltung sowohl von Personen- (z. B. Kompetenzen, Motive) als auch Umweltfaktoren (z. B. Arbeitsanforderungen, Befriedigungspotenzial für Bedürfnisse) aus. Aus heutiger – und v. a. zukunftsgerichteter – Sicht mag es aber nicht angemessen sein, davon auszugehen, dass die einmal vollzogene Herstellung einer Passung zwischen einer Person und ihrer Berufstätigkeit zu einem langfristigen Bündnis zwischen Beschäftigten und Arbeitgebern führt und in so etwas wie einen endgültigen Karriereerfolg mündet. Vielmehr ist zu erwarten, dass die Umwelthemisphäre der Passung sich zunehmend volatiler ausgestaltet, Disruptionen aufgrund technischer Entwicklungen stattfinden und Anforderungen einer beschleunigten Erneuerung unterworfen sind. Hiermit dürfte sich die vermeintliche Lücke zwischen dem ehemals eher statisch angelegten Passungsansatz (▶ Kap. 2) und sozial-kognitiven Ansätzen (▶ Kap. 3) weiter schließen.

Sofern wir es als eine weitläufige Folge der Digitalisierung verstehen, dass Anforderungen an das Selbstmanagement steigen und Karriereentscheidungen komplexer werden, gewinnen sozial-kognitive Ansätze weiter an Wert. Steigende und fortwährende Erfordernisse, die eigene Arbeit in Richtung einer optimalen Anforderungs-Kompetenz-Passung auszurichten, machen die Überwachung und Anpassung von Selbstwirksamkeitserwartungen zu einem probaten Mittel. Die Elaboration von Ergebniserwartungen, d. h., das Bewusstmachen, welche Maßnahmen zu einem bestimmten Ergebnis führen, dürfte im Zuge der beruflichen Orientierung hin zu sog. »neuen« Tätigkeiten ebenfalls bedeutsamer werden. Nicht zuletzt bieten uns Modellvorstellungen wie jene der sozial-kognitiven Karrieretheorie einen guten Bezugsrahmen dafür, in welcher Weise sich kontextuelle Faktoren in die karrierebezogene Entscheidungsfindung einbinden lassen. In Hinblick auf die längerfristige Vorbereitung von Personen auf Veränderungen und mögliche Turbulenzen im weiteren Karriereverlauf gewinnt der jüngst der sozial-kognitiven Karrieretheorie hinzugefügte Baustein des Karriereselbstmanagements (Lent & Brown, 2013) an Relevanz. Lent (2013) führt hierfür den Begriff der Karriere-*Preparedness* ein. Mit einer gesteigerten Aufmerksamkeit für zukünftige Bedrohungen, aber auch Ressourcen, kann eine proaktive Strategie zur (Um-)Gestaltung der eigenen Karriere eingeleitet werden (vgl. Lent, 2018). Hierzu gehört die Kultivierung von Nicht-Routine-Tätigkeiten, u. a. auf interpersonaler Ebene (Anreicherung mit Führung, Mentoring, Extrarollenverhalten). Zu verbinden wäre dies mit der Herstellung einer Grundhaltung, dass die Aussicht auf Veränderungen in der Karriere nichts Schockierendes, sondern eher etwas zu Erwartendes sein dürfte. Im Zuge der Formulierung von Karrierezielen sind dann bestenfalls bereits absehbare Veränderungen in den Tätigkeitsprofilen sowie Optionen für einen Plan B zu berücksichtigen. Es kann zudem hilfreich sein, im Zusammenhang hiermit materielle, soziale und emotionale Unterstützungsfaktoren zu elaborieren.

Seit jeher ist die Informationssammlung bezüglich Anforderungen und Möglichkeiten unterschiedlicher Karriereoptionen ein Bestandteil vieler Beratungsprozesse. Für die Zukunft ist in diesem Zusammenhang ein verstärkter Einbezug von Daten zum Ausblick auf Substituierbarkeitspotenziale (siehe oben) anzuraten. Die Geschwindigkeit der Entwicklung neuer Technologien, verbunden mit der Ungewissheit, welche Automatisierungsmöglichkeiten Marktreife erhalten und zu welchem Zeitpunkt, erschwert zwar den Blick in die Kristallkugel und damit zuverlässige Prognosen des Risikos, ob bestimmte Tätigkeiten zu einem bestimmten Zeitpunkt durch computergesteuerte Maschinen ersetzt sein werden. Nichtsdestotrotz liefern Versuche, das Substituierungspotenzial von Tätigkeiten zu quantifizieren, einen wertvollen Beitrag zur Planung zukünftiger Karrieren, u. a. im Rahmen der Karriereberatung. So kann der Klient bzw. die Klientin vorbereitet werden auf absehbare Schwerpunktverschiebungen und entsprechenden Trainingsbedarf. Ergebnis einer solchen Analyse kann in bestimmten Fällen auch eine Umleitung beruflicher Interessen auf ein zukunftssicheres Betätigungsfeld sein. Dies wollen wir aber nicht als Umsetzung der Binsenweisheit verstanden wissen, (allein) das Umsatteln in den (Hoch-)Technologiesektor garantiere die zukünftige Wettbewerbsfähigkeit am Arbeitsmarkt. Hiermit würden wir alles über Bord werfen, was wir in
▶ Kap. 2 über die Individualität beruflicher Interessen und Motive geschrieben

haben. Somit kann es nicht das Ziel sein, jedwede Person zu einem Informationstechnologen bzw. einer -technologin *herbeizuberaten*. Ziel bleibt vielmehr die Ausrichtung der Karriere an den individuellen Interessenschwerpunkten. Nichtsdestotrotz wird es in nicht wenigen Fällen sinnvoll sein, eine Stärkung technologiebezogener und/oder interpersonaler Selbstwirksamkeitsüberzeugungen hervorzurufen, um im angestammten Betätigungsfeld wettbewerbsfähig zu sein.

10.5 Fazit

Im Zuge der vierten industriellen Revolution ist zu erwarten, dass sich beträchtliche Teile der Tätigkeitsprofile verändern. Aus unserer Sicht besteht aber kein Anlass, in Hinblick auf einen etwaigen Wegfall ganzer Karrierewege in Panik zu verfallen. Substituierbarkeitspotenziale betreffen die wenigsten Berufe in ihrer Gänze, zudem ist die tatsächliche Umsetzung der Substitution in den meisten Fällen noch nicht erfolgt. Neben der technologischen Machbarkeit liegen Effizienzabwägungen des jeweiligen Managements, aber auch politische Maßnahmen und gesellschaftliche (In-)Akzeptanz noch zwischen Potenzial und Umsetzung. Insofern sollten wir die Geschwindigkeit solcher Entwicklungen nicht überschätzen, ganz im Einklang mit dem amerikanischen Zukunftsforscher Roy C. Amara: *Wir neigen dazu, die kurzfristigen Auswirkungen einer Technologie zu überschätzen, auf lange Sicht aber zu unterschätzen.*

Teil IV Verzeichnisse

Literaturverzeichnis

Abele, A. E. (2002). Ein Modell und empirische Befunde zur beruflichen Laufbahnentwicklung unter besonderer Berücksichtigung des Geschlechtsvergleichs. *Psychologische Rundschau, 53*(3), 109–118.

Abele, A. E. (2003a). Beruf – kein Problem, Karriere – schon schwieriger: Berufslaufbahnen von Akademikerinnen und Akademikern im Vergleich. In A. E. Abele, E.-H. Hoff & H.-U. Hohner (Hrsg.), *Frauen und Männer in akademischen Professionen: Berufsverläufe und Erfolg* (S. 157–182). Asanger.

Abele, A. E. (2003b). The dynamics of masculine-agentic and feminine-communal traits. Findings from a prospective study. *Journal of Personality and Social Psychology, 85*(4), 768–776.

Abele, A., Hausmann, A. & Weich, M. (1994). *Karriereorientierungen angehender Akademikerinnen und Akademiker*. Kleine.

Abele, A. E. & Krüsken, J. (2003). Intrinsisch motiviert und verzichtbereit: Determinanten der Promotionsabsicht am Beispiel von Diplomabsolventinnen und -absolventen der Mathematik. *Zeitschrift für Sozialpsychologie, 34*(4), 205–218.

Abele, A. E., Stief, M. & Krüsken, J. (2002). Persönliche Ziele von Mathematikern beim Berufseinstieg: Ein Vergleich offener und geschlossener Erhebungsmethoden. *Zeitschrift für Pädagogische Psychologie, 16*(3/4), 193–205.

Abele, A. E. & Wiese, B. S. (2008). The nomological network of self-management strategies and career success. *Journal of Occupational and Organizational Psychology, 81*(4), 733–749.

Acker, J. (1992). Gendering organizational theory. In A. J. Mills & P. Tancred (Hrsg.), *Gendering organizational analysis* (S. 248–260). Sage Publications.

Aisenbrey, S., Evertsson, M. & Grunow, D. (2009). Is there a career penalty for mothers' time out? A comparison of Germany, Sweden and the United States. *Social Forces, 88*(2), 573–605.

Ajzen, I. (1985). From intentions to actions: A theory of planned behavior. In J. Kuhl & J. Beckmann (Hrsg.), *Action control: From cognition to behavior* (S. 11–39). Springer.

Ajzen, I. (1991). The theory of planned behavior. *Organizational Behavior and Human Decision Processes, 50*(2), 179–211.

Albrecht, J. W., Edin, P., Sundström, M. & Vroman, S. B. (1999). Career interruptions and subsequent earnings: A reexamination using Swedish data. *The Journal of Human Resources, 34*(2), 294–311.

Alisic, A., Noppeney, R. & Wiese, B. S. (in Druck). When doubts take over: A longitudinal study on emerging disengagement in the PhD process. *Higher Education*.

Alisic, A. & Wiese, B. S. (2021). Die Bedeutung von Selbstmanagement und Selbstwirksamkeit auf unsicheren Karrierewegen. *Personal in Hochschule und Wissenschaft entwickeln, 5*, 83–91.

Alisic, A. & Wiese, B. S. (2020). Keeping an insecure career under control: The longitudinal interplay of career insecurity, self-management, and self-efficacy. *Journal of Vocational Behavior, 120*, 103431.

Allen, T. D., Eby, L. T., Poteet, M. L., Lentz, E. & Lima, L. (2004). Career benefits associated with mentoring for proteges: A meta-analysis. *Journal of Applied Psychology, 89*(1), 127–136.

Allen, T. J. & Katz, R. (1986). The dual ladder: Motivational solution or managerial delusion? *R&D Management, 16*(2), 185–197.

Amabile, T. M., Hill, K. G., Hennessey, B. A. & Tighe, E. M. (1994). The Work Preference Inventory – assessing intrinsic and extrinsic motivational orientations. *Journal of Personality and Social Psychology, 66*(5), 950–967.

Ampaw, F. D. & Jaeger, A. J. (2012). Completing the three stages of doctoral education: An event history analysis. *Research in Higher Education, 53*(6), 640–660.

Anger, C., Kohlisch, E., Koppel, O. & Plünnecke, A. (2021). MINT-Frühjahrsreport 2021: MINT-Engpässe und Corona-Pandemie: von den konjunkturellen zu den strukturellen Herausforderungen. Zugriff am 20.04.2022 unter: https://www.iwkoeln.de/fileadmin/user_upload/Studien/Gutachten/PDF/2021/MINT-Fr%C3%BChjahrsreport_2021.pdf

Arthur, M. B. (1994). The boundaryless career: A new perspective for organizational inquiry. *Journal of Organizational Behavior, 15*(4), 295–306.

Arthur, M. B. (2014). The boundaryless career at 20: where do we stand, and where can we go? *Career Development International, 19*(6), 627–640.

Arthur, M. B., Khapova, S. N. & Wilderom, C. P. (2005). Career success in a boundaryless career world. *Journal of Organizational Behavior, 26*(2), 177–202.

Arthur, M. B. & Rousseau, D. M. (1996a). A career lexicon for the 21st century. *Academy of Management Perspectives, 10*(4), 28–39.

Arthur, M. B. & Rousseau, D. M. (1996b). Introduction: the boundaryless caeer as a new employment principle. In M. B. Arthur & D. M. Rousseau (Hrsg.), *The boundaryless career: A new employment principle for a new organizational era* (S. 3–22). Oxford University Press.

Ashford, S. J. & Black, J. S. (1996). Proactivity during organizational entry: The role of desire for control. *Journal of Applied Psychology, 81*(2), 199–214.

Assouline, M. & Meir, E. I. (1987). Meta-analysis of the relationship between congruence and well-being measures. *Journal of Vocational Behavior, 31*(3), 319–332.

Atkinson, J. W. (1957). Motivational determinants of risk-taking behavior. *Psychological Review, 64*(6), 359–372.

Auriol, L., Misu, M. & Freeman, R. (2013). *Careers of doctorate holders: Analysis of labour market and mobility indicators*, OECD Science, Technology and Industry Working Papers, Nr. 2013/04. OECD Publishing.

Autor, D. H. (2015). Why are there still so many jobs? The history and future of workplace automation. *Journal of Economic Perspectives, 29*(3), 3–30.

Autor, D. H. & Dorn, D. (2013). The growth of low-skill service jobs and the polarization of the US labor market. *American Economic Review, 103*(5), 1553–1597.

Autorengruppe Bildungsberichterstattung (2016). Bildung in Deutschland 2016 – Ein indikatorengestützter Bericht mit einer Analyse zu Bildung und Migration. Zugriff am 02.05.2022 unter: https://www.bildungsbericht.de/de/bildungsberichte-seit-2006/bildungsbericht-2016/pdf-bildungsbericht-2016/bildungsbericht-2016

Baard, P., Deci, E. L. & Ryan, R. M. (2004). Intrinsic need satisfaction: A motivational basis of performance and well-being in two work settings. *Journal of Applied Social Psychology, 34*(10), 2045–2068.

Bagdadli, S. & Gianecchini, M. (2019). Organizational career management practices and objective career success: A systematic review and framework. *Human Resource Management Review, 29*(3), 353–370.

Bai, L. & Liao, H.-Y. (2018). The relation between interest congruence and college major satisfaction: Evidence from the basic interest measures. *Journal of Career Assessment, 27*(4), 62–644.

Bailyn, L. (1991). The hybrid career: an exploratory study of career routes in R&D. *Journal of Engineering and Technology Management 8*(1), 1–14.

Bair, C. R. & Haworth, J. G. (2004). Doctoral student attrition and persistence: a meta-synthesis of research. In J. C. Smart (Hrsg.), *Higher education: Handbook of theory and research* (Vol. 19, S. 481–534). Springer.

Bakker, R. M. (2010). Taking stock of temporary organizational forms: A systematic review and research agenda. *International Journal of Management Reviews, 12*(4), 466–486.

Balsmeier, B. & Pellens, M. (2014). Who makes, who breaks: Which scientists stay in academe? *Economic Letters, 122*(2), 229–232.

Bandura, A. (1977). Self-efficacy: toward a unifying theory of behavioral change. *Psychological Review, 84*(2), 191–215.

Bandura, A. (1986). *Social foundations of thought and action: A social cognitive theory*. Prentice-Hall.

Bandura, A. (1991). Social cognitive theory of self-regulation. *Organizational Behavior and Human Decision Processes, 50*(2), 248–287.

Bandura, A. (1997). *Self-efficacy: The exercise of control.* Freeman.

Bandura, A. & Locke, E. A. (2003). Negative self-efficacy and goal effects revisited. *Journal of Applied Psychology, 88*(1), 87–99.

Bargel, H. & Bargel, T. (2010). *Ungleichheiten und Benachteiligungen im Hochschulstudium aufgrund der sozialen Herkunft der Studierenden (Arbeitspapier 202).* Hans-Böckler-Stiftung.

Barley, S. R., Bechky, B. A. & Milliken, F. J. (2017). The changing nature of work: Careers, identities, and work lives in the 21st century. *Academy of Management Discoveries, 3*(2), 111–115.

Barnett, R. C., Raudenbush, S. W., Brennan, R. T., Pleck, J. H. & Marshall, N. L. (1995). Change in job and marital experiences and change in psychological distress: A longitudinal study of dual-earner couples. *Journal of Personality and Social Psychology, 69*(5), 839–850.

Barrick, M. R. & Mount, M. K. (1991). The big five personality dimensions and job performance – a meta-analysis. *Personnel Psychology, 44*(1), 1–26.

Barrick, M. R., Mount, M. K. & Judge, T. A. (2001). Personality and performance at the beginning of the new millennium: What do we know and where do we go next? *International Journal of Selection and Assessment, 9*(1-2), 9–30.

Barthauer, Estel, V., Dubbel, A., Kauffeld, S. & Spurk, D. (2016). Woran erkenne ich eine erfolgreiche Laufbahn? Ein qualitativer Ansatz zur Definition von Laufbahnerfolg bei Wissenschaftlern. *Beiträge zur Hochschulforschung, 38*(1–2), 42–63.

Baruch, Y. (2014). The development and validation of a measure for protean career orientation. *The International Journal of Human Resource Management, 25*(19), 2702–2723.

Baruch, Y. & Quick, J. C. (2007). Understanding second careers: Lessons from a study of U.S. Navy admirals. *Human Resource Management, 46*(4), 471–491.

Baruch, Y. & Peiperl, M. (2000). Career management practices: An empirical survey and implications. *Human Resource Management, 39*(4), 347–366.

Baruch, Y. & Vardi, Y. (2016). A fresh look at the dark side of contemporary careers: Toward a realistic discourse. *British Journal of Management, 27*(2), 355–372.

Basadur, M.S., Pringle, P. & Taggar, S. (1995). Improving the reliability of three new scales which measure three new divergent thinking attitudes related to organizational creativity. McMaster University Faculty of Business, Innovation Research Working Group Paper No. 45. Zugriff am 24.04.2022 unter: https://macsphere.mcmaster.ca/bitstream/11375/5423/1/fulltext.pdf

Bauer, T. N., Bodner, T., Erdogan, B., Truxillo, D. M. & Tucker, J. S. (2007). Newcomer adjustment during organizational socialization: A meta-analytic review of antecedents, outcomes and methods. *Journal of Applied Psychology, 92*(3), 707–721.

Bauer, T. N. & Erdogan, B. (2011). Organizational socialization: The effective onboarding of new employees. In S. Zedeck, H. Aguinis, W. Cascio, M. Gelfand, K. Leung, S. Parker & J. Zhou (Hrsg.), *APA Handbook of I/O* (S. 51–64). APA Press.

Bauer, T. N., Morrison, E. W. & Callister, R. R. (1998). Organizational socialization: A review and directions for future research. In G. R. Ferris (Hrsg.), *Research in personnel and human resources management* (Volume 16, S. 149–214). JAI Press.

Baumeister, R. F. & Leary, M. R. (1995). The need to belong: Desire for interpersonal attachments as a fundamental human motivation. *Psychological Bulletin, 117*(3), 497–529.

Beaufaÿs, S. (2012). Zugänge zur Promotion. Welche selektiven Mechanismen enthält die wissenschaftliche Praxis? In N. Huber, A. Schelling & S. Hornbostel (Hrsg.), *Der Doktortitel zwischen Status und Qualifikation* (S. 163–172). iFQ – Institut für Forschungsinformation und Qualitätssicherung.

Becker, G. S. (1962). Investment in human capital: A theoretical analysis. *Journal of Political Economy, 70*(5), 9–49.

Becker, G. S. (1991). *A treatise on the family: Enlarged edition.* Harvard University Press.

Beechler, S. & Woodward, I. C. (2009). The global »war for talent«. *Journal of International Management, 15*(3), 273–285.

Beierle, S. (2013). Die Rolle von Peers, Neuen Medien und Online-Communitys bei der Berufsorientierung. Deutsches Jugendinstitut. Zugriff am 02.05.2022 unter: https://www.dji.de/fileadmin/dji/pdf/1152_16751_Peers_DJI_Abschlussbericht_Stand_03_2013.pdf

Berberich, M. (2014). *The expert career: A new approach to the dual ladder for highly specialized experts.* BlogIntoBook.com.

Berdahl, J. L. & Moon, S. H. (2013). Workplace mistreatment of middle class workers based on sex, parenthood, and caregiving. *Journal of Social Issues, 69*(2), 341–366.

Bergmann, C. (1993). Differenziertheit der Interessen und berufliche Entwicklung. *Zeitschrift für Differentielle und Diagnostische Psychologie, 14*(4), 265–279.

Berlyne, D. E. (1954). A theory of human curiosity. *British Journal of Psychology, 45*(3), 180–191.

Betz, N. E., Fitzgerald, L. F. & Hill, R. E. (1989). Trait-factor theories: Traditional cornerstone of career theory. In M. B. Arthur, D. T. Hall & B. S. Lawrence (Hrsg.), *Handbook of career theory* (S. 26–40). Cambridge University Press.

Betz, N. E. & Voyten, K. K. (1997). Efficacy and outcome expectations influence career exploration and decidedness. *The Career Development Quarterly, 46*(2), 179–189.

Bless, H., Waenke, M., Bohner, G., Fellhauer, R. F. & Schwarz, N. (1994). Need for cognition: Eine Skala zur Erfassung von Engagement und Freude bei Denkaufgaben. *Zeitschrift für Sozialpsychologie, 25*(2), 147–154.

Blickle, G., Witzki, A. H. & Schneider, P. B. (2009). Mentoring support and power: A three year predictive field study on protégé networking and career success. *Journal of Vocational Behavior, 74*(2), 181–189.

Blossfeld, H.-P. & Mayer, K. U. (1988). Arbeitsmarktsegmentation in der Bundesrepublik Deutschland. Eine empirische Überprüfung von Segmentationstheorien aus der Perspektive des Lebenslaufs. *Kölner Zeitschrift für Soziologie und Sozialpsychologie, 40*(2), 262–283.

Bolger, N., DeLongis, A., Kessler, R. C. & Wethington, E. (1989). The contagion of stress across multiple roles. *Journal of Marriage and the Family, 51*(1), 175–183.

Boswell, W. R. & Boudreau, J. W. (2005). The relationship between employee job change and job satisfaction: the honeymoon-hangover effect. *Journal of Applied Psychology, 90*(5), 882–892.

Brandtstädter, J. (1998). Action perspectives on human development. In W. Damon & R. Lerner (Hrsg.), *Handbook of child psychology. Vol. 1, Theoretical models of human development* (S. 807–863). John Wiley & Sons.

Brandstätter, V., Herrmann, M. & Schüler, J. (2013). The struggle of giving up personal goals: Affective, physiological, and cognitive consequences of an action crisis. *Personality and Social Psychology Bulletin, 39*(12), 1668–1682.

Brandstätter, H.; Grillich, L. & Farthofer, A. (2006). Prognose des Studienabbruchs. *Zeitschrift für Entwicklungspsychologie und Pädagogische Psychologie, 38*(3), 121–131.

Brandt, G. (2012). *Ursachen und Folgen des Promotionsabbruchs.* Vortrag auf der Jahrestagung der Gesellschaft für Hochschulforschung in Wien.

Braun, O. L. (1998). Ein Modell Aktiver Anpassung: Organisationsorientierung, berufliche Zielklarheit und Vorsatzbildung/Planung als vorauslaufende Bedingungen von Studienleistung. *Zeitschrift für Psychologie, 206*(4), 337–351.

Braun, O. L. & Buchhorn, B. (2007). Berufliche Zielklarheit und Auseinandersetzung mit Praxisanforderungen fördern – Evaluation eines Trainingskonzepts. *Zeitschrift für Beratung und Studium, 2*, 42–48.

Braun, O. L. & Lang, D. (2004). Das Modell Aktiver Anpassung in der Hochschulpraxis – Eine Methode zur Steigerung persönlicher beruflicher Zielklarheit. *Zeitschrift für Hochschuldidaktik, 1*, 80–94.

Bredin, K. & Söderlund, J. (2013). Project managers and career models: An exploratory comparative study. *International Journal of Project Management, 31*(6), 889–902.

Breen, R. & Goldthorpe, J. H. (1997). Explaining educational differentials: Towards a formal rational action theory. *Rationality and Society, 9*(3), 275–305.

Brickman, P. & Campbell, D. T. (1971). Hedonic relativism and planning the good society. In M. Apply (Hrsg.), *Adaptation-level theory* (S. 287–305). Academic Press.

Briscoe, J. P. & Finkelstein, L. M. (2009). The »new career« and organizational commitment: Do boundaryless and protean attitudes make a difference? *Career Development International, 14*(3), 242–260.

Briscoe, J. P. & Hall, D. T. (2006). The interplay of boundaryless and protean careers: Combinations and implications. *Journal of Vocational Behavior, 69*(1), 4–18.

Briscoe, J. P., Hall, D. T. & DeMuth, R. L. F. (2006). Protean and boundaryless careers: An empirical exploration. *Journal of Vocational Behavior, 69*(1), 30–47.

Briscoe, J. P., Henagan, S. C., Burton, J. P. & Murphy, W. M. (2012). Coping with an insecure employment environment: The differing roles of protean and boundaryless career orientations. *Journal of Vocational Behavior, 80*(2), 308–316.

Bronfenbrenner, U. (1989). Ecological systems theory. *Annals of Child Development, 6*(1), 187–249.

Brousseau, K., Driver, M., Eneroth, K. & Larsson, R. (1996). Career pandemonium: Realigning organizations and individuals. *Academy of Management Perspectives, 10*(4), 52–66.

Brown, S. D. & Lent, R. W. (2019). Social cognitive career theory at 25: Progress in studying the domain satisfaction and career self-management models. *Journal of Career Assessment, 27*(4), 563–578.

Brunstein, J. C. & Schmitt, C. H. (2004). Assessing individual differences in achievement motivation with the Implicit Association Test. *Journal of Research in Personality, 38*(6), 536–555.

Brussig, M. & Schwarzkopf, M. (2013). *Altersübergänge in der Bauwirtschaft gestalten: Prekarisierung vermeiden – Erwerbsbeteiligung stärken.* Arbeitspapier Nr. 291. Hans Böckler Stiftung.

Buehler, C. & O'Brien, M. (2011). Mothers' part-time employment: Associations with mother and family well-being. *Journal of Family Psychology, 25*(6), 885–906.

Bünning, M. (2016). Die Vereinbarkeitsfrage für Männer: Welche Auswirkungen haben Elternzeiten und Teilzeitarbeit auf die Stundenlöhne von Vätern? *Kölner Zeitschrift für Soziologie und Sozialpsychologie, 68*(4), 597–618.

Bundesamt für Sozialversicherungen (2021). Urlaube für Mütter und Väter. Zugriff am 10.09.2021 unter: https://www.bsv.admin.ch/bsv/de/home/sozialpolitische-themen/familienpolitik/vereinbarkeit/elternurlaub.html

Bundesministerium für Familie, Senioren, Frauen und Jugend (2021a). Elterngeld, ElterngeldPlus und Elternzeit: Das Bundeselterngeld- und Elternzeitgesetz. Zugriff am 04.05.2022 unter: https://www.bmfsfj.de/resource/blob/93614/e3612d5cc348a32310c1f09672ae09af/elterngeld-elterngeldplus-und-elternzeit-data.pdf

Bundesministerium für Familien, Senioren, Frauen und Jugend (2021b). *Väterreport. Update 2021.* Zugriff am 16.08.2023 unter: https://www.bmfsfj.de/resource/blob/186176/81ff4612aee448c7529f775e60a66023/vaeterreport-update-2021-data.pdf

Burk, C. L., Grund, C., Martin, J. & Wiese, B. S. (2016). Karrieren von Ingenieur- und Naturwissenschaftlern in Wissenschaft und Privatwirtschaft: Attraktoren und Durchlässigkeit aus psychologischer und personalökonomischer Perspektive. *Beiträge zur Hochschulforschung 38*(1–2), 118–141.

Burk, C. L. & Wiese, B. S. (2018a). Professor or manager? A model of motivational orientations applied to preferred career paths. *Journal of Research in Personality, 75*, 113–132.

Burk, C. L. & Wiese, B. S. (2018b). Nah der Wissenschaft und fern der Führung in einer Fach-/Expertenlaufbahn? Gruppe. Interaktion. Organisation. *Zeitschrift für Angewandte Organisationspsychologie (GIO), 49*(1), 23–33.

Burk. C. L. & Wiese, B. S. (2021). Macht »gutes« wissenschaftliches Arbeiten glücklich? Wissenschaftliche Werte als motivationale Treiber bei Karriereentscheidungen. Vortrag auf der Fachgruppentagung AOW- und Ingenieurpsychologie, TU Chemnitz.

Burke, D. & Linley, P. A. (2007). Enhancing goal self-concordance through coaching. *International Coaching Psychology Review, 2*(1), 62–69.

Buß, E. (2012). Die Akademisierung der Vorstandsetagen. In N. Huber, A. Schelling & S. Hornbostel (Hrsg.), *Der Doktortitel zwischen Status und Qualifikation* (S. 25–31). iFQ – Institut für Forschungsinformation und Qualitätssicherung.

Bygren, M. & Duvander, A. (2006). Parents' workplace situation and fathers' parental leave use. *Journal of Marriage and Family, 68*(2), 363–372.

Byington, E. K., Felps, W. & Baruch, Y. (2019). Mapping the Journal of Vocational Behavior: A 23-year review. *Journal of Vocational Behavior, 110*(Part B), 229–244.

Cable, D. M. & DeRue, D. S. (2002). The convergent and discriminant validity of subjective fit perceptions. *Journal of Applied Psychology, 87*(5), 875–884.

Cacioppo, J. T. & Petty, R. E. (1982). The need for cognition. *Journal of Personality and Social Psychology, 42*(1), 116–131.

Çakmak-Otluoğlu, K. Ö. (2012). Protean and boundaryless career attitudes and organizational commitment: The effects of perceived supervisor support. *Journal of Vocational Behavior, 80*(3), 638–646.

Caplan, R. D. (1987). Person-environment fit theory and organizations: Commensurate dimensions, time perspectives, and mechanisms. *Journal of Vocational Behavior, 31*(3), 248–267.

Carless, S. A. & Arnup, J. L. (2011). A longitudinal study of the determinants and outcomes of career change. *Journal of Vocational Behavior, 78*(1), 80–91.

Celec, P., Ostatníková, D. & Hodosy, J. (2015). On the effects of testosterone on brain behavioral functions. *Frontiers in Neuroscience, 9*(12), 1–17.

Cerasoli, C. P., Nicklin, J. M. & Ford, M. T. (2014). Intrinsic motivation and extrinsic incentives jointly predict performance: a 40-year meta-analysis. *Psychological Bulletin, 140*(4), 980–1008.

Cerdin, J. L. & Le Pargneux, M. (2014). The impact of expatriates' career characteristics on career and job satisfaction, and intention to leave: an objective and subjective fit approach. *The International Journal of Human Resource Management, 25*(14), 2033–2049.

Chan, D. & Schmitt, N. (2000). Interindividual differences in intraindividual changes in proactivity during organizational entry: A latent growth modeling approach to understanding newcomer adaptation. *Journal of Applied Psychology, 85*(2), 190–210.

Chartrand, J. M. & Rose, M. L. (1996). Career interventions for at-risk populations: Incorporating social cognitive influences. *The Career Development Quarterly, 44*(4), 341–353.

Chatman, J. A. (1989). Improving interactional organizational research: A model of person-organization fit. *Academy of Management Review, 14*(3), 333–349.

Cheng, M. M. & Hackett, R. D. (2021). A critical review of algorithms in HRM: Definition, theory, and practice. *Human Resource Management Review, 31*(1), 100698.

Cheryan, S., Master, A. & Meltzoff, A. N. (2015). Cultural stereotypes as gatekeepers: Increasing girls' interest in computer science and engineering by diversifying stereotypes. *Frontiers in Psychology, 6*, 1–8.

Choi, B. Y., Park, H., Yang, F., Lee, S. K., Lee, Y. & Lee, S. M. (2012). Understanding career decision self-efficacy: A meta-analytic approach. *Journal of Career Development, 39*(5), 443–460.

Clarke, M. (2013). The organizational career: Not dead but in need of redefinition. *The International Journal of Human Resource Management, 24*(4), 684–703.

Cloïn, M., Keuzenkamp, S. & Plantenga, J. (2011). A matter of culture and cost? A comparison of the employment decisions made by mothers with a lower, intermediate and higher level of education in the Netherlands. *Work, Employment & Society, 25*(3), 468–486.

Cohen, L. & Mallon, M. (1999). The transition from organisational employment to portfolio working: Perceptions of ›boundarylessness‹. *Work, Employment and Society, 13*(2), 329–352.

Collins, D. (1997). Knowledge work or working knowledge? Ambiguity and confusion in the analysis of the »knowledge age«. *Employee Relations 19*(1), 38–50.

Cooke, D. K., Sims, R. L. & Peyreftte, J. (1995). The relationship between graduate student attitudes and attrition. *The Journal of Psychology, 129*(6), 677–688.

Cortellazzo, L., Bonesso, S., Gerli, F. & Batista-Foguet, J. M. (2020). Protean career orientation: Behavioral antecedents and employability outcomes. *Journal of Vocational Behavior, 116*, 103343.

Coulson, M., Skouteris, H. & Dissanayake, C. (2012). The role of planning, support and maternal and infant factors in women's return to work after maternity leave. *Family Matters, 90*, 33–44.

Cuvillier, R. (1974). Intellectual workers and their work in social theory and practice. *International Labor Review, 109*(4), 291–317.

Dahl, G. B., Løken, K. V. & Mogstad, M. (2014). Peer effects in program participation. *American Economic Review, 104*(7), 2049–2974

Davia, M. A. (2010). Job mobility and wage growth at the beginning of the professional career in Spain. *Revista de Economía Aplicada, 18*(52), 5–34.

Dawis, R. V. (2002). Person-environment-correspondence theory. In D. Brown (Hrsg.), *Career choice and development* (S. 427–464). John Wiley & Sons.

Dawis, R. V. & Lofquist, L. H. (1984). *A psychological theory of work adjustment: An individual-differences model and its applications*. University of Minnesota Press.

Dawis, R. V., Lofquist, L. H. & Weiss, D. J. (1968). A theory of work adjustment: A revision. *Minnesota Studies in Vocational Rehabilitation 23, 1–14*.

DeCharms, R. (1968). *Personal causation: The internal affective determinants of behaviour*. Academic Press.

Deci, E. L. (1971). Effects of externally mediated rewards on intrinsic motivation. *Journal of Personality and Social Psychology, 18*(1), 105.

Deci, E. L., Koestner, R. & Ryan, R. M. (1999). A meta-analytic review of experiments examining the effects of extrinsic rewards on intrinsic motivation. *Psychological Bulletin, 125*(6), 627–668.

Deci, E. L. & Ryan, R. M. (2000). The »what« and »why« of goal pursuits: Human needs and the self-determination of behavior. *Psychological Inquiry, 11*(4), 227–268.

DeFillippi, R. J. & Arthur, M. B. (1994). The boundaryless career: A competency-based perspective. *Journal of Organizational Behavior, 15*(4), 307–324.

Deemer, E. D., Mahoney, K. T. & Ball, J. H. (2012). Research motives of faculty in academic STEM: Measurement invariance of the Research Motivation Scale. *Journal of Career Assessment, 20*(2), 182–195.

Dengler, K. & Matthes, B. (2015). Folgen der Digitalisierung für die Arbeitswelt: Substituierbarkeitspotenziale von Berufen in Deutschland (IAB-Forschungsbericht, 11/2015). Zugriff am 07.06.2022 unter: https://doku.iab.de/forschungsbericht/2015/fb1115.pdf

Dengler, K. & Matthes, B. (2021). Folgen des technologischen Wandels für den Arbeitsmarkt: Auch komplexere Tätigkeiten könnten zunehmend automatisiert werden (IAB-Kurzbericht, 13/2021). Zugriff am 07.06.2022 unter: https://doku.iab.de/kurzber/2021/kb2021-13.pdf

Dette, D. E., Abele, A. E. & Renner, O. (2004). Zur Definition und Messung von Berufserfolg. Theoretische Überlegungen und metaanalytische Befunde zum Zusammenhang von externen und internen Laufbahnerfolgsmaßen. *Zeitschrift für Personalpsychologie, 3*(4), 170–183.

Despres, C. & Hiltrop, J.-M. (1995). Human resource management in the knowledge age: current practice and perspectives on the future. *Employee Relations 17*(1), 9–23.

De Vos, A. & Soens, N. (2008). Protean attitude and career success: The mediating role of self-management. *Journal of Vocational Behavior, 73*(3), 449–456.

DGFP e.V. (2012). Studie: Fachlaufbahnen als alternative Karrierepfade. PraxisPapier 05/2012. Zugriff am 05.08.2021 unter: https://www.dgfp.de/fileadmin/user_upload/DGFP_e.V/Medien/Publikationen/Studien/DGFP-Studie-Fachlaufbahnen-als-alternative-Karrierepfade.pdf

DGFP e.V. (2013). Fachlaufbahnen als alternative Karrierepfade in der Praxis. PraxisPapier 01/2013. Zugriff am 05.08.2021 unter: https://www.dgfp.de/fileadmin/user_upload/DGFP_e.V/Medien/Publikationen/Praxispapiere/201301_Praxispapier_Fachlaufbahnen-als-alternative-Karrierepfade-in-der-Praxis.pdf

Dietrich, J. & Kracke, B. (2009). Career-specific parental behaviors in adolescents' development. *Journal of Vocational Behavior, 75*(2), 109–119.

Direnzo, M. S., Greenhaus, J. H. & Weer, C. H. (2015). Relationship between protean career orientation and work–life balance: A resource perspective. *Journal of Organizational Behavior, 36*(4), 538–560.

Domsch, M. E. & Ladwig, D. (2011). *Fachlaufbahnen. Alternative Karrierewege für Spezialisten schaffen*. Luchterhand.

Domsch, M. E. & Ladwig, D. H. (2015). Erwartungen der Generation Y. *Personal Quarterly, 67*(1), 10–14.

Drasch, K. (2013). Educational attainment and family-related employment interruptions in Germany: Do changing institutional settings matter? *European Sociological Review, 29*(5), 981–995.

Dreher, E. & Dreher, M. (1985). Entwicklungsaufgaben im Jugendalter. Bedeutsamkeit und Bewältigungskonzepte. In D. Liepmann & A. Stiksrud (Hrsg.), *Entwicklungsaufgaben und Bewältigungsprobleme in der Adoleszenz* (S. 56–70). Hogrefe.

Dustmann, C. & Pereira, S. C. (2008). Wage growth and job mobility in the United Kingdom and Germany. *Industrial & Labor Relations Review, 61*(3), 374–393.

Duvander, A. Z. (2014). How long should parental leave be? Attitudes to gender equality, family, and work as determinants of women's and men's parental leave in Sweden. *Journal of Family Issues, 35*(7), 909–926.

Dweck, C. S. (1986). Motivational processes affecting learning. *American Psychologist, 41*(10), 1040–1048.

Eagly, A. H. (1987). *Sex differences in social behavior: A social role interpretation.* Erlbaum.

Earnest, D. R., Allen, D. G. & Landis, R. S. (2011). Mechanisms linking realistic job previews with turnover: A meta-analytic path analysis. *Personnel Psychology, 64*(4), 865–897.

Ebert, J. & Heublein, U. (2017). *Ursachen des Studienabbruchs bei Studierenden mit Migrationshintergrund (Projektbericht).* DZHW.

Eby, L. T., Butts, M. & Lockwood, A. (2003). Predictors of success in the era of the boundaryless career. *Journal of Organizational Behavior, 24*(6), 689–708.

Edwards, J. R., Cable, D. M., Williamson, I. O., Lambert, L. S. & Shipp, A. J. (2006). The phenomenology of fit: linking the person and environment to the subjective experience of person-environment fit. *Journal of Applied Psychology, 91*(4), 802–827.

Edwards, J. R. & Parry, M. E. (1993). On the use of polynomial regression equations as an alternative to difference scores in organizational research. *Academy of Management Journal, 36*(3), 1577–1613.

Elder, G. H. (1994). Time, human agency, and social change: Perspectives on the life course. *Social Psychology Quarterly, 57*(1), 4–15.

Elliot, A. J. & Harackiewicz, J. M. (1996). Approach and avoidance achievement goals and intrinsic motivation: a mediational analysis. *Journal of Personality and Social Psychology, 70*(3), 461–475.

Enache, M., Sallán, J. M., Simo, P. & Fernandez, V. (2011). Career attitudes and subjective career success: Tackling gender differences. *Gender in Management, 26*(3), 234–250.

Enache, M., Sallán, J. M., Simo, P. & Fernandez, V. (2013). Organizational commitment within a contemporary career context. *International Journal of Manpower, 34*(8), 880–898.

Enders, J. & Bornmann, L. (2001). *Karriere mit Doktortitel? Ausbildung, Berufsverlauf und Berufserfolg von Promovierten.* Campus.

Epstein, N. & Fischer, M. R. (2017). Academic career intentions in the life sciences: Can research self-efficacy beliefs explain low numbers of aspiring physician and female scientists? *PLOS One, 12*(9), e0184543.

Erez, M. & Shneorson, Z. (1980). Personality-types and motivational characteristics of academics versus professionals in industry in the same occupational discipline. *Journal of Vocational Behavior, 17*(1), 95–105.

Eurofound (2015). *Promoting uptake of parental and paternity leave among fathers in the European Union.* Publications Office of the European Union.

Evertsson, M. (2016). Parental leave and careers: Womens and men's wages after parental leave in Sweden. *Advances in Life Course Research, 29*, 26–40.

Fabian, G. & Briedis, K. (2009). Aufgestiegen und erfolgreich. Ergebnisse der dritten HIS Absolventenbefragung des Jahrgangs 1997 zehn Jahre nach dem Examen. Zugriff am 29.01.2024 unter: https://www.dzhw.eu/pdf/pub_fh/fh-200902.pdf

Fang, R., Duffy, M. K. & Shaw, J. D. (2011). The organizational socialization process: Review and development of a social capital model. *Journal of Management, 37*(1), 127–152.

Feldman, D. C. (1981). The multiple socialization of organization members. *Academy of Management Review, 6*(2), 309–318.

Feldman, R., Mashalha, S. & Nadam, R. (2001). Cultural perspective on work and family: Dual-earner Israel-Jewish and Arab families at the transition to parenthood. *Journal of Family Psychology, 15*(3), 429–509.

Feldman, R., Sussman, A. L. & Zigler, E. (2004). Parental leave and work adaptation at the transition to parenthood: Individual, marital, and social correlates. *Applied Developmental Psychology, 25*(4), 459–479.

Felfe, J., Elprana, G., Gatzka, M. & Stiehl, S. (2012). *FÜMO Hamburger Führungsmotivationsinventar*. Hogrefe.

Felfe, J., Six, B., Schmook, R. & Knorz, C. (2014). Commitment Organisation, Beruf und Beschäftigungsform (COBB). Zusammenstellung sozialwissenschaftlicher Items und Skalen (ZIS). Zugriff am 20.08.2021 unter: https://doi.org/10.6102/zis9

Fellenberg, F. & Hannover, B. (2006). Kaum begonnen, schon zerronnen? Psychologische Ursachenfaktoren für die Neigung von Studienanfängern, das Studium abzubrechen oder das Fach zu wechseln. *Empirische Pädagogik, 20*(4), 381–399.

Fend, H. (1991). *Identitätsentwicklung in der Adoleszenz. Lebensentwürfe, Selbstfindung und Weltaneignung in beruflichen, familiären und politisch-weltanschaulichen Bereichen*. Huber.

Fernandez, V. & Enache, M. (2008). Exploring the relationship between protean and boundaryless career attitudes and affective commitment through the lens of a fuzzy set QCA methodology. *Intangible Capital, 4*(1), 31–66.

Ferry, T. R., Fouad, N. A. & Smith, P. L. (2000). The role of family context in a social cognitive model for career-related choice behavior: A math and science perspective. *Journal of Vocational Behavior, 57*(3), 348–364.

Fischer, R. A., Johnson, M. D., Stertz, A. M., Sherlock, S. N. & Wiese, B. S. (2023). How perceived maternal gatekeeping affects fathers: An 8-week study. *Journal of Family Psychology, 37*(2), 232–242.

Fleischer, J., Leutner, D., Brand, M., Fischer, H., Lang, M., Schmiemann, P. & Sumfleth, E. (2019). Vorhersage des Studienabbruchs in naturwissenschaftlich-technischen Studiengängen. *Zeitschrift für Erziehungswissenschaft, 22*(5), 1077–1097.

Fleischer, J., Averbeck, D., Sumfleth, E., Leutner, D. & Brand, M. (2017). Entwicklung und Vorhersage von Studienzufriedenheit in MINT-Fächern. In C. Maurer (Hrsg.), *Implementation fachdidaktischer Innovation im Spiegel von Forschung und Praxis. Gesellschaft für Didaktik der Chemie und Physik, Jahrestagung in Zürich 2016* (S. 59–62). Universität Regensburg.

Flores, L. Y., Navarro, R. L. & Ali, S. R. (2017). The state of SCCT research in relation to social class: Future directions. *Journal of Career Assessment, 25*(1), 6–23.

Floyd, R. E. & Spencer, R. H. (2014). Career paths: Technical or management? *IEEE Potentials, 33*(3), 25–26.

Frederick, S. & Loewenstein, G. (1999). Hedonic adaptation. In D. Kahneman, E. Diener & N. Schwarz (Hrsg.), *Well-being: The foundations of hedonic psychology* (S. 302–329). Russell Sage Foundation.

Frerichs, F. (2019). Altern in der Erwerbstätigkeit: Laufbahngestaltung bei begrenzter Tätigkeitsdauer. In S. Kauffeld & D. Spurk (Hrsg.), *Handbuch Karriere und Laufbahnmanagement* (S. 893–912). Springer.

Freund, A. M. & Baltes, P. B. (2002). Life-management strategies of selection, optimization and compensation: Measurement by self-report and construct validity. *Journal of Personality and Social Psychology, 82*(4), 642–662.

Freund, A. M., Weiss, D. & Wiese, B. S. (2013). Graduating from high school: The role of gender-related attitudes, self-concept and goal clarity in a major transition in late adolescence. *European Journal of Developmental Psychology, 10*(5), 580–596.

Frey, C. B. & Osborne, M. A. (2013). The future of employment: How susceptible are jobs to computerisation? Oxford Martin Programme on Technology and Employment. Zugriff am 03.06.2022 unter: https://www.oxfordmartin.ox.ac.uk/downloads/academic/future-of-employment.pdf

Fugate, M., Kinicki, A. J. & Ashforth, B. E. (2004). Employability: A psycho-social construct, its dimensions, and applications. *Journal of Vocational Behavior, 65*(1), 14–38.

Fuller, S. (2008). Job mobility and wage trajectories for men and women in the United States. *American Sociological Review, 73*(1), 158–183.

Gagné, M. & Deci, E. L. (2005). Self-determination theory and work motivation. *Journal of Organizational Behavior, 26*(4), 331–362.

Gangl, M. & Ziefle, A. (2009). Motherhood, labor force behavior, and women's careers: An empirical assessment of the wage penalty for motherhood in Britain, Germany, and the United States. *Demography, 46*(2), 341–369.

Gasteiger, R. M. (2007). *Selbstverantwortliches Laufbahnmanagement. Das proteische Erfolgskonzept.* Hogrefe.

Gay, E. G., Weiss, D. J., Hendel, D. D., Dawis, R. V. & Lofquist, L. H. (1971). *Manual for the Minnesota Importance Questionnaire.* University of Minnesota.

Gellert, F. J. & Haller, S. (2021). Implikation der Digitalisierung auf ältere Mitarbeiter/-innen. In H. Tirrel, L. Winnen & R. Lanwehr, R. (Hrsg.), *Digitales Human Resource Management* (S. 103–115). Springer.

Gerson, K. (2010). *The unfinished revolution: How a new generation is reshaping family, work, and gender in America.* Oxford University Press.

Gjerdingen, D. K., Froberg, D. G. & Fontaine, P. (1990). A causal model describing the relationship of women's postpartum health to social support, length of leave, and complications of childbirth. *Women & Health, 16*(2), 71–87.

Glass, J. L. & Riley, L. (1998). Family responsive policies and employee retention following childbirth. *Social Forces, 76*(4), 1401–1435.

Goffman, E. (1963). *Stigma: Notes on the management of spoiled identity.* Simon & Schuster.

Gold, A. (1988). *Studienabbruch, Abbruchneigung und Studienerfolg.* Peter Lang.

Golde, C. M. (2005). The role of the department and discipline in doctoral student attrition: Lessons from four departments. *The Journal of Higher Education, 76*(6), 669–700.

Goldberg, W. A., Prause, J., Lucas-Thompson, R. & Himsel, A. (2008). Maternal employment and children's achievement in context: A meta-analysis of four decades of research. *Psychological Bulletin, 134*(1), 77–108.

Gollwitzer, P. M. (1991). *Abwägen und Planen.* Hogrefe.

Greenhaus, J. H., Parasuraman, S. & Wormley, W. M. (1990). Effects of race on organizational experiences, job performance evaluations, and career outcomes. *Academy of Management Journal, 33*(1), 64–86.

Greenhaus, J. H. & Powell, G. N. (2012). The family-relatedness of work-decisions: A framework and agenda for theory and research. *Journal of Vocational Behavior, 80*(2), 246–255.

Greenwald, A. G., McGhee, D. E. & Schwartz, J. L. K. (1998). Measuring individual differences in implicit cognition: The Implicit Association Test. *Journal of Personality and Social Psychology, 74*(6), 1464–1480.

Grether, T., Sowislo, J. & Wiese, B. S. (2018). Top-down or bottom-up? Prospective relations between general and domain-specific self-efficacy beliefs during a work-family transition. *Personality and Individual Differences, 121,* 131–139.

Griffeth, R. W. & Hom, P. W. (2001). *Retaining valued employees.* Sage Publications.

Guan, Y., Arthur, M. B., Khapova, S. N., Hall, R. J. & Lord, R. G. (2019). Career boundarylessness and career success: A review, integration and guide to future research. *Journal of Vocational Behavior, 110*(Part B), 390–402.

Guay, F., Senécal, C., Gauthier, L. & Fernet, C. (2003). Predicting career indecision: A self-determination theory perspective. *Journal of Counseling Psychology, 50*(2), 165–177.

Gubler, M. (2019). Neue Laufbahnmodelle in Theorie und Praxis: Eine kritische Würdigung. In S. Kauffeld & D. Spurk (Hrsg.), *Handbuch Karriere und Laufbahnmanagement* (S. 937–962). Springer.

Gubler, M., Arnold, J. & Coombs, C. (2014a). Organizational boundaries and beyond: A new look at the components of a boundaryless career orientation. *Career Development International, 19*(6), 641–667.

Gubler, M., Arnold, J. & Coombs, C. (2014b). Reassessing the protean career concept: Empirical findings, conceptual components, and measurement. *Journal of Organizational Behavior, 35*(1), 23–40.

Gutteridge, T. G., Leibowitz, Z. B. & Shore, J. E. (1993). *Organizational career development.* Jossey-Bass Pub.

Haas, L. & Hwang, P. (2019). Policy is not enough – the influence of the gendered workplace on fathers' use of parental leave in Sweden. *Community, Work & Family, 22*(1), 58–76.

Haas, L., Allard, K. & Hwang, P. (2002). The impact of organizational culture on men's use of parental leave in Sweden. *Community, Work & Family, 5*(3), 319–342.

Hachmeister, C.-D. (2019). *Im Blickpunkt: Promotionen als Indikator für die Leistung von Hochschulen Auswertung von Daten des Statistischen Bundesamtes und des CHE Rankings 2019/20.* CHE.

Hachmeister, C.-D. & Grevers, J. (2019). *Im Blickpunkt: Die Vielfalt der Studiengänge 2019. Entwicklung des Studienangebotes in Deutschland zwischen 2014 und 2019.* CHE.

Hackman, J. R. & Oldham, G. R. (1976). Motivation through design of work – Test of a theory. *Organizational Behavior and Human Performance, 16*(2), 250–279.

Härtwig, C. (2014). Ergebnisse der quantitativen und qualitativen Evaluation. In L. Olos, E.-H. Hoff & C. Härtwig, C. (Hrsg.), *Berufliche Zielklärung und Selbststeuerung – Ein Programm für Studierende: Konzepte Durchführung Evaluation.* (S. 187–221). Springer.

Hall, D. T. (1976). *Careers in organizations.* Scott Foresman & Co.

Hall, D. T. (1996). Protean careers of the 21st century. *Academy of Management Executive, 10*(4), 8–16.

Hall, D. T. (2004). The protean career: A quarter-century journey. *Journal of Vocational Behavior, 65*(1), 1–13.

Hall, D. T. & Chandler, D. E. (2005). Psychological success: When the career is a calling. *Journal of Organizational Behavior, 26*(2), 155–176.

Hall, D. T., Yip, J. & Doiron, K. (2018). Protean careers at work: Self-direction and values orientation in psychological success. *Annual Review of Organizational Psychology and Organizational Behavior, 5,* 129–156.

Hapkemeyer, J. (2012). *Die Bedeutung beruflicher Zielklarheit im Studium: Eine empirische Annäherung.* Unveröffentlichte Dissertationsschrift, Universität Hildesheim.

Hartmann, M. & Kopp, J. (2001). Elitenselektion durch Bildung oder durch Herkunft? Promotion, soziale Herkunft und der Zugang zu Führungspositionen in der deutschen Wirtschaft. *Kölner Zeitschrift für Soziologie und Sozialpsychologie, 53*(3), 436–466.

Hasenberg, S. & Schmidt-Atzert, L. (2013). Bessere Noten und zufriedenere Studierende? Das Marburger Self-Assessment für den Studiengang Biologie. *Wirtschaftspsychologie, 36*(1), 25–33.

Hasenberg, S. & Schmidt-Atzert, L. (2014). Internetbasierte Selbsttests zur Studienorientierung. *Beiträge zur Hochschulforschung, 36*(1), 8–28.

Hauss, K. & Kaulisch, M. (2012). Alte und neue Promotionswege im Vergleich. Die Betreuungssituation aus der Perspektive der Promovierenden in Deutschland. In N. Huber, A. Schelling & S. Hornbostel (Hrsg.), *Der Doktortitel zwischen Status und Qualifikation* (S. 173–186). iFQ – Institut für Forschungsinformation und Qualitätssicherung.

Hawkins, S. S., Griffiths, L. J., Dezateux, C. & Law, C. (2007). The impact of maternal employment on breast-feeding duration in the UK Millennium Cohort Study. *Public Health Nutrition, 10*(9), 891–896.

Heckert, T. M., Cuneio, G., Hannah, A. P., Adams, P. J., Droste, H. E., Mueller, M. A., . . . Roberts, L. L. (2000). Creation of a new needs assessment questionnaire. *Journal of Social Behavior and Personality, 15*(1), 121–136.

Heimann, B. & Pittenger, K. K. S. (1996). The impact of formal mentorship on socialization and commitment of newcomers. *Journal of Managerial Issues, 8*(1), 108–117.

Heineck, G. & Matthes, B. (2012). Zahlt sich der Doktortitel aus? Eine Analyse zu monetären und nicht-monetären Renditen der Promotion. In N. Huber, A. Schelling & S. Hornbostel (Hrsg.), *Der Doktortitel zwischen Status und Qualifikation* (S. 85–99). iFQ – Institut für Forschungsinformation und Qualitätssicherung.

Herrmann, A., Hirschi, A. & Baruch, Y. (2015). The protean career orientation as predictor of career outcomes: Evaluation of incremental validity and mediation effects. *Journal of Vocational Behavior, 88,* 205–214.

Heslin, P. A. (2003). Self- and other-referent criteria of career success. *Journal of Career Assessment, 11*(3), 262–286.

Heublein, U. & Schmelzer, R. (2018). *Die Entwicklung der Studienabbruchquoten an den deutschen Hochschulen. Statistische Berechnungen auf der Basis des Absolventenjahrgangs 2016 (Projektbericht).* DZHW.

Heublein, U., Ebert, J., Hutzsch, C., Isleib, S., König, R., Richter, J. & Woisch, A. (2017). *Zwischen Studienerwartungen und Studienwirklichkeit: Ursachen des Studienabbruchs, beruflicher Verbleib der Studienabbrecherinnen und Studienabbrecher und Entwicklung der Studienabbruchquote an deutschen Hochschulen (Forum Hochschule, 1/2017).* DZHW.

Heublein, U., Hutzsch, C., König, R., Kracke, N. & Schneider, C. (2019). *Die Attraktivität der beruflichen Bildung bei Studienabbrecherinnen und Studienabbrechern (Reihe Berufsbildungsforschung, Bd. 18).* BMBF.

Hiemisch, A., Westermann, R. & Michael, A. (2005). Die Abhängigkeit der Zufriedenheit mit dem Medizinstudium von Studienzielen und ihrer Realisierbarkeit. *Zeitschrift für Psychologie, 213*(2), 97–108.

Higgins, M. C. (2001). Changing careers: The effects of social context. *Journal of Organizational Behavior, 22*(6), 595–618.

Hill, J. L., Waldfogel, J., Brooks-Gunn, J. & Han, W.-J. (2005). Maternal employment and child development: A fresh look using newer methods. *Developmental Psychology, 41*(6), 833–850.

Hirschi, A. (2008a). Kognitive Laufbahntheorien und ihre Anwendung in der beruflichen Beratung. In D. Läge & A. Hirschi (Hrsg.), *Berufliche Übergänge – Psychologische Grundlagen der Berufs-, Studien- und Laufbahnberatung* (S. 9–34). LIT.

Hirschi, A. (2008b). Die Rolle der Berufswahlbereitschaft für eine erfolgreiche Berufswahl. In D. Läge & A. Hirschi (Hrsg.), *Berufliche Übergänge – Psychologische Grundlagen der Berufs-, Studien- und Laufbahnberatung* (S. 155–172). LIT.

Hirschi, A. (2012). The career resources model: an integrative framework for career counsellors. *British Journal of Guidance & Counselling, 40*(4), 369–383.

Hirschi, A. (2018). The fourth industrial revolution: Issues and implications for career research and practice. *The Career Development Quarterly, 66*(3), 192–204.

Hirschi, A. & Läge, D. (2008). Increasing the career choice readiness of young adolescents: An evaluation study. *International Journal for Educational and Vocational Guidance, 8*(2), 95–110.

Hirschi, A. & Werlen Lutz, C. (2007). Berufswahlbereitschaft und Erfolg bei der Lehrstellensuche. Unveröffentlichtes Manuskript.

Hirschi, A., Niles, S. G. & Akos, P. (2011). Engagement in adolescent career preparation: Social support, personality, and the development of choice decidedness and congruence. *Journal of Adolescence, 34*(1), 173–182.

Hochschulrektorenkonferenz (2016). *Statistische Daten zu Studienangeboten an Hochschulen in Deutschland – Statistiken zur Hochschulpolitik 01/2016.* HRK.

Höft, S. & Rübner, M. (2019). Berufswahlbereitschaft und Ausbildungsreife. In S. Kauffeld & D. Spurk (Hrsg.), *Handbuch Karriere und Laufbahnmanagement* (S. 63–84). Springer.

Höge, T., Brucculeri, A. & Iwanowa, A. N. (2012). Karriereunsicherheit, Zielkonflikte und Wohlbefinden bei Nachwuchswissenschaftlerinnen und -wissenschaftlern. *Zeitschrift für Arbeits- und Organisationspsychologie, 56*(4), 159–172.

Hoeschler, P. & Backes-Gellner, U. (2017). *Shooting for the stars and failing: college dropout and self-esteem (Economics of Education Working Paper Series).* Department of Business Administration (IBW), University of Zurich.

Hohner, H.-U. (2006). *Laufbahnberatung. Wege zur erfolgreichen Berufs- und Lebensgestaltung.* Huber.

Holland, J. L. (1959). A theory of vocational choice. *Journal of Counseling Psychology, 6*(1), 35–45.

Holland, J. L. (1973). *Making vocational choices: A theory of careers.* Prentice-Hall.

Holland, J. L. (1997). *Making vocational choices: A theory of vocational personalities and work environments* (3rd ed.). Psychological Assessment Resources.

Holtschlag, C., Masuda, A. D., Reiche, B. S. & Morales, C. (2020). Why do millennials stay in their jobs? The roles of protean career orientation, goal progress and organizational career management. *Journal of Vocational Behavior, 118*, 103366.

Hom, P. W., Mitchell, T. R., Lee, T. W. & Griffeth, R. W. (2012). Reviewing employee turnover: focusing on proximal withdrawal states and an expanded criterion. *Psychological Bulletin, 138*(5), 831–858.

Horvath, L. K., Grether, T. & Wiese, B. S. (2018). Fathers' realizations of parental leave plans: Leadership responsibility as help or hindrance? *Sex Roles, 79*(3–4), 163–175.

Hossiep, R. & Paschen, M. (2003). *Bochumer Inventar zur berufsbezogenen Persönlichkeitsbeschreibung.* Hogrefe.

Hourquet, P. G. & Roger, A. (2005). Event-driven careers for R&D professionals? *International Journal of Technology Management, 31*(3–4), 275–287.

Houston, D. M. & Marks, G. (2003). The role of planning and workplace support in returning to work after maternity leave. *British Journal of Industrial Relations, 41*(2), 197–214.

Hughes, E. (1958). *Men and Their Work.* Free Press.

Hyde, J. S., Essex, M. J. & Horton, F. (1993). Fathers and parental leave attitudes and experiences. *Journal of Family Issues, 14*(4), 616–638.

Hyde, J. S., Klein, M. H., Essex, M. J. & Clark, R. (1995). Maternity leave and women's mental health. *Psychology of Women Quarterly, 19*(2), 257–285.

Isphording, I. & Wozny, F. (2018). *Ursachen des Studienabbruchs – eine Analyse des Nationalen Bildungspanels (IZA Research Report No. 82).* IZA.

Jackson, D. N. (1974). *Manual for the Personality Research Form.* Research Psychology Press.

Jacob, A. K. & Teichler, U. (2011). *Der Wandel des Hochschullehrerberufs im internationalen Vergleich. Ergebnisse einer Befragung in den Jahren 2007/08.* Bundesministerium für Bildung und Forschung.

Jaeckel, D., Seiger, C. P., Orth, U. & Wiese, B. S. (2012). Social support reciprocity and occupational self-efficacy beliefs during mothers' organizational re-entry. *Journal of Vocational Behavior, 80*(2), 390–399.

Jakszat, S., Neugebauer, M. & Brandt, G. (2021). Back out or hang on? An event history analysis of withdrawal from doctoral education in Germany. *Higher Education, 82*(5), 937–958.

Janke, S., Rudert, S. C., Marksteiner, T. & Dickhäuser, O. (2017). Knowing one's place: Parental educational background influences social identification with academia, test anxiety, and satisfaction with studying at university. *Frontiers in Psychology, 8,* 1–11.

Janssen, S., van Vuuren, M. & de Jong, M. D. T. (2014). Motives to mentor: Selffocused, protégé-focused, relationship-focused, organization-focused, and unfocused motives. *Journal of Vocational Behavior, 85*(3), 266–275.

Jörin, S., Stoll, F., Bergmann, C. & Eder, F. (2003). *Explorix – das Werkzeug zur Berufswahl und Laufbahnberatung.* Huber.

Johnson, W. & Bouchard, T. J. (2007). Sex differences in mental abilities: g masks the dimensions on which they lie. *Intelligence, 35*(1), 23–39.

Jokisaari, M. & Nurmi, J.-E. (2009). Change in newcomers' supervisor support and socialization outcomes after organizational entry. *Academy of Management Journal, 52*(3), 527–544.

Jokisaari, M. & Vuori, J. (2018). Leaders' resources and newcomer socialization: The importance of delegation. *Journal of Managerial Psychology, 33*(2), 161–175.

Joost, A., Schmid, A. & Larsen, C. (2009). *Berufsverläufe von Altenpflegerinnen und Altenpflegern. Abschlussbericht des Forschungsprojekts.* IWAK.

Joseph, D., Boh, W. F., Ang, S. & Slaughter, S. A. (2012). The career paths less (or more) traveled: A sequence analysis of IT career histories, mobility patterns, and career success. *MIS Quarterly, 36*(2), 427–452.

Judge, T. A. & Bono, J. E. (2001). Relationship of core self-evaluations traits–self-esteem, generalized self-efficacy, locus of control, and emotional stability–with job satisfaction and job performance: A meta-analysis. *Journal of Applied Psychology, 86*(1), 80–92.

Judge, T. A., Cable, D. M., Boudreau, J. W. & Bretz Jr, R. D. (1995). An empirical investigation of the predictors of executive career success. *Personnel Psychology, 48*(3), 485–519.

Judge, T. A., Heller, D. & Mount, M. K. (2002). Five-factor model of personality and job satisfaction: a meta-analysis. *Journal of Applied Psychology, 87*(3), 530–541.

Judiesch, M. K. & Lyness, K. S. (1999). Left behind? The impact of leaves of absence on managers' career success. *The Academy of Management Journal, 42*(6), 641–651.

Kammeyer-Mueller, J. D. & Wanberg, C. R. (2003). Unwrapping the organizational entry process: Disentangling multiple antecedents and their pathways to adjustment. *Journal of Applied Psychology, 88*(5), 779–794.

Kanfer, R., Wanberg, C. R. & Kantrowitz, T. M. (2001). Job search and employment: A personality–motivational analysis and meta-analytic review. *Journal of Applied Psychology, 86*(5), 837–855.

Kangas, O. & Rostgaard, T. (2007). Preferences or institutions? Work-family life opportunities in seven European countries. *Journal of European Social Policy, 17*(3), 240–256.

Kasser, T. & Ryan, R. M. (1993). A dark side of the American dream: Correlates of financial success as a central life aspiration. *Journal of Personality and Social Psychology, 65*(2), 410–422.

Kasser, T. & Ryan R. M. (1996). Further examining the American dream: differential correlates of intrinsic and extrinsic goals, *Personality and Social Psychology Bulletin, 22*(3), 280–287.

Kattenbach, R., Schneidhofer, T. M., Lücke, J., Latzke, M., Loacker, B., Schramm, F. & Mayrhofer, W. (2014). A quarter of a century of job transitions in Germany. *Journal of Vocational Behavior, 84*(1), 49–58.

Katz, R., Tushman, M. & Allen, T. J. (1995). The influence of supervisory promotion and network location on subordinate careers in a dual ladder R&D setting. *Management Science, 41*(5), 848–863.

Kauffeld, S., Spurk, D., Barthauer, L. & Kaucher, P. (2019). Auf dem Weg zur Professur? Laufbahnen im wissenschaftlichen Kontext. In S. Kauffeld & D. Spurk (Hrsg.), *Handbuch Karriere und Laufbahnmanagement* (S. 291–325). Springer.

Kaufman, G. & Bernhardt, E. (2014). Gender, work and childbearing: Couple analysis of work adjustments after the transition to parenthood. *Community, Work and Family, 18*(1), 1–18.

Kaufman, G. & Uhlenberg, P. (2000). The influence of parenthood on the work effort of married men and women. *Social Forces, 78*(3), 931–949.

Kiefer, C., Rosseel, Y., Wiese, B. S. & Mayer, A. (2018). Modelling and predicting non-linear changes in educational trajectories: The multilevel latent growth components approach. *Psychological Test and Assessment Modeling, 60*(2), 189–221.

King, Z. (2003). New or traditional careers? A study of UK graduates' preferences. *Human Resource Management Journal, 13*(1), 5–26.

King, Z., Burke, S. & Pemberton, J. (2005). The ›bounded‹ career: An empirical study of human capital, career mobility and employment outcomes in a mediated labour market. *Human Relations, 58*(8), 981–1007.

Klein, H. J., Polin, B. & Sutton, K. L. (2015). Specific onboarding practices for the socialization of new employees. *International Journal of Selection and Assessment, 23*(3), 263–283.

Klein, H. J. & Weaver, N. A. (2000). The effectiveness of an organizational-level orientation training program in the socialization of new hires. *Personnel Psychology, 53*(1), 47–66.

Klusmann, U., Trautwein, U. & Lüdtke, O. (2005). Intrinsische und extrinsische Lebensziele. Reliabilität und Validität einer deutschen Fassung des Aspirations Index. *Diagnostica 51*(1), 40–51.

Köller, O. Watermann, R., Trautwein, U. & Lüdtke, O. (Hrsg.) (2004). *Wege zur Hochschulreife in Baden-Württemberg. TOSCA – Eine Untersuchung an allgemeinbildenden und beruflichen Gymnasien.* Leske + Budrich.

Koen, J., Klehe, U.-C. & Van Vianen, A. E. M. (2012). Training career adaptability to facilitate a successful school-to-work transition. *Journal of Vocational Behavior, 81*(3), 395–408.

Kohlrausch, B. & Solga, H. (2012). Übergänge in die Ausbildung. Welche Rolle spielt die Ausbildungsreife? *Zeitschrift für Erziehungswissenschaft, 15*(4), 753–773.

Konsortium Bundesbericht Wissenschaftlicher Nachwuchs (2013). *Bundesbericht Wissenschaftlicher Nachwuchs (2013). Statistische Daten und Forschungsbefunde zu Promovierenden und Promovierten in Deutschland.* Bertelsmann.

Konsortium Bundesbericht Wissenschaftlicher Nachwuchs (2021). Bundesbericht Wissenschaftlicher Nachwuchs 2021. Statistische Daten und Forschungsbefunde zu Promovierenden und Promovierten in Deutschland. Zugriff am 03.10.2021 unter: https://www.buwin.de/dateien/buwin-2021.pdf

Koslowski, A., Blum, S., Dobrotić, I., Kaufman, G. & Moss, P. (2021). International review of leave policies and related research 2021. Zugriff am 04.05.2022 unter: https://ub-deposit.fernuni-hagen.de/servlets/MCRFileNodeServlet/mir_derivate_00002197/Koslowski_et_al_Leave_Policies_2021.pdf

Kracke, B. (2001). Berufsbezogenes Explorationsverhalten bei Jugendlichen. Unveröffentlichte Habilitationsschrift, Universität Mannheim.

Kracke, B. (2002). The role of personality, parents, and peers for adolescents' occupational exploration. *Journal of Adolescence, 25*(1), 19–30.

Kracke, B. (2004). Berufsbezogene Entwicklungsregulation bei Jugendlichen. In B. S. Wiese (Hrsg.), *Individuelle Steuerung beruflicher Entwicklung. Kernkompetenzen in der modernen Arbeitswelt* (S. 35–60). Campus.
Kreckel, R. (2012). Die Forschungspromotion. Internationale Norm und nationale Realisierungsbedingungen. In N. Huber, A. Schelling & S. Hornbostel (Hrsg.), *Der Doktortitel zwischen Status und Qualifikation* (S. 141–160). iFQ – Institut für Forschungsinformation und Qualitätssicherung.
Kristof, A. L. (1996). Person-organization fit: An integrative review of its conceptualizations, measurement, and implications. *Personnel Psychology, 49*(1), 1–49.
Kristof-Brown, A. L., Zimmerman, R. D. & Johnson, E. C. (2005). Consequences of individuals fit at work: A meta-analysis of person-job, person-organization, person-group and person supervisor fit. *Personnel Psychology, 58*(2), 281–342.
Krug, J. S. & Kuhl, U. (2006). *Macht, Leistung, Freundschaft – Motive als Erfolgsfaktoren in Wirtschaft, Politik und Spitzensport*. Kohlhammer.
Kryshko, O., Fleischer, J., Waldeyer, J., Wirth, J. & Leutner, D. (2020). Do motivational regulation strategies contribute to university students' academic success? *Learning and Individual Differences, 82*, 101912.
Kumar, V. K., Kemmler, D. & Holman, E. R. (1997). The Creativity Styles Questionnaire – Revised. *Creativity Research Journal, 10*(1), 51–58.
Lachmann, D, Epstein, N. & Eberle, J. (2018). FoSWE – Eine Kurzskala zur Erfassung forschungsbezogener Selbstwirksamkeitserwartung. *Zeitschrift für Pädagogische Psychologie, 32*(1–2), 89–100.
Ladwig, D. H., Fründt, F. J. & Janneck, M. (2014). Fachlaufbahnen–neue Karrierekonzepte für SpezialistInnen. *Career Service Papers, 14*(12), 77–91.
Latzke, M., Kattenbach, R., Schneidhofer, T., Schramm, F. & Mayrhofer, W. (2016). Consequences of voluntary job changes in Germany: A multilevel analysis for 1985–2013. *Journal of Vocational Behavior, 93*, 139–149.
Latzke, M., Schneidhofer, T., Mayrhofer, W. & Pernkopf, K. (2019). Karriereforschung: Konzeptioneller Rahmen, zentrale Diskurse und neue Forschungsfelder. In S. Kauffeld & D. Spurk (Hrsg.), *Handbuch Karriere und Laufbahnmanagement* (S. 3–35). Springer.
Lent, R. W. (2004). Toward a unifying theoretical and practical perspective on well-being and psychosocial adjustment. *Journal of Counseling Psychology, 51*(4), 482–509.
Lent, R. W. (2013). Career-life preparedness: Revisiting career planning and adjustment in the new workplace. *The Career Development Quarterly, 61*(1), 2–14.
Lent, R. W. (2018). Future of work in the digital world: Preparing for instability and opportunity. *The Career Development Quarterly, 66*(3), 205–219.
Lent, R. W. & Brown, S. D. (2006). Integrating person and situation perspectives on work satisfaction: A social cognitive view. *Journal of Vocational Behavior, 69*(2), 236–247.
Lent, R. W. & Brown, S. D. (2008). Social cognitive career theory and subjective well-being in the context of work. *Journal of Career Assessment, 16*(1), 6–21.
Lent, R. W. & Brown, S. D. (2013). Social cognitive model of career self-management: Toward a unifying view of adaptive career behavior across the life span. *Journal of Counseling Psychology, 60*(4), 557–568.
Lent, R. W., Brown, S. D. & Hackett, G. (1994). Toward a unifying social cognitive theory of career and academic interest, choice, and performance. *Journal of Vocational Behavior, 45*(1), 79–122.
Lent, R. W., Brown, S. D. & Hackett, G. (2002). Social cognitive career theory. In D. Brown (Hrsg.), *Career choice and development* (S. 255–310). John Wiley & Sons.
Lent, R. W., Ezeofor, I., Morrison, M. A., Penn, L. T. & Ireland, G. W. (2016). Applying the social cognitive model of self-management to career exploration and decision-making. *Journal of Vocational Behavior, 93*, 47–57.
Lent, R. W., Taveira, M. C., Sheu, H. B. & Singley, D. (2009). Social cognitive predictors of academic adjustment and life satisfaction in Portuguese college students: A longitudinal analysis. *Journal of Vocational Behavior, 74*(2), 190–198.

Lewis, K. L., Stout, J. G., Pollock, S. J., Finkelstein, N. D. & Ito, T. A. (2016). Fitting in or opting out: A review of key social-psychological factors influencing a sense of belonging for women in physics. *Physical Review Physics Education Research, 12*, 020110.

Li, N., Harris, T. B., Boswell, W. R. & Xie, Z. (2011). The role of organizational insiders' developmental feedback and proactive personality on newcomers' performance: An interactionist perspective. *Journal of Applied Psychology, 96*(6), 1317–1327.

Lind, I. & Löther, A. (2007). Chancen für Frauen in der Wissenschaft – eine Frage der Fachkultur? Retrospektive Verlaufsanalysen und aktuelle Forschungsergebnisse. *Schweizerische Zeitschrift für Bildungswissenschaften, 29*(2), 249–272.

Lindberg, L. (1996). Women's decisions about breastfeeding and maternal employment. *Journal of Marriage and Family, 58*(1), 239–251.

Lindholm, J. A. (2004). Pathways to the professoriate: The role of self, others, and environment in shaping academic career aspirations. *Journal of Higher Education, 75*(6), 603–635.

Lips-Wiersma, M. & Hall, D. T. (2007). Organizational career development is not dead: A case study on managing the new career during organizational change. *Journal of Organizational Behavior, 28*(8), 771–792.

Litalien, D. & Guay, F. (2015). Dropout intentions in PhD studies: A comprehensive model based on interpersonal relationships and motivational resources. *Contemporary Educational Psychology, 41*, 218–231.

Litman, J.A. (2005). Curiosity and the pleasures of learning: wanting and liking new information. *Cognition and Emotion, 19*(6), 793–814.

Litman, J. A. & Spielberger, C. D. (2003). Measuring epistemic curiosity and its diversive and specific components. *Journal of Personality Assessment, 80*(1), 75–86.

Locke, E. A. & Latham, G. P. (1990). *A theory of goal setting and task performance.* Prentice Hall.

Locke, E. A. & Latham, G. P. (2002). Building a practically useful theory of goal setting and task motivation. *Amercian Psychologist, 57*(9), 705–717.

Locke, E. A. & Schattke, K. (2019). Intrinsic and extrinsic motivation: Time for expansion and clarification. *Motivation Science, 5*(4), 277–290.

Louis, M. R., Posner, B. Z. & Powell, G. N. (1983). The availability and helpfulness of socialization practices. *Personnel Psychology, 36*(4), 857–866.

Lucas-Thompson, R. G., Goldberg, W. A. & Prause, J. (2010). Maternal work early in the lives of children and its distal associations with achievement and behavior problems: A meta-analysis. *Psychological Bulletin, 136*(6), 915–942.

Lyness, K. S., Thompson, C. A., Francesco, A. M. & Judiesch, M. K. (1999). Work and pregnancy: Individual organizational factors influencing organizational commitment, timing of maternity leave, and return to work. *Sex Roles, 41*(7–8), 485–508.

Mallon, M. (1998). The portfolio career: pushed or pulled to it? *Personnel Review, 27*(5), 361–377.

Marsh, H. W. (1986). Verbal and math self-concepts: An internal/external frame of reference model. *American Educational Research Journal, 23*(1), 129–149.

Marsh, H. W. (1990). The influences of internal and external frames of reference on the formation of English and math self-concepts. *Journal of Educational Psychology, 82*(1), 107–116.

Mauno, S. & Kinnunen, U. (2002). Perceived job insecurity among dual-earner couples: Do its antecedents vary according to gender, economic sector and the measure used? *Journal of Occupational and Organizational Psychology, 75*(3), 295–314.

McAdams, D. P. & Powers, J. (1981). Themes of intimacy in behavior and thought. *Journal of Personality and Social Psychology, 40*(3), 573.

McClelland, D. C. (1965). Toward a theory of motive acquisition. *American Psychologist, 20*(5), 321–333.

McClelland, D. C. (1988). *Human motivation.* Cambridge University Press.

McClelland, D. C., Atkinson, J. W., Clark, R. A. & Lowell, E. L. (1953). *The achievement motive.* Appleton-Century-Crofts.

McClelland, D. C. & Boyatzis, R. E. (1982). The leadership motive pattern and long-term success in management. *Journal of Applied Psychology, 67*(6), 737–743.

McClelland, D. C. & Burnham, D. H. (1976). Power is great motivator. *Harvard Business Review, 54*(2), 100–110.
McClelland, D. C., Koestner, R. & Weinberger, J. (1989). How do self-attributed and implicit motives differ? *Psychological Review, 96*(4), 690–702.
McGregor, I. & Little, B. R. (1998). Personal projects, happiness, and meaning: On doing well and being yourself. *Journal of Personality and Social Psychology, 74*(2), 494–512.
McMarlin, R. D. (1957). Parallel progression-careers for non-supervisory engineers and scientists. *Personnel Administration, 20*(2), 38–42.
Meinschaefer, J., Hausmann, M. & Güntürkün, O. (1999). Laterality effects in the processing of syllable structure. *Brain and Language, 70*(2), 287–293.
Merton, R. K. (1942). The normative structure of science. In N. Storer (Hrsg.), *The sociology of science: Theoretical and empirical investigations* (S. 267–278). The University of Chicago Press.
Meyer, J. P. & Allen, N. J. (1991). A three-component conceptualization of organizational commitment. *Human Resource Management Review, 1*(1), 61–89.
Meyer, J. P., Allen, N. J. & Smith, C. A. (1993). Commitment to organizations and occupations: extension and test of a three component conceptualization. *Journal of Applied Psychology, 78*(4), 538–551.
Milovanska-Farrington, S. & Farrington, S. (2021). *Happiness, domains of life satisfaction, perceptions, and valuation differences across genders.* SOEPpapers 1128. DIW.
Mirvis, P. H. & Hall, D. T. (1994). Psychological success and the boundaryless career. *Journal of Organizational Behavior, 15*(4), 365–380.
Möller, J. & Trautwein, U. (2009). Selbstkonzept. In E. Wild & J. Möller (Hrsg.), *Pädagogische Psychologie* (S. 179–203). Springer.
Morrison, E. W. (1993). Newcomer information seeking: Exploring types, modes, sources, and outcomes. *Academy of Management Journal, 36*(3), 557–589.
Muchinsky, P. M. & Monahan, C. J. (1987). What is person-environment congruence? Supplementary versus complementary models of fit. *Journal of Vocational Behavior, 31*(3), 268–277.
Multrus, F., Ramm, M. & Bargel, T. (2010). Studiensituation und studentische Orientierungen. 11. Studierendensurvey an Universitäten und Fachhochschulen. BMBF. Zugriff am 02.05.2022 unter: http://nbn-resolving.de/urn:nbn:de:bsz:352-126178
Murray, H. A. (1943). *Thematic Apperception Test manual.* Harvard University Press.
Mussel, P., Spengler, M., Litman, J. A. & Schuler, H. (2012). Development and validation of the German Work-Related Curiosity Scale. *European Journal of Psychological Assessment, 28*(2), 109–117.
Nagy, G. (2006). *Berufliche Interessen, kognitive und fachgebundene Kompetenzen. Ihre Bedeutung für die Studienfachwahl und die Bewährung im Studium.* Unveröffentlichte Dissertation, Freie Universität Berlin.
Nagy, N., Hirschi, A. (2019). Laufbahnentwicklung und -förderung von älteren Arbeitnehmern. In S. Kauffeld & D. Spurk (Hrsg.), *Handbuch Karriere und Laufbahnmanagement* (S. 871–891). Springer.
Navarro, R. L., Flores, L. Y., Legerski, J. P., Brionez, J., May, S. F., Suh, H. N., ... Jung, A. K. (2019). Social cognitive predictors of engineering students' academic persistence intentions, satisfaction, and engagement. *Journal of Counseling Psychology, 66*(2), 170–183.
Nelson, D. L. & Quick, J. C. (1991). Social support and newcomer adjustment in organizations: Attachment theory at work. *Journal of Organizational Behavior, 12*(6), 543–554.
Neuenschwander, M. P. (2008). Elternunterstützung im Berufswahlprozess. In D. Läge & A. Hirschi (Hrsg.), *Berufliche Übergänge – Psychologische Grundlagen der Berufs-, Studien- und Laufbahnberatung* (S. 135–153). LIT.
Neugebauer, M., Heublein, U. & Daniel, A. (2019). Studienabbruch in Deutschland: Ausmaß, Ursachen, Folgen, Präventionsmöglichkeiten. *Zeitschrift für Erziehungswissenschaft, 22*(5), 1025–1046.
Ng, T. W. H., Eby, L. T., Sorensen, K. L. & Feldman, D. C. (2005). Predictors of objective and subjective career success: a meta-analysis. *Personnel Psychology, 58*(2), 367–408.
Ng, T. W. H. & Feldman, D. C. (2010). The effects of organizational embeddedness on development of social capital and human capital. *Journal of Applied Psychology, 95*(4), 696–712.

Ng, T. W. H. & Feldman, D. C. (2012). Evaluating six common stereotypes about older workers with meta-analytical data. *Personnel Psychology, 65*(4), 821–858.

Ng, T. W., Sorensen, K. L., Eby, L. T. & Feldman, D. C. (2007). Determinants of job mobility: A theoretical integration and extension. *Journal of Occupational and Organizational Psychology, 80*(3), 363–386.

Noack, P., Kracke, B., Gniewosz, B. & Dietrich, J. (2010). Parental and school effects on students' occupational exploration: A longitudinal and multilevel analysis. *Journal of Vocational Behavior, 77*(1), 50–57.

Nolden P. (2019). *Studentisches Erleben und Studienabbruchneigung: Entwicklung und Überprüfung eines multikausalen und multiperspektivischen Erklärungsmodells im Hochschulkontext.* Unveröffentlichte Dissertationsschrift, RWTH Aachen.

Noppeney, R., Stertz, A. M. & Wiese, B. S. (2022). Career goal profiles of early career scientists: A person-centered approach. *Journal of Career Development, 49*(5), 1048–1062.

Nye, C. D., Su, R., Rounds, J. & Drasgow, F. (2017). Interest congruence and performance: Revisiting recent meta-analytic findings. *Journal of Vocational Behavior, 98*, 138–151.

O'Brien, M. & Wall, K. (Hrsg.). (2017). *Comparative perspectives on work-life balance and gender equality. Fathers on leave alone.* Springer International Publishing.

Ochs, L. A. & Roessler, R. T. (2004). Predictors of career exploration intentions: A social cognitive career theory perspective. *Rehabilitation Counseling Bulletin, 47*(4), 224–233.

OECD (2007). *Education at a glance: OECD indicators.* OECD.

OECD (2012). *Family Database.* Zugriff am 04.05.2022 unter: https://www.oecd.org/social/family/database.htm

Oettingen, G. (2014). *Rethinking positive thinking: inside the new science of motivation.* Penguin Random House.

Olafsen, A. H., Niemiec, C. P., Halvari, H., Deci, E. L. & Williams, G. C. (2017). On the dark side of work: A longitudinal analysis using self-determination theory. *European Journal of Work and Organizational Psychology, 26*(2), 275–285.

Olos, L., Hoff, E.-H. & Härtwig, C. (2014). *Berufliche Zielklärung und Selbststeuerung – Ein Programm für Studierende: Konzepte Durchführung Evaluation.* Springer.

Päßler, K. & Hell, B. (2012). Do interests and cognitive abilities help explain college major choice equally well for women and men? *Journal of Career Assessment, 20*(4), 479–496.

Parker, P., Nagy, G., Trautwein, U. & Lüdtke, O. (2014). Predicting career aspirations and university majors from academic ability and self-concept: A longitudinal applications of the internal-external frame of reference model. In I. Schoon & J. S. Eccles (Hrsg.), *Gender differences in aspirations and attainment: A life course perspective* (S. 224–246). Cambridge University Press.

Parola, A. & Marcionetti, J. (2022). Career decision-making difficulties and life satisfaction: The role of career-related parental behaviors and career adaptability. *Journal of Career Development, 49*(4), 831–845.

Parsons, F. (1909). *Choosing a vocation.* Houghton Mifflin.

Penn, L. T. (2019). *Retirement planning from a career self-management perspective: A test of social cognitive career theory.* Unveröffentlichte Dissertationsschrift, University of Maryland, College Park.

Pettit, B. & Hook, J. (2005). The structure of women's employment in comparative perspective. *Social Forces, 84*(2), 779–801.

Perez, J. I. G. & Sanz, Y. R. (2005). Wage changes through job mobility in Europe: A multinomial endogenous switching approach. *Labour Economics, 12*(4), 531–555.

Pfau-Effinger, B. (2010). Women's employment in the institutional and cultural context. *International Journal of Sociology and Social Policy, 32*(9/10), 530–543.

Phillips, J. M. (1998). Effects of realistic job previews on multiple organizational outcomes: A meta-analysis. *Academy of Management Journal, 41*(6), 673–690.

Pintrich, P., Smith, D., Duncan, T. & McKeachie, W. (1991). *A manual for the use of the Motivated Strategies for Learning Questionnaire (MSLQ).* The University of Michigan.

Plomin, R. (1986). *Development, genetics, and psychology.* Erlbaum.

Porter, C. M., Woo, S. E. & Campion, M. A. (2016). Internal and external networking differentially predict turnover through job embeddedness and job offers. *Personnel Psychology, 69*(3), 635–672.

Porter, C., Woo, S. E. & Tak, J. (2016). Developing and validating short form protean and boundaryless career attitudes scales. *Journal of Career Assessment, 24*(1), 162–181.

Powell, G. N. & Greenhaus, J. H. (2010). Sex, gender, and decisions at the family → work interface. *Journal of Management, 36*(4), 1011–1039.

Prediger, D. J. (1982). Dimensions underlying Holland's hexagon: Missing link between interests and occupations? *Journal of Vocational Behavior, 21*(3), 259–287.

Proyer, R. T. (2008). Zur Diagnostik beruflicher Interessen in der Berufs-, Studien- und Laufbahnberatung. In D. Läge & A. Hirschi (Hrsg.), *Berufliche Übergänge – Psychologische Grundlagen der Berufs-, Studien- und Laufbahnberatung* (S. 97–111). LIT.

PwC (2019). *22nd Annual Global CEO Survey.* Zugriff am 04.08.2021 unter: https://www.pwc.de/de/ceosurvey2019/pwc-22nd-annual-global-ceo-survey-report.pdf

Raabe, B. & Beehr, T. A. (2003). Formal mentoring, versus supervisor and coworker relationships: Differences in perceptions and impact. *Journal of Organizational Behavior, 24*(3), 271–293.

Rajan, R. G. & Wulf, J. (2006). The flattening firm: Evidence from panel data on the changing nature of corporate hierarchies. *The Review of Economics and Statistics, 88*(4), 759–773.

Rasmussen, T. & Ulrich, D. (2015). Learning from practice: how HR analytics avoids being a management fad. *Organizational Dynamics, 44*(3), 236–242.

Ray, R., Gornick, J. C. & Schmitt, J. (2010). Who cares? Assessing generosity and gender equality in parental leave policy designs in 21 countries. *Journal of European Social Policy, 20*(3), 196–216.

Rege, M. & Solli, I. F. (2013). The impact of paternity leave on fathers' future earnings. *Demography, 50*(6), 2255–2277.

Renner, B. (2006). Curiosity about people: The development of a measure of social curiosity in adults. *Journal of Personality Assessment, 87*(3), 305–316.

Reuter, J. & Berli, O. (2018). Wissenschaft im (Un)Ruhestand. Wie ProfessorInnen das altersbedingte Ausscheiden aus der Universität meistern. *Journal für Wissenschaft und Bildung, 27*(1–2), 101–111.

Rheinberg, F. & Engeser, S. (2018). Intrinsische Motivation und Flow-Erleben. In J. Heckhausen & H. Heckhausen (Hrsg.), *Motivation und Handeln* (S. 423–450). Springer.

Richardson, M., Abraham, C. & Bond, R. (2012). Psychological correlates of university students' academic performance: A systematic review and meta-analysis. *Psychological Bulletin, 138*(2), 353–387.

Richardson, S. S., Reiches, M. W., Bruch, J., Boulicault, M., Noll, N. E. & Shattuck-Heidorn, H. (2020). Is there a gender-equality paradox in science, technology, engineering, and math (STEM)? Commentary on the study by Stoet and Geary (2018). *Psychological Science, 31*(3), 338–341.

Rigby, C. S. & Ryan, R. M. (2018). Self-determination theory in human resource development: New directions and practical considerations. *Advances in Developing Human Resources, 20*(2), 133–147.

Rigotti, T., Korek, S. & Otto, K. (2014). Gains and losses related to career transitions within organizations. *Journal of Vocational Behavior, 84*(2), 177–187.

Robbins, S. B., Lauver, K., Le, H., Davis, D., Langley, R. & Carlstrom, A. (2004). Do psychosocial and study skill factors predict college outcomes? A meta-analysis. *Psychological Bulletin, 130*(2), 261–288.

Rodrigues, R. A. & Guest, D. (2010). Have careers become boundaryless? *Human Relations, 63*(8), 1157–1175.

Rodrigues, R., Guest, D., Oliveira, T. & Alfes, K. (2015). Who benefits from independent careers? Employees, organizations, or both? *Journal of Vocational Behavior, 91*, 23–34.

Rousseau, D. (1995). *Psychological contracts in organizations: Understanding written and unwritten agreements.* Sage Publications.

Rübner, M. & Höft, S. (2019). Berufswahl als mehrdimensionaler Prozess. In S. Kauffeld & D. Spurk (Hrsg.), *Handbuch Karriere und Laufbahnmanagement* (S. 39–62). Springer.

Rudman, L. A. & Mescher, K. (2013). Penalizing men who request a family leave: Is flexibility stigma a femininity stigma? *Journal of Social Issues, 69*(2), 322–340.

Rudman, L. A. & Phelan, J. E. (2008). Backlash effects for disconfirming gender stereotypes in organizations. *Research in Organizational Behavior, 28*(3), 61–79.

Runco, M. A., Plucker, J. A. & Lim, W. (2000). Development and psychometric integrity of a measure of ideational behavior. *Creativity Research Journal, 13*(3–4), 393–400.

Ryan, R. M., Bernstein, J. H. & Brown, K. W. (2010). Weekends, work, and well-being: Psychological need satisfactions and day of the week effects on mood, vitality, and physical symptoms. *Journal of Social and Clinical Psychology, 29*(1), 95–122.

Ryan, R. M. & Deci, E. L. (2000). Self-determination theory and the facilitation of intrinsic motivation, social development, and well-being. *American Psychologist, 55*(1), 68–78.

Ryan, R. M. & Deci, E. L. (2020). Intrinsic and extrinsic motivation from a self-determination theory perspective: Definitions, theory, practices, and future directions. *Contemporary Educational Psychology, 61*, 101860.

Sadri, G. & Robertson, I. T. (1993). Self-efficacy and work-related behavior: A review and meta-analysis. *Applied Psychology: An International Review, 42*(2), 139–152.

Saks, A. M. & Ashforth, B. E. (1997). Socialization tactics *and* newcomer information acquisition. *International Journal of Selection and Assessment, 5*(1), 48–61.

Salmela-Aro, K., Aunola, K. & Nurmi, J.-E. (2007). Personal goals during emerging adulthood: A 10-year follow up. *Journal of Adolescent Research, 22*(6), 690–715.

Salter, A., Ter Wal, A. L., Criscuolo, P. & Alexy, O. (2015). Open for ideation: Individual-level openness and idea generation in R&D. *Journal of Product Innovation Management, 32*(4), 488–504.

Sanchez, L. & Thomson, E. (1997). Becoming mothers and fathers: Parenthood, gender and the division of labor. *Gender and Society, 11*(6), 747–772.

Savickas, M. L. (2005). The theory and practice of career construction. In S. D. Brown & R. W. Lent (Hrsg.), *Career development and counseling: Putting theory and research to work* (S. 42–70). John Wiley & Sons.

Savickas, M. L. (2013). Career construction theory and practice. In R. W. Lent & S. D. Brown (Hrsg.), *Career development and counseling: Putting theory and research to work* (S. 147–183). John Wiley & Sons.

Schmalt, H.-D. & Sokolowski, K. (2000). Zum gegenwärtigen Stand der Motivdiagnostik. *Diagnostica, 46*(3), 115–123.

Schmalt, H.-D., Sokolowski, K. & Langens, T. (2000). *Das Multi-Motiv-Gitter (MMG)*. Swets.

Schmelzer, P. (2012). The consequences of job mobility for future earnings in early working life in Germany – Placing indirect and direct job mobility into institutional context. *European Sociological Review, 28*(1), 82–95.

Schmidt, F. L. & Hunter, J. E. (1998). The validity and utility of selection methods in personnel psychology: Practical and theoretical implications of 85 years of research findings. *Psychological Bulletin, 124*(2), 262–274.

Schmitt, N., Oswald, F. L., Friede, A., Imus, A. & Merritt, S. (2008). Perceived fit with an academic environment: Attitudinal and behavioral outcomes. *Journal of Vocational Behavior, 72*(3), 317–335.

Schnabel, K. U., Alfeld, C., Eccles, J. S., Köller, O. & Baumert, J. (2002). Parental influence on students' educational choices in the United States and Germany: Different ramifications – same effect? *Journal of Vocational Behavior, 60*(2), 178–198.

Schneider, B. (1987). The people make the place. *Personnel Psychology, 40*(3), 437–453.

Schneider, H.-D. (1984). Berufswahlkompetenz als Schlüsselbegriff der Berufsberatung. *Berufsberatung und Berufsbildung, 69*(3), 117–124.

Schober, P. & Scott, J. (2012). Maternal employment and gender role attitudes: Dissonance among British men and women in the transition to parenthood. *Work Employment Society, 26*(3), 514–530.

Schönbrodt, F. (2016). Testing fit patterns with polynomial regression models. Zugriff am 05.01.2022 unter: https://osf.io/ndggf/download

Schönbrodt, F. D. & Gerstenberg, F. X. (2012). An IRT analysis of motive questionnaires: The unified motive scales. *Journal of Research in Personality, 46*(6), 725–742.

Schoppe-Sullivan, S. J., Brown, G. L., Cannon, E. A., Mangelsdorf, S. C. & Sokolowski, M. S. (2008). Maternal gatekeeping, coparenting quality, and fathering behavior in families with infants. *Journal of Family Psychology, 22*(3), 389–398.

Schuh, S. C., Bark, A. S. H., Van Quaquebeke, N., Hossiep, R., Frieg, P. & Van Dick, R. (2014). Gender differences in leadership role occupancy: The mediating role of power motivation. *Journal of Business Ethics, 120*(3), 363–379.

Schuler, H. (1992). Das Multimodale Einstellungsinterview. *Diagnostica, 38*(4), 281–300.

Schuler, H. & Prochaska, M. (2001). *Leistungsmotivationsinventar: LMI.* Hogrefe.

Schultheiss, O. C. & Brunstein, J. C. (2001). Assessment of implicit motives with a research version of the TAT: Picture profiles, gender differences, and relations to other personality measures. *Journal of Personality Assessment, 77*(1), 71–86.

Schwab, K. (2016). *Die vierte industrielle Revolution.* Pantheon Verlag.

Schyns, B. & von Collani, G. (2014). Berufliche Selbstwirksamkeitserwartung. Zusammenstellung sozialwissenschaftlicher Items und Skalen (ZIS). Zugriff am 29.01.2024 unter: https://doi.org/10.6102/zis16.

Seibert, S. E., Crant, J. M. & Kraimer, M. L. (1999). Proactive personality and career success. *Journal of Applied Psychology, 84*(3), 416–427.

Seibert, S. E. & Kraimer, M. L. (2001). The five-factor model of personality and career success. *Journal of Vocational Behavior, 58*(1), 1–21.

Seibert, S. E., Kraimer, M. L., Holtom, B. C. & Pierotti, A. J. (2013). Even the best laid plans sometimes go askew: career self-management processes, career shocks, and the decision to pursue graduate education. *Journal of Applied Psychology, 98*(1), 169–182.

Seifert, K. H. (1983). Berufswahlreife. Konzepte und Befunde der Berufswahlforschung. *Berufsberatung und Berufsbildung, 68*, 233–251.

Seifert, K. H. (1993). Zur prädiktiven Validität von Berufswahlreifeinstrumenten. *Zeitschrift für Arbeits- und Organisationspsychologie, 37*(4), 172–182.

Seifert, K. H. & Bergmann, C. (1983). Deutschsprachige Adaption des Work Values Inventory von Super. Ergebnisse bei Gymnasiasten und Berufstätigen. *Zeitschrift für Arbeits- und Organisationspsychologie, 27*(4), 160–171.

Seifert, K. H. & Eder, F. (1991). Berufswahl und berufliche Bewährung und Anpassung während der beruflichen Ausbildung. *Zeitschrift für Pädagogische Psychologie, 5*(3), 187–200.

Seiger, C. P. & Wiese, B. S. (2011). Social support, unfulfilled expectations and affective well-being on return to employment. *Journal of Marriage and Family, 73*(2), 446–458.

Sheldon, K. M. (2014). Becoming oneself: The central role of self-concordant goal selection. *Personality and Social Psychology Review, 18*(4), 349–365.

Sheldon, K. M. & Elliot, A. J. (1999). Goal striving, need satisfaction, and longitudinal well-being: The self-concordance model. *Journal of Personality and Social Psychology, 76*(3), 482–497.

Sheldon, K. M., King, L.A., Houser-Marko, L., Osbaldiston, R. & Gunz, A. (2007). Comparing IAT and TAT measures of power versus intimacy motivation. *European Journal of Personality, 21*(3), 263–280.

Shepard, H. A. (1958). The dual hierarchy in research. *Research Management, 1*(3), 177–187.

Shi, J., Chen, Z. & Zhou, L. (2011). Testing differential mediation effects of sub-dimensions of political skills in linking proactive personality to employee performance. *Journal of Business and Psychology, 26*(3), 359–369.

Shockley, K. M., Ureksoy, H., Rodopman, O. B., Poteat, L. F. & Dullaghan, T. R. (2016). Development of a new scale to measure subjective career success: A mixed methods study. *Journal of Organizational Behavior, 37*(1), 128–153.

Sneyers, E. & de Witte, K. (2018). Interventions in higher education and their effect on student success: a meta-analysis. *Educational Review, 70*(2), 208–228.

Spence, M. (1973). Job market signaling. *Quarterly Journal of Economics 87*(3), 355–374.

Spiess, C. K. & Dunkelberg, A. (2009). The impact of child and maternal health indicators on female labour force participation after childbirth: Evidence for Germany. *Journal of Comparative Family Studies, 40*(1), 119–138.

Spurk, D. (2019). Konzeptualisierung und Messung von beruflichem Laufbahnerfolg: Stand der Forschung und eine kritische Reflexion. In S. Kauffeld & D. Spurk (Hrsg.), *Handbuch Karriere und Laufbahnmanagement* (S. 329–359). Springer.

Spurk, D., Kauffeld, S., Meinecke, M. & Ebner, K. (2015). Why do adaptable people feel less insecure? Indirect effects of career adaptability on job and career insecurity via two types of perceived marketability. *Journal of Career Assessment, 24*(2), 289–306.

Staehelin, K., Bertea, P. C. & Stutz, E. Z. (2007). Length of maternity leave and health of mother and child – a review. *International Journal of Public Health, 52*(4), 202–209.

Stajkovic, A. D. & Luthans, F. (1998). Self-efficacy and work-related performance: A meta-analysis. *Psychological Bulletin, 124*(2), 240–261.

Statista (2021). Frauenanteil unter den Studierenden an Hochschulen in Deutschland in den Wintersemestern von 2002/2003 bis 2020/2021. Zugriff am 03.10.2021 unter: https://de.statista.com/statistik/daten/studie/1083401/umfrage/frauenanteil-unter-den-studierenden-an-hochschulen-in-deutschland/

Steiber, N. & Haas, B. (2009). Ideals or compromises? The attitude-behaviour relationship in mothers' employment. *Socio-Economic Review, 7*(4), 639–668.

Sterling, A. D., Thompson, M. E., Wang, S., Kusimo, A., Gilmartin, S. & Sheppard, S. (2020). The confidence gap predicts the gender pay gap among STEM graduates. *Proceedings of the National Academy of Sciences of the United States of America, 117*(48), 30303–30308.

Stertz, A. M., Grether, T. & Wiese, B. S. (2017). Gender-role attitudes and parental work-decisions after childbirth: A longitudinal perspective with dual-earner couples. *Journal of Vocational Behavior, 101*, 104–118.

Stertz, A. M., Horvath, L. K. & Wiese, B. S. (2020). What influences fathers' daily work-related worries during parental leave? A diary study. *Journal of Vocational Behavior, 118*, 103375.

Stewart-Williams, S. & Halsey, L. G. (2021). Men, women and STEM: Why the differences and what should be done? *European Journal of Personality, 35*(1), 3–39.

Stock, R. M., Totzauer, F. & Zacharias, N. A. (2014). A closer look at cross-functional R&D cooperation for innovativeness: Innovation-oriented leadership and human resource practices as driving forces. *Journal of Product Innovation Management, 31*(5), 924–938.

Stoet, G. & Geary, D. C. (2018). The gender-equality paradox in science, technology, engineering, and mathematics education. *Psychological Science, 29*(4), 581–593.

Stoet, G. & Geary, D. C. (2020). The gender-equality paradox is part of a bigger phenomenon: Reply to Richardson and colleagues (2020). *Psychological Science, 31*(3), 342–344.

Struck, P. (2016). *Das Wissensmodell im Berufswahlprozess: Eine empirische Untersuchung zur Bedeutung von Selbstwirksamkeit und Ergebniserwartung für die Berufswahlaktivitäten und das Wissen über den Wunschberuf bei Jugendlichen vor dem Übergang Schule-Beruf*. Eusl.

Stumpf, H., Angleitner, A., Wieck, T., Jackson, D.N. & Beloch-Till, H. (1985). *Deutsche Personality Research Form*. Hogrefe.

Su, R., Rounds, J. & Armstrong, P. I. (2009). Men and things, women and people: A meta-analysis of sex differences in interests. *Psychological Bulletin, 135*(6), 859–884.

Su, R., Zhang, Q., Liu, Y. W. & Tay, L. (2019). Modeling congruence in organizational research with latent moderated structural equations. *Journal of Applied Psychology, 104*(11), 1404–1433.

Sullivan, S. E. & Arthur, M. B. (2006). The evolution of the boundaryless career concept: Examining physical and psychological mobility. *Journal of Vocational Behavior, 69*(1), 19–29.

Sullivan, S. E. & Baruch, Y. (2009). Advances in career theory and research: A critical review and agenda for future exploration. *Journal of Management, 35*(6), 1542–1571.

Sullivan, S. E., Carden, W. A. & Martin, D. F. (1998). Careers in the next millennium: directions for future research. *Human Resource Management Review, 8*(2), 165–185.

Sundström, M. & Duvander, A. Z. E. (2002). Gender division of childcare and the sharing of parental leave among new parents in Sweden. *European Sociological Review, 18*(4), 433–447.

Super, D. E. (1953). A theory of vocational development. *American Psychologist, 8*(5), 185–190.

Super, D. E. (1955). Dimensions and measurement of vocational maturity. *Teachers College Record, 57*, 152–163.

Super, D. E. (1957). *The psychology of careers*. Harper & Row.

Super, D. E. (1970). *Work values inventory: Manual*. Riverside.

Super, D. E. (1980). A life-span, life-space approach to career development. *Journal of Vocational Behavior, 16*(3), 282–298.

Super, D. E., Savickas, M. L. & Super, C. M. (1996). The life-span, life-space approach to careers. In D. Brown & L. Brooks (Hrsg.), *Career choice and development: Applying contemporary theories to practice* (3. Aufl., S. 121–178). Jossey Bass.

Supeli, A. & Creed, P. A. (2016). The longitudinal relationship between protean career orientation and job satisfaction, organizational commitment, and intention-to-quit. *Journal of Career Development, 43*(1), 66–80.

Swanson, J. L. & Schneider, M. (2013). Minnesota theory of work adjustment. In S. D. Brown & R. W. Lent (Hrsg.), *Career development and counseling: Putting theory and research to work* (S. 29–53). John Wiley & Sons.

Tannenbaum, S. I., Mathieu, J. E., Salas, E. & Cannon-Bowers, J. A. (1991). Meeting trainees' expectations: The influence of training fulfillment on the development of commitment, self-efficacy, and motivation. *Journal of Applied Psychology, 76*(6), 759–769.

Taormina, R. J. & Law, C.M. (2000). Approaches to preventing burnout: The effects of personal stress management & organizational socialization. *Journal of Nursing Management, 8*(2), 89–99.

Taylor, K. M. & Betz, N. E. (1983). Applications of self-efficacy theory to the understanding and treatment of career indecision. *Journal of Vocational Behavior, 22*(1), 63–81.

Tharenou, P. (2009). Self-initiated international careers: Gender difference and career outcomes. In S. G. Baugh & S. E. Sullivan (Hrsg.), *Maintaining energy, focus and options over the career: Research in careers: Volume 1* (S. 197–226). Information Age.

Thébaud, S. (2010). Masculinity, bargaining, and breadwinning: Understanding men's housework in the cultural context of paid work. *Gender & Society, 24*(3), 330–354.

Thiele, L. & Kauffeld, S. (2019). Online-Assessments zur Studien- und Universitätswahl. In S. Kauffeld & D. Spurk (Hrsg.), *Handbuch Karriere- und Laufbahnmanagement* (S. 109–132). Springer.

Thomas, C. H. & Lankau, M. J. (2009). Preventing burnout: The effects of LMX and mentoring on socialization, role stress, and burnout. *Human Resource Management, 48*(3), 417–432.

Thompson, J. A. (2005). Proactive personality and job performance: A social capital perspective. *Journal of Applied Psychology, 90*(5), 1011–1017.

Thompson, M. N., Dahling, J. J., Chin, M. Y. & Melloy, R. C. (2017). Integrating job loss, unemployment, and reemployment with social cognitive career theory. *Journal of Career Assessment, 25*(1), 40–57.

Tieben, N. (2019). Brückenkursteilnahme und Studienabbruch in Ingenieurwissenschaftlichen Studiengängen. *Zeitschrift für Erziehungswissenschaft, 22*(5), 1175–1202.

Tinto, V. (1975). Dropout from higher education. A theoretical synthesis of recent research. *Review of Eductional Research, 45*(1), 89–125.

Tinto, V. (1993). *Leaving college: Rethinking the causes and cures for student attrition.* (2nd ed.). University of Chicago Press.

Toga, A. W. & Thompson, P. M. (2003). Mapping brain asymmetry. *Nature Reviews Neuroscience, 4*(1), 37–48.

Tranberg, M., Slane, S. & Ekeberg, S. E. (1993). The relation between interest congruence and satisfaction: A metaanalysis. *Journal of Vocational Behavior, 42*(3), 253–264.

Trapmann, S., Hell, B., Weigand, S. & Schuler, H. (2007). Die Validität von Schulnoten zur Vorhersage des Studienerfolgs – eine Metaanalyse. *Zeitschrift für Pädagogische Psychologie, 21*(1), 11–27.

Tremblay, D. G. & Genin, É. (2010). Parental leave: From perception to first-hand experience. *International Journal of Sociology and Social Policy, 30*(9/10), 532–544.

Tsabari, O., Tziner, A. & Meir, E. I. (2005). Updated meta-analysis on the relationship between congruence and satisfaction. *Journal of Career Assessment, 13*(2), 216–232.

Tynkkynen, L., Nurmi, J.-E. & Salmela-Aro, K. (2010). Career goal-related social ties during two educational transitions: Antecedents and consequences. *Journal of Vocational Behavior, 76*(3), 448–457.

Ullrich, J., Pluut, H. & Büttgen, M. (2015). Gender differences in the family-relatedness of relocation decisions. *Journal of Vocational Behavior, 90*(1), 1–12.

Uunk, W., Kalmijn, M. & Muffels, R. (2005). The impact of young children on women's labour supply. *Acta Sociologica, 48*(1), 41–62.

Verbruggen, M. (2012). Psychological mobility and career success in the ›new‹ career climate. *Journal of Vocational Behavior, 81*(2), 289–297.

Van den Broeck, A., Ferris, D. L., Chang, C. H. & Rosen, C. C. (2016). A review of self-determination theory's basic psychological needs at work. *Journal of Management, 42*(5), 1195–1229.

Van den Broeck, A., Vansteenkiste, M., De Witte, H., Soenens, B. & Lens, W. (2010). Capturing autonomy, competence, and relatedness at work: Construction and initial validation of the Work-Related Basic Need Satisfaction Scale. *Journal of Occupational and Organizational Psychology, 83*(4), 981–1002.

Van Iddekinge, C. H., Putka, D. J. & Campbell, J. P. (2011). Reconsidering vocational interests for personnel selection: The validity of an interest-based selection test in relation to job knowledge, job performance, and continuance intentions. *Journal of Applied Psychology, 96*(1), 13–33.

Van Maanen, J. (1976). Breaking in: Socialization to work. In R. Dubin (Hrsg.), *Handbook of work, organization and society* (S. 67–130). Rand McNally College Publishing Co.

VandeWalle, D. (1997). Development and validation of a work domain goal orientation instrument. *Educational and Psychological Measurement, 57*(6), 995–1015.

Vansteenkiste, M., Neyrinck, B., Niemiec, C. P., Soenens, B., De Witte, H. & den Broeck, A. V. (2007). On the relations among work value orientations, psychological need satisfaction and job outcomes: A self-determination theory approach. *Journal of Occupational and Organizational Psychology, 80*(2), 251–277.

Vignoli, E., Croity-Belz, S. Chapeland, V., de Fillipis, A. & Garcia, M. (2005). Career exploration in adolescents: The role of anxiety, attachment, and parenting style. *Journal of Vocational Behavior, 67*(2), 153–168.

Vincent, S. & Bamberg, E. (2012). Berufswahl und Laufbahnentwicklung. In C. Busch, E. Bamberg & G. Mohr (Hrsg.), *Arbeitspsychologie. Reihe: Bachelorstudium Psychologie* (S. 73–92). Hogrefe.

Vock, M., Köller, O. & Nagy, G. (2013). Vocational interests of intellectually gifted and highly achieving young adults. *British Journal of Educational Psychology, 83*(2), 305–328.

Vogt, A. C. & Pull, K. (2010). Warum Väter ihre Erwerbstätigkeit (nicht) unterbrechen: Mikroökonomischer versus in der Persönlichkeit des Vaters begründete Determinanten der Inanspruchnahme von Elternzeit durch Väter. *Zeitschrift für Personalforschung, 24*(1), 48–68.

Volling, B. L. & Belsky, J. (1993). Parent, infant, and contextual characteristics related to maternal employment decisions in the first year of infancy. *Family Relations, 42*(1), 4–12.

Vollmar, M. (2019). *Neue Promovierendenstatistik: Analyse der ersten Erhebung 2017*. Statistisches Bundesamt.

Volmer, J. & Spurk, D. (2011). Protean and boundaryless career attitudes: Relationships with subjective and objective career success. *Zeitschrift für ArbeitsmarktForschung, 43*(3), 207–218.

Voydanoff, P. (2007). *Work, family, and community – Exploring interconnections*. Lawrence Erlbaum.

Wach, F. S., Karbach, J., Ruffing, S., Brünken, R. & Spinath, F. M. (2016). University students' satisfaction with their academic studies: Personality and motivation matter. *Frontiers in Psychology, 7*, 1–12.

Wanberg, C. R. & Kammeyer-Mueller, J. D. (2000). Predictors and outcomes of proactivity in the socialization process. *Journal of Applied Psychology, 85*(3), 373–385.

Wanous, J. P. (1976). Organizational entry: From naive expectations to realistic beliefs. *Journal of Applied Psychology, 61*(1), 22–29.

Waters L., Briscoe J., Hall D. (2014). Using protean career attitude to facilitate a positive approach to unemployment. In M. Coetzee M. (Hrsg.), *Psycho-social career meta-capacities* (S. 19–33). Springer.

Watson, J. & Meiksins, P. (1991). What do engineers want? Work values, job rewards, and job satisfaction. *Science, Technology & Human Values 16*(2), 140–172.

Weiss, D., Freund, A. M. & Wiese, B. S. (2012). Mastering developmental transitions in young and middle adulthood: The interplay of openness to experience and traditional gender

ideology on women's self-efficacy and subjective well-being. *Developmental Psychology, 48*(6), 1774–1784.
Weiss, D. J., Dawis, R. V., England, G. W. & Lofquist, L. H. (1967). *Manual for the Minnesota Satisfaction Questionnaire*. University of Minnesota.
Werbel, J. (1998). Intent and choice regarding maternal employment following childbirth. *Journal of Vocational Behavior, 53*(3), 372–385.
Wesson, M. J. & Gogus, C. I. (2005). Shaking hands with a computer: An examination of two methods of organizational newcomer orientation. *Journal of Applied Psychology, 90*(5), 1018–1026.
Westermann, R., Heise, E., Spies, K. & Trautwein, U. (1996). Identifikation und Erfassung von Komponenten der Studienzufriedenheit. *Psychologie in Erziehung und Unterricht, 43*(1), 1–22.
Westman, M. (2001). Stress and strain crossover. *Human Relations, 54*(6), 717–751.
Westman, M. (2005). Cross-cultural differences in crossover research. In S. Poelmans (Hrsg.), *Work and family: An international research perspective* (S. 241–260). Lawrence Erlbaum.
Westman, M., Vinokur, A., Hamilton, L. & Roziner, I. (2004). Crossover of marital dissatisfaction during military downsizing among Russian army officers and their spouses. *Journal of Applied Psychology, 89*(5), 769–779.
Whicker, L. M. & Andrews, K. M. (2004). HRM in the knowledge economy: Realising the potential. *Asia Pacific Journal of Human Resources, 42*(2), 156–165.
White, R. W. (1959). Motivation reconsidered: The concept of competence. *Psychological Review, 66*(5), 297–333.
Wiese, B. S. & Freund, A. (2005). Goal progress makes one happy, or does it? Longitudinal findings from the work domain. *Journal of Occupational and Organizational Psychology, 78*(2), 287–304.
Wiese, B. S. & Freund, A. M. (2011). Parents as role models: Parental behavior affects adolescents' plans for work involvement. *International Journal of Behavioral Development, 35*(3), 218–224.
Wiese, B. S., Freund, A. M. & Baltes, P. B. (2002). Subjective career success and emotional well-being: Longitudinal predictive power of selection, optimization, and compensation. *Journal of Vocational Behavior, 60*(3), 321–335.
Wiese, B. S., Grund, C., Burk, C. L., Martin, J., Alisic, A., Claus, A. M., Frei, I., Lerche, A., Noppeney, R. & Stertz, A. M. (2020). Karriereentscheidungen und -verläufe des wissenschaftlichen Nachwuchses aus den MINT-Fächern im Längsschnitt: Zusammenspiel zwischen Personenmerkmalen und Kontextbedingungen – FoWiN-Projekt – Schlussbericht 2. Förderphase. Zugriff am 09.08.2021 unter: https://doi.org/10.2314/KXP:1749538946
Wiese, B. S. & Heidemeier, H. (2012). Successful return to work after maternity leave: Self-regulatory and contextual influences. *Research in Human Development, 9*(4), 317–336.
Wiese, B. S. & Knecht, M. (2015). Socialization into organizations and balancing work and family. In J. Vuori, R. Blonk & R. Price (Hrsg.), *Sustainable working lives – Managing work transitions and health throughout the life course* (S. 87–105). Springer.
Wiese, B. S. & Ritter, J. O. (2012). Timing matters: Length of leave and working mothers' daily re-entry regrets. *Developmental Psychology, 48*(6), 1798–1807.
Wiese, B. S. & Stertz, A. M. (2019). *Arbeits- und Organisationpsychologie. Ein Überblick für Psychologiestudierende und -interessierte*. Springer.
Wilhelmy, A. & Kleinmann, M. (2019). Selektion und Attraktion. Wie Organisationen und Bewerbende sich gegenseitig auswählen und beeinflussen. In S. Kauffeld & D. Spurk (Hrsg.), *Handbuch Karriere und Laufbahnmanagement* (S. 135–166). Springer.
Williams, G. C., Halvari, H., Niemiec, C. P., Sorebo, O., Olafsen, A. H. & Westbye, C. (2014). Managerial support for basic psychological needs, somatic symptom burden and workrelated correlates: A self-determination theory perspective. *Work & Stress, 28*(4), 404–419.
Willis, B. & Carmichael, K. D. (2011). The lived experience of late-stage doctoral student attrition in counselor education. *Qualitative Report, 16*(1), 192–207.
Wingender, L. & Wolff, H.-G. (2019). Die Rolle von Networkingverhalten in der beruflichen Entwicklung. In S. Kauffeld & D. Spurk (Hrsg.), *Handbuch Karriere und Laufbahnmanagement (S. 217–240)*. Springer.

Winter (1994). Scoring motive imagery in running text – 2 – Manual, practice sets, calibration sets. Zugriff am 23.04.2022 unter: https://deepblue.lib.umich.edu/bitstream/handle/2027.42/117563/DG%20Winter--Scoring%20motive%20imagery%20in%20running%20text--2-Manual%2c%20practice%20sets%2c%20calibration%20sets.pdf?sequence=1&isAllowed=y

Wissenschaftsrat (2004). *Empfehlungen zu forschungs- und lehrförderlichen Strukturen in der Universitätsmedizin.* Wissenschaftsrat.

Wohlfahrt, L., Moll, K. & Wilke, J. (2011). Karriere- und Anreizsysteme für die Forschung und Entwicklung: Aktuelle Erkenntnisse und zukunftsweisende Konzepte aus Wissenschaft und betrieblicher Praxis. Zugriff am 30.01.2024 unter: https://www.rdm.iao.fraunhofer.de/content/dam/iao/rdm/de/documents/IAO-Studie-Karrieresysteme_pfd-Version.pdf

Wolff, H.-G. & Moser, K. (2009). Effects of networking on career success: A longitudinal study. *Journal of Applied Psychology, 94*(1), 196–206.

Wolff, H.-G. & Moser, K. (2010). Do specific types of networking predict specific mobility outcomes? A two-year prospective study. *Journal of Vocational Behavior, 77*(2), 238–245.

World Economic Forum (2023). Future of jobs report 2023. Zugriff am 02.11.2023 unter: https://www3.weforum.org/docs/WEF_Future_of_Jobs_2023.pdf

Wrohlich, K., Berger, E., Geyer, J., Haan, P., Sengül, D., Spieß, C. K. & Thiemann, A. (2012). *Elterngeld Monitor.* DIW.

Wrzesniewski, A. & Dutton, J. E. (2001). Crafting a job: Revisioning employees as active crafters of their work. *Academy of Management Review, 26*(2), 179–201.

Stichwortverzeichnis

A

Abilities-Demands-Fit 39, 41, 154
Adaptabilität siehe Anpassungsfähigkeit
Affiliationsmotiv siehe Anschlussmotiv
Akademische Integration 103, 131
ältere Beschäftigte 177
alternative Beschäftigungsverhältnisse 176
Anforderungsanalyse 38
Anpassungsfähigkeit
- Adaptabilität in der proteischen Karriere 33, 72, 126
- Modell der beruflichen Anpassungsfähigkeit (Career Adaptability) 25, 72, 88, 109

Anreizfaktoren 47, 136, 143, 149, 154, 155
Anschlussmotiv 54, 60
Ansehen, Streben nach siehe Reputation
Arbeitgeberwechsel siehe Wechselverhalten
Arbeitsangepasstheit siehe Theorie der Arbeitsangepasstheit (Theory of Work Adjustment)
Arbeitslosigkeit 26, 71
Arbeitszeit 128, 159, 160, 163–165, 169
- Arbeitszeitreduktion 159, 162, 164, 165, 167, 169

Arbeitszufriedenheit 27, 34, 36, 40, 50, 71, 87, 111, 115, 118, 119, 126, 133, 155, 156
Assessment Center 117, 139
Attraction-Selection-Attrition-Modell 41
Aufstiegsmöglichkeiten 39, 83, 143, 144
Ausbildungsplatz 89, 92
Auslandsentsendungen 35
Auszeitentscheidungen 159–161, 164, 166, 168
Auszeitlänge siehe Auszeitentscheidungen
Automatisierung 172
- Automatisierungswahrscheinlichkeit von Berufen 172
Autonomie 13, 44, 46, 47, 54, 55, 59, 62, 135, 136, 144, 156, 179
- im Sinne der Selbstbestimmungstheorie 47

B

Backlash-Effekte 167
Beförderung 11, 12, 18, 23, 35, 118, 167
Befristung 123, 124
begrenzte Tätigkeitsdauer 177
Berufsentwicklungsansatz (Super) 87
Berufswahl 70, 83
Berufswahlbereitschaft 88
Berufswahlreife 88, siehe auch Berufswahlbereitschaft
Berufswahltheorie
- differentialpsychologische siehe RIASEC-Modell
Berufswahlzufriedenheit 89
Berufung (Calling) 127, 140
Beschäftigungsfähigkeit 13, 34, 35
Beschäftigungssicherheit/-unsicherheit 39, 61, 123, 125, 136, 157
Big-Five-Persönlichkeit 101
Bindung von Arbeitnehmern und -nehmerinnen 29, 112, 114, 148
Boundaryless Career siehe Entgrenzung
Boundaryless Mindet siehe Entgrenzung: entgrenzte Karriereorientierung
Burnout 112, 115

C

Commitment, organisationales siehe organisationales Commitment
Crossover-Theorie 168

D

demographische Entwicklung 177
Deutsche Bahn AG 141, 146, 148, 149, 158
Digitalisierung 172
Dominanzstreben 53, 54, 60

211

E

eigenverantwortliche Karrieresteuerung (Self-Direction) 31, 35, 125, 157
Eignungsdiagnostik 38
Einfluss, Bedürfnis nach siehe Machtmotiv
Eingebundenheit, soziale 48, 60, 179
Einkommen 11, 23, 26, 27, 29, 35, 73, 105, 115, 118, 129, 133, 135, 136, 144, 162, 166, 167
- Haushaltseinkommen 162
Elterngeld 166
Elternhaus 90, 129
Elternschaft 77, 131
Elternzeit 74, 159–161, 163–169
- Definition und Bestimmungen 159
Employability siehe Beschäftigungsfähigkeit
Entgrenzung
- entgrenzte Karriere (Boundaryless Career) 17, 157
- entgrenzte Karriere (Definition) 17
- entgrenzte Karrieren in der Wissenschaft 124
- entgrenzte Karriereorientierung 19, 20, 22, 29
- entgrenzte Karriereverläufe 26
- Kompetenzen zur Bewältigung von Grenzüberschreitungen 21
- zukünftige Entwicklungen entgrenzter Karrieren 179
Entwicklungsaufgabe 83, 84, 88, 123, 160
Ergebniserwartung 64, 66, 67, 69–71, 73, 75, 77, 78, 89, 180
Erziehungsverhalten 91
Expertenlaufbahn siehe Fach-/Expertenlaufbahn
Exploration, berufliche 83, 84, 86, 89–92
- anwendungsorientierte 107
- im Studium 107
- informationsorientierte 107
Extrarollenverhalten 119, 180
Extrinsische Motive 61

F

Fach-/Expertenlaufbahn 141
- Wesenszüge 145
Fachkräftemangel 143
familienunterstützende Organisationskultur 163, 166
Feedback 33, 48, 119, 179
- Feedbacksuche als Sozialisationsaufgabe 113

Freundschaftsmotiv siehe Anschlussmotiv
Führungs-/Managementlaufbahn 141
- als Karriereziel 135
Führungsmotiv(ation) 54, 60, 125, 128, 157
Führungsverantwortung 11, 54, 60, 134, 138, 143, 157, 166

G

Gender-Equality Paradox 95
Geschlechterrollen 95, 160, 162, 163, 167, 169
Geschlechterunterschiede 74, 75, 85, 129, 138
- bzgl. Studienfachwahl 95
Gig-Economy 176, 179

H

Hexagon-Modell (der beruflichen Orientierungen) siehe RIASEC-Modell
Hochbegabung 86
Honeymoon-Hangover-Effekt 98
Humankapital 133, 139, 161, 166, 167

I

Ideal Worker Norm 167
Identitätsbewusstsein 33
Informationssuche
- als Sozialisationsaufgabe 113
Innovationsfähigkeit 143
Interessen
- bzgl. Studienfach 94, 95, 98, 101
- im Sinne der sozial-kognitiven Karrieretheorie 67, 77, 89
- im Sinne des RIASEC-Modells 40, 67, 85
Internal/External Frame of Reference (I/E)-Modell 94
Intimitätsmotiv 54
Intrinsische Motivation 46, 59, 155
intrinsische Werteorientierung 31

J

Job Characteristics Model 60
Job Crafting 45, 154
Jugendalter 83

K

Karriere (Definition) 11
Karriere-Preparedness 180
Karriereadaptabilität siehe Anpassungsfähigkeit
Karriereberatung 64, 77, 158, 172, 176, 178, 180
Karriereerfolg, objektiver 11
- Definition 11
- im Zusammenhang mit entgrenzten Karrieren 23, 26
- im Zusammenhang mit proteischen Karrieren 35
Karriereerfolg, subjektiver 12
- Definition 12
- im Zusammenhang mit entgrenzten Karrieren 23
- im Zusammenhang mit proteischen Karrieren 34
Karrieremanagement
- eigenverantwortliches siehe eigenverantwortliche Karrieresteuerung
- organisationales 19, 36, 37, 141, 144, 148, 158
Karriereselbstmanagement (sozial-kognitive Karrieretheorie) 70, 180
Karrieresicherheit siehe Karriereunsicherheit
Karriereunsicherheit 125, 126, 157
Karrierewahlentscheidung
- im Sinne der sozial-kognitiven Karrieretheorie 67
Karriereziele 21, 62, 75, 80, 123, 125, 127, 129, 135
- nach einer Promotion 134
Karrierezufriedenheit 12, 23, 34, 35, 115
Kompetenzerleben 48, 53, 55, 58, 59, 61, 113, 127, 135, 155, 156
Konflikte zwischen Berufs- und Familienleben 27
Kreativität 13, 59, 135, 136, 140, 156

L

Laufbahnmodelle, strukturierte 141
- Definition 144
- Gestaltung alternativer Laufbahnen 148
Lebenszufriedenheit 35, 70
Leistungsmotiv 51–53, 58, 131, 155, 156
Leistungsmotivation 101
Leistungszielorientierung 53
Lernorientierung 48, 53, 59
Lernzielorientierung 53, siehe auch Lernorientierung
Lernzyklen 30, 35, 78, 125, 127
Life-span, Life-space-Theorie siehe Berufsentwicklungsansatz (Super)

M

Machtmotiv 50, 53, 60, 135, 144, 156
Managementlaufbahn siehe Führungs-/Managementlaufbahn
Matching siehe Person-Arbeitstätigkeit-Passung (Person-Job Fit), Person-Beruf-Passung (Person-Vocation Fit), Person-Umwelt-Passung (Person-Environment Fit)
Mentoring 55, 106, 180
- als Maßnahme zur organisationalen Sozialisation 118
- im Zusammenhang mit entgrenzten Karrieren 22
Metakompetenzen (in der proteischen Karriere) 33
Mobilität
- geografische 26, 27, 124
- horizontale 26, 144
- physische 19, 22, 26, 29, 179
- psychische 19, 29
- vertikale 26
Modell zur Beruflichen Laufbahnentwicklung (BELA-M) 74
Motive 13, 38, 39, 45, 135, 136, 156–158
- implizite vs. explizite 51
Motivtheorie (McClelland) 51, 155, 156
Mütter 74, 114, 138, 159–164
- berufliche Auszeiten 161

N

Nationales Bildungspanel (NEPS) 90, 99, 106
Needs-Supplies-Fit 39, 41, 154
Networking 25, 55, 118
- extern 115
- im Prozess der organisationalen Sozialisation 114
- im Zusammenhang mit entgrenzten Karrieren 22
- intern 115
Neugier 21, 59
Neurotizismus 98, 165

O

objektiver Karriereerfolg   siehe Karriereerfolg, objektiver
Onboarding   116, 117
Organisationales Commitment   27, 29, 111, 165
- affektives   36, 50, 111, 117, 118, 131
- kalkulatorisches   29
Organizational Citizenship Behavior   40

P

Paarperspektive   159, 160, 168
Passung   siehe Person-Arbeitstätigkeit-Passung (Person-Job Fit), Person-Beruf-Passung (Person-Vocation Fit), Person-Umwelt-Passung (Person-Environment Fit)
Person-Arbeitstätigkeit-Passung (Person-Job Fit)   39, 40, 42, 43, 154, 179
Person-Beruf-Passung (Person-Vocation Fit)   39, 43, 87
Person-Organisation-Passung (P-O Fit)   39, 41
Person-Umwelt-Passung (Person-Environment Fit)   38, 66
Portfolio-Karriere   19
Postdoc-Phase   136
Proaktivität   21, 34
Produktivitätsempfinden   59
Professur   61, 118, 123–125, 127, 128, 134–136, 139, 140, 158
Projektlaufbahn   141
- Wesenszüge   147
Promotion   123, 128
- Abbruch   130
- erfolgreicher Abschluss   130
- Promotionsabsicht   128
Proteische Karriere (Protean Career)   29, 72, 157
- Definition   29
- ein Blick in die Zukunft   178
- in der Wissenschaft   125
- Lernzyklen   30, 35
- proteische Karrieremechanismen   33
- proteische Karriereorientierung   31, 125, 127

R

Realistische Tätigkeitsvorschau   116
Renditen, monetäre u. nicht-monetäre   133
Reputation   21, 54, 125, 126

RIASEC-Modell   40, 67, 85–87, 154
Rollenambiguität   111
Rollenklarheit   111, 113, 116, 117
Ruhestand   71, 140

S

SCCT   siehe Sozial-kognitive Karrieretheorie
Schwierigkeit von Aufgaben   59, 78
Selbstbestimmung   siehe Autonomie
Selbstbestimmungstheorie (Self-Determination Theory)   46, 51, 61, 79, 155, 156
Selbstkonkordanz   79
Selbstkonzept
- akademisches   94, 96
- mathematisches   94, 95
- verbales   94, 95
Selbstmanagement/Selbstregulation   34, 63, 67, 73, 100, 101, 108, 125–127, 130, 133, 136, 164, 179
- Karriereselbstmanagement in der sozial-kognitiven Karrieretheorie   70
Selbstverursachung (Personal Causation)   47
Selbstwirksamkeitserwartung/Selbstwirksamkeitsüberzeugung   34, 62–67, 69–72, 75, 77, 78, 89, 90, 100, 101, 103, 110, 114, 126, 127, 130, 138, 164, 180
- akademische   101
Self-Assessment   97, 106
Sozial-kognitive Karrieretheorie   66, 179
- im Zusammenhang mit der Berufswahl   89
Sozial-kognitive Theorie (Bandura)   63
soziale Eingebundenheit   siehe Eingebundenheit, soziale
Soziale Integration   103, 131, 165
Sozialisation, organisationale   111
- betriebliche Maßnahmen   116
- Sozialisationsaufgaben   113
Sozio-oekonomisches Panel (SOEP)   18
Soziökonomischer Hintergrund   90, 105
Stellensuche   70
Studienabbruch   102
Studienfachwahl   93
Studienleistung   99
Studienzufriedenheit   94, 97
subjektiver Karriereerfolg   siehe Karriereerfolg, subjektiver
Substituierbarkeitspotenzial (beruflicher Tätigkeiten)   173
Substituierungspotenzial (beruflicher Tätigkeiten)   173, 174, 180

T

Tätigkeitsvorschau, realistische 116
Teamarbeit 39, 49, 55
Theorie der Arbeitsangepasstheit (Theory of Work Adjustment) 43, 154
TOSCA-Projekt 94, 95, 98, 101

V

Väter 159, 161, 166
Vereinbarkeit von Beruf und Familie/Freizeit 128, 135

W

Wechselintentionen (Turnover Intentions) 36
Wechselmöglichkeiten 139
Wechselverhalten 19, 20, 26, 29, 114, 115, 124, siehe auch: Mobilität, physische u. organisationale
Wettbewerbsorientierung 53, 54
Wiedereinstieg, beruflicher 71, 74, 159–161, 164, 165
Work-Life-Balance 34

Z

Zielauswahl 71
Zielklarheit 83, 107–109, 127
Zielsetzungstheorie 75, 99
Zielverfolgung 71